Christina Rasmussen

*In kleinen Schritten zurück zu dir*

Christina Rasmussen

# IN KLEINEN SCHRITTEN ZURÜCK ZU DIR

**Wie du deine verborgenen Verletzungen erkennst und heilst**

Aus dem Englischen von Astrid Ogbeiwi

VAK Verlags GmbH
Kirchzarten bei Freiburg

Titel der amerikanischen Originalausgabe:
Invisible Loss: Recognizing and Healing the Unacknowledged Heartbreak
of Everyday Grief
ISBN 9781649630070
Copyright ©2024 by Christina Rasmussen
This translation published by arrangement with Sounds True Inc.
through Agence Schweiger.

Übersetzerin und Verlag haben größtenteils eine inklusive Sprache
verwendet. Aus Gründen der besseren Lesbarkeit wurde in Einzelfällen die
weibliche und die männliche Form gewählt; alle Angaben beziehen sich
selbstverständlich auf Angehörige aller Geschlechter.

Bibliografische Information der Deutschen Nationalbibliothek
Die Deutsche Nationalbibliothek verzeichnet diese Publikation in der
Deutschen Nationalbibliografie; detaillierte bibliografische Daten sind im
Internet abrufbar über: http://dnb.d-nb.de

VAK Verlags GmbH
Eschbachstraße 5
79199 Kirchzarten
Deutschland
E-Mail: info@vakverlag.de
www.vakverlag.de

© VAK Verlags GmbH, Kirchzarten bei Freiburg 2025
Übersetzung: Astrid Ogbeiwi
Lektorat: Irene Klasen
Layout & Satz: Ulrich Schmid, de·te·pe, Aalen
Covergestaltung: Kathrin Steigerwald, Hamburg
Covergrafik: © AdobeStock/ImagoImmobiliS
Druck: Friedrich Pustet GmbH & Co. KG, Regensburg
Printed in Germany
ISBN: 978-3-86731-288-2

# INHALT

*Für meine Töchter Elina und Isabel,*
*die größten Geschenke meines Lebens*

# EINFÜHRUNG

Viele Menschen tragen ein Gefühl der Traurigkeit mit sich herum, das sich kaum mitteilen oder auch nur ansatzweise klar in Worte fassen lässt. Dieses Gefühl ist nicht leicht zu erkennen, vor allem, wenn in unserem Leben in den letzten Wochen oder Monaten nichts besonders Tragisches oder Belastendes passiert ist. Wie du nach außen hin wirkst, lässt nicht unbedingt auf einen Grund zur Trauer schließen, da es für die meisten Menschen, auch für dich selbst, den Anschein hat, als ginge es dir gut. Doch tief im Inneren trägst du vielleicht eine Last mit dir herum, die schon fast wie eine Art Eigengewicht zu dir zu gehören scheint; sie ist schwer, aber subtil. Möglicherweise bist du dir gar nicht sicher, ob da wirklich etwas Beunruhigendes ist, da sich manche Tage leichter anfühlen als andere und du dir diese Schwere überhaupt erst einmal selbst eingestehen musst. Wenn du diese Last spürst, ignorierst du sie vielleicht; doch du bemerkst andere Veränderungen in dir – zunächst kaum spürbar, bis das Gefühl schließlich beginnt, deinen Alltag zu beeinflussen.

Die Art und Weise, wie sich diese subtile Belastung auf dich auswirkt, ist verblüffend, denn vielleicht verschiebst du einfach bei der Arbeit ein paar Meetings auf die nächste Woche, ohne den Zusammenhang zwischen deinem Unwohlsein und diesen Terminänderungen zu erkennen, oder du wirst zu einem Abendessen eingeladen und dir graut davor. Trotzdem tauchst du mit einer Flasche Wein und strahlendem Lächeln auf, als ob alles in schönster Ordnung wäre. Schon eine ganze Zeit lang schluckst du diese unbestimmten Gefühle der Beklemmung und manchmal Nervosität einfach herunter, schließlich hat man dir beigebracht, dankbar für das zu sein, was du hast. Wenn du einen schlechten Tag hast, befürchtest du, als Nörglerin oder Nörgler dazustehen, also hältst du durch. Neben dieser Angst, die du mit dir herumträgst, rührt auch eine leichte Unruhe am frühen Morgen oder diese gewisse Müdigkeit, die dich am Nachmittag überkommt, von Trauer her. Aber nicht von der Sorte Trauer, die wir zu kennen glauben, oder von einer Art von Verlust, an die wir gewöhnt sind. Ob du es glaubst oder nicht, die meisten Menschen wissen nicht, wann dieser Verlust sich ursprünglich ereignet hat oder wie sie sich dadurch verändert haben.

Das möchte ich erklären.

Beim Wort Trauer denken wir meist daran, wie wir uns fühlen, wenn eine Tragödie über uns hereinbricht, etwa der Verlust eines geliebten Menschen oder eine schlimme Scheidung. Der Begriff *Trauer* ist auch auf andere dunkle Zeiten anwendbar, etwa wenn ein geliebtes Haustier stirbt oder wenn wir umziehen und uns von unseren Freunden verabschieden müssen. Hier meine ich damit jedoch etwas anderes: die nicht anerkannte Form der Trauer, die entsteht, wenn wir uns von unserer Umwelt übersehen, missverstanden oder missachtet fühlen. Die Art der Trauer, die ich Unsichtbarer Verlust nenne, ist ein unterschwelliges, aber anhaltendes Gefühl, das sich gar nicht so leicht beschreiben lässt, insbesondere da wir es nicht eindeutig mit einem bestimmten Ereignis aus unserer Vergangenheit in Verbindung bringen können. Es kann sich als ganz alltägliches Gefühl wie Angst oder Traurigkeit, Beklemmung oder Unruhe zeigen. Im Grunde handelt es sich um eine Form von Verlust, die aus einer Begegnung resultiert, welche unsere Selbstwahrnehmung verändert. Diese Gefühle werden wir gemeinsam erforschen: den Ursprung deines Unsichtbaren Verlusts und wie du damit bis jetzt zurechtgekommen und umgegangen bist. Mit anderen Worten: Wir werden versuchen, den Punkt zu finden, an dem du aus der Bahn geworfen wurdest, sodass du dich seitdem unbewusst ständig im Überlebensmodus befindest. Das Verständnis dafür, was dieser Unsichtbare Verlust war, wann und warum er eingetreten ist, wird dir helfen, Selbstmitgefühl zu entwickeln, das dich bei deiner Heilung unterstützen und auf dem Weg der Erholung von dieser unerwarteten Belastung durch Trauer trösten kann. Einmal angekommen, findest du zu einem Leben, das du selbst gestalten kannst, anstelle eines Lebens, das du ertragen musst.

## Unser Zufluchtsort wird zu unserem Gefängnis

Bevor wir weitermachen, sollst du unbedingt wissen, dass du das, was du getan hast, um diese verdeckten Härten in deinem Leben zu überstehen und weiterleben zu können, einfach tun musstest. Du hattest keine andere Wahl, als dich vor dem zu schützen, was wir als *Moment der Erschütterung* bezeichnen werden. Es ist der Moment, in dem ein emotionaler Schlag zu einer Welt geführt hat, die zumindest verwirrend und emotional chaotisch wurde. Darunter kannst du dir zum Beispiel eine Situation vorstellen, in der du so mit zehn oder zwölf Jahren mit deiner Mutter gestritten hast, weil sie den ganzen Tag außer Haus war und du sie viel lieber bei dir gehabt hättest. Oder hast du dich einmal im Job bei einem Meeting missverstanden gefühlt und deinen Kolleginnen und Kollegen nicht um alles in der Welt erklären können, was du wirklich gemeint hast? Vielleicht hast du deshalb nicht schlafen können und immer wieder daran denken müssen, wie verlegen und frustriert du dich gefühlt hast. In der Folge hast du es tunlichst vermieden, dich wieder zu Wort zu melden, um einen weiteren Schlag zu verhindern. Wenn das nicht das erste Mal war, dass du missverstanden wurdest, empfindest du das vielleicht sogar als „die Geschichte deines Lebens". Wir werden uns mit dem Gefühl befassen, dass es eine endlose Reihe dieser „Momente der Erschütterung" gibt. Diese Reihe wird uns dann zu deinem Primären Unsichtbaren Verlust führen – dem Verlust, der ein Selbstverständnis bei dir geschaffen hat, das sich dieser

Geschichte hilflos ausgeliefert fühlt und der Grund dafür ist, dass du immer das Gefühl hattest, auf der Hut sein und dich selbst schützen zu müssen.

Dich selbst zu schützen war notwendig, besonders dann, wenn du nach so einem Schlag erst einmal Luft holen musstest. Du hast emotionalen Schutz gesucht und riskante Entscheidungen sowie Abenteuer im Leben gemieden, um dein verletztes Ich vor weiteren Verlusten zu bewahren. Damals wusstest du allerdings nicht, dass diese spontane Flucht in die Sicherheit tatsächlich derart lange andauern sollte. Der Schutz, den du dir gesucht hast, sollte dir nur für die ersten ein oder zwei Tage helfen. Dabei hat dir jedoch niemand erklärt, dass diese Angst, die du nach deiner Verletzung verspürt hast, die Folge echter Trauer war, einer Art von Trauer, für die es keine Zeugen und keine Bezeichnung gab.

Diese Art von Traurigkeit entsteht, wenn wir das Vertrauen in uns selbst und unsere Fähigkeiten verlieren. Eine solche Trauer kann sich als deine Identität tarnen, was vielleicht der Grund dafür ist, dass du nicht weiter darüber nachdenkst. Zu beachten ist außerdem, dass der Unsichtbare Verlust eine Ganzkörpererfahrung ist. Er kann sich als Übelkeit vor einem Meeting oder als starkes Herzklopfen mitten in einem Gespräch manifestieren. Dies sind die Symptome dafür, dass du in der Vergangenheit einen unsichtbaren Verlustmoment überstanden hast, aber unbewusst in einem Zustand des Überlebens geblieben bist, der deine Gedanken- und Gefühlsregulation von höherem Denken auf eine ursprüngliche Reaktion verlagert hat. Dabei wird nicht sofort klar, was diese Veränderung für unser Leben bedeutet und in welcher Form sie sich real und dauerhaft zeigt.

Diese nicht zu leugnenden Veränderungen variieren und können als banale, alltägliche Handlungen getarnt sein. Ob du versucht hast, deinem Chef eine neue Idee vorzustellen, oder den Mut zu finden, deiner Freundin zu sagen, dass sie dich verletzt hat, oder ob du dich gescheut hast, um eine Beförderung zu bitten oder zu Hause deine Meinung zu sagen, du bist unbewusst im

Überlebensmodus geblieben. Doch im Handumdrehen waren Wochen, Monate und Jahre vergangen, in denen du alles in dich hineingefressen und dich zurückgehalten hast. In diesem Zustand hast du dich eingerichtet und dich schließlich in einem Leben wiedergefunden, das du dir so nicht vorgestellt hattest – in Beziehungen, die dir keine Freude machen. Möglicherweise bist du auch Verpflichtungen eingegangen, die du so nie wolltest. Dieses gebremste Leben sollte nur als schützende Begleitung für die Momente dienen, in denen du auf der Hut sein musst; es war nicht so gedacht, dass du quasi mit einem Gefängniswärter vor der Tür lebst. Aber wie hat das alles angefangen? Wie hat dein primitives Gehirn allmählich die Kontrolle übernommen?

## Meine Entdeckung

Bevor ich erkläre, wie ich auf diese Form der Trauer gestoßen bin und darauf, wie sie ein gutes Leben zunichtemacht, möchte ich dir sagen, dass ich die Gefühle, die mit „klassischer" Trauer verbunden sind, damals bereits sehr gut kannte. Mein eigenes Leben nahm 2003 eine plötzliche Wendung, als bei meinem 31-jährigen Ehemann Darmkrebs im Endstadium diagnostiziert wurde. Fast war es, als wäre mein bisheriges Leben, vor seiner Diagnose, abrupt zum Stillstand gekommen, ohne jede Hoffnung auf einen Neustart oder einen Wiedereinstieg. Zum Zeitpunkt seiner lebensverkürzenden Diagnose waren unsere beiden Töchter neun Monate und zweieinhalb Jahre alt. Wir waren gerade von Kalifornien in den Großraum Boston gezogen, ohne Familie in der Nähe. Nach einem langen und kräftezehrenden Kampf gegen den Krebs verloren wir meinen Mann leider, und die Mädchen und ich waren gezwungen, allein ein neues Leben zu beginnen. In den ersten vier Jahren nach seinem Tod habe ich jeden Tag einfach nur so gut wie möglich überlebt – ich habe den Kopf eingezogen und alles getan, was nötig war, um meine Familie über Wasser zu halten.

Nach einer Phase, in der mir nicht nur vor jedem Tag graute, sondern in der ich auch die Folgen seines Verlusts vehement ablehnte, beschloss ich 2010, meinen Job in der Wirtschaft aufzugeben, um über meine persönlichen Erfahrungen mit Trauer zu schreiben und wieder einen Weg zu einem guten Leben zu finden. Wenn ich nach einem so verheerenden Verlust eine zweite Chance auf ein gutes Leben bekäme, würde ich Möglichkeiten finden, auch allen anderen zu helfen, die in so einer nicht enden wollenden Trauer feststeckten – das schwor ich mir. Gesagt, getan. Ich brachte Menschen in großen Gruppen zusammen, und mit der Zeit fielen mir bei Trauernden über alle kulturellen, geschlechtlichen und ethnischen Grenzen hinweg bestimmte Muster auf. Ich erahnte die Anfänge des *Life Reentry Model*, wie ich es später nannte. Dieses Modell zum Wiedereinstieg ins Leben ist eine Methode, mit deren Hilfe Menschen nach der ersten schweren Zeit nach einem verheerenden Ereignis wieder ins Leben zurückfinden können. Mein erstes Buch, *Second Firsts* (dt.: *Neustart ins Leben*, aus dem Englischen von Judith Elze, Knaur 2016; Anm. d. Ü.), schrieb ich 2013. Darin stellte ich meine Methode für den Wiedereinstieg ins Leben zum ersten Mal öffentlich vor. Meine Gruppen wuchsen weiter, und mein selbst gewählter Auftrag bestand darin, den Trauernden nicht nur dabei zu helfen, wieder ein gutes Leben zu führen, sondern auch herauszufinden, wer sie ohne ihre Liebsten waren.

Die Grundannahme der Methode lautet, dass der Mensch nach einem tragischen Verlust zwischen zwei Welten gefangen ist, in einem psychischen Raum ähnlich einem Fegefeuer, den ich als *Warteraum* bezeichne. Er ist eine Lücke *zwischen* zwei Leben: Ein Leben wurde aufgrund eines Verlusts zwangsläufig zur Vergangenheit, und ein anderes muss erst noch beginnen. Man kann sich dies als eine Veränderung der Denkweise vorstellen: Bevor ein Mensch einen Verlust überwinden und wieder zu einem erfüllten Leben finden kann, müssen in seinem Denken bestimmte Veränderungen eintreten. Bei diesen Veränderungen geht es darum, verdrängte Emotionen mitzuteilen, zu verarbeiten und neu zu formulieren, um sich auf den Wiedereinstieg – *Life Reentry* – ins Leben und eine gedeihliche Zukunft vorzubereiten. Diese Herausforderungen zu meistern und unsere Gegenwart und Zukunft neu zu gestalten, ist verständlicherweise leichter gesagt als getan.

Nachdem ich einige Jahre mit dem Modell gearbeitet hatte, merkte ich, dass es noch eine andere Art eines vergangenen Ereignisses gab, die Auswirkung darauf hatte, wie sich die Betroffenen von einem klassischen tragischen Verlust erholten. Zunächst wirkte es wie eine Art „Trauertrance". Wenn eine Person sich an einen Moment der Erschütterung aus ihrer Vergangenheit erinnerte, starrte sie dabei ins Leere und teilte ihn der Gruppe so mit, als würde er immer noch stattfinden. Offenbar handelte es sich um etwas Verstecktes, Unausgesprochenes, das sowohl dem jeweiligen Gruppenteilnehmenden als auch allen um ihn herum verborgen war. Es war eine Art Phantomverlust – ein Moment, der die Person beeinträchtigt hatte, aber offenbar nicht nur unverarbeitet geblieben, sondern auch nicht bestätigt und nicht eingeordnet worden war. Bei diesem Verlust handelte es sich um etwas, das unsere Gesellschaft nie als „echt" anerkannt hatte.

Diese Entdeckung war nichts Plötzliches oder Unmittelbares, sondern es dauerte eine Weile, bis sie als tatsächlicher Ich-Verlust erkennbar wurde, der durch einen schmerzhaften emotionalen Schlag in der Vergangenheit verursacht worden war. Zum Zeitpunkt des Geschehens wurde er missverstanden und als trivial empfunden, ganz sicher nicht als echte Tragödie. Die Reaktion darauf wirkte nicht wie Trauer, weil sie sich bereits zur Wartezimmer-Mentalität entwickelt hatte, wie ich das nenne, die von unserer Gesellschaft im Allgemeinen weder erkannt noch als solche verstanden wurde.

Dieser Warteraum, in den wir alle irgendwann gelangen, wird schon früh im Leben eingerichtet, höchstwahrscheinlich noch bevor ein tragischer Verlust eintritt. Er entsteht bei einer anderen Form der Trauer, die uns häufig gefangen hält und dafür sorgt, dass wir *zwischen* Erfahrungen immer nur überleben, ohne dass wir dies erkennen könnten. Wahrscheinlich hören wir schon viel früher auf als gedacht, unser Leben voll auszuschöpfen; wir sind viel länger gefangen. Als meine Kursteilnehmenden immer wieder feststellen mussten, dass sie sich ohne verständlichen Grund schon wieder im Überlebensmodus im Warteraum befanden, wurde mir klar, was da wirklich vor sich ging.

Um den tatsächlichen Ursprung ihrer Überlebensmentalität herauszufinden, bat ich die Teilnehmenden zu überlegen, welche Momente der Erschütterung *vor* der Tragödie, die ihnen ihren geliebten Menschen genommen hatte, stattgefunden haben könnten. Sich an ihren ersten Gang in den Warteraum zu erinnern – wo sie diesen Überlebensmechanismus entwickelt hatten, um mit möglichen künftigen Verlusten fertig zu werden – war anfangs eine große Herausforderung. Aber sobald sie diesen Moment (oder diese Momente) aufgespürt hatten, konnten sie nach und nach einen Ausweg erkennen. Mithilfe der Instrumente des Modells zum Wiedereinstieg ins Leben (*Life Reentry Model*) verstanden sie allmählich, was wirklich mit ihrem emotionalen Wohlbefinden geschehen war und ab wo und wann sie sich nicht mehr weiter entfaltet, sondern unwissentlich dauerhaft in einen Überlebensmodus geschaltet hatten. Diese neue Art des Bewusstseins (die Bewusstwerdungsphase beim Wiedereinstieg ins Leben) ermöglichte es ihnen, den Weg zu einem selbstbestimmten Leben einzuschlagen, und zwar nicht nur für kurze Zeit, sondern auf lange Sicht. Das Modell zum Wiedereinstieg ins Leben könnte das letzte fehlende Puzzleteil zur Heilung sein, nicht nur von einer Trauer nach klassischem Verständnis (wie erwähnt, katastrophale Ereignisse wie der Tod eines geliebten Menschen), sondern auch für diesen eher innerlichen Unsichtbaren Ich-Verlust, der chronisch missverstanden wird und möglicherweise zu vielen psychischen Problemen beigetragen hat, mit denen wir in der modernen Gesellschaft zu kämpfen haben.

## Die Realität des Unsichtbaren Verlusts

Es ist kaum zu begreifen, dass Selbstmord bei 10- bis 24-Jährigen in den USA die zweithäufigste Todesursache ist. Laut der *Anxiety and Depression Association of America* (gemeinnützige Organisation, die sich für die Sensibilisierung und Verbesserung der Diagnose, Behandlung und Heilung von Angststörungen einsetzt; Anm. d. Verlags) leiden 6,8 Millionen Amerikanerinnen und Amerikaner an einer generalisierten Angststörung. Frauen sind doppelt so häufig betroffen wie Männer. Sechs Millionen Erwachsene in den USA leiden an einer Panikstörung. 15 Millionen Erwachsene sind von einer sozialen Angststörung betroffen. Sie beginnt normalerweise im Alter von etwa 13 Jahren, aber die Mehrheit der Betroffenen sucht erst viel später professionelle Hilfe[1].

Aufgrund meiner Beobachtungen bei meinen Kursteilnehmenden in den letzten zehn Jahren bin ich fest davon überzeugt, dass Unsichtbarer Verlust ein Auslöser für Angst und eine der Hauptursachen für Depressionen ist: Die Gesellschaft erkennt den Unsichtbaren Verlust nicht an und verwirft ihn daher als unwahrscheinliche Ursache für diese Leiden.

Rückblickend sehe ich heute, dass der Verlust meines ersten Mannes mich deshalb nicht vollständig vernichtet hat, weil mir unsere Kultur Worte zur Verfügung gestellt hat, um der Fassungslosigkeit der Trauer nach einem tragischen Ereignis Ausdruck zu geben. Zumindest stand mir eine grundlegende emotionale Sprache zur Verfügung, um einen neuen inneren Sinn zu konstruieren. Mit der Zeit konnte ich zwischen der Bitterkeit meines Schicksals und dem Schmerz der Tragödie unterscheiden. Die Gesellschaft gab mir teilweise die Erlaubnis und den Raum, die ich brauchte, um mit den surrealen Folgen des Todes fertig zu werden. Ich konnte die aufkommenden Emotionen benennen, und es war mir wichtig zu wissen, dass meine Trauer von anderen anerkannt wurde: Sie war ganz bestimmt kein Fantasiegebilde einer verwirrten Witwe.

Dass ich Bestätigung erfuhr, dass man mir sagte, dass die Tiefe meines Kummers Unterstützung verdient hatte, das hat mir das Leben gerettet. Würde doch nur eine so grundlegende Bestätigung auch für den Unsichtbaren Verlust angeboten. Wäre doch nur eine solche Wertschätzung in all unseren Momenten der Erschütterung vorhanden. Wäre es doch nur üblich, unsere Alltagssorgen zu verarbeiten und zu klären. Könnten wir doch nur mit der richtigen Fürsorge wieder zurück ins Leben geleitet werden. Hätten wir eine einfache Grundlage für Anerkennung und Akzeptanz der verschiedenen Formen von Trauer gehabt, hätte das Vielen das Leben retten können.

Die Anerkennung von Trauer ist nicht genug, aber besser als nichts. Meiner Erfahrung nach ist der Unsichtbare Verlust still, unerkannt und unbeachtet (nicht nur von der Gesellschaft, sondern auch von uns selbst), da uns die verschiedenen emotionalen Zustände und die Bandbreite der Gefühle, die er mit sich bringt, nicht bewusst sind. Je nachdem, wann ein Unsichtbarer Verlust eintritt, sind unsere Wahrnehmung von ihm und seine Auswirkungen auf unser Verhalten unterschiedlich. Die wörtliche Bedeutung von Trauer geht von Empfindungen eines tiefen Verlusts und ungefilterter Emotionen aus – der völligen und unmittelbaren Zerstörung der gegenwärtigen Realität der trauernden Person. In Filmen wird Trauer immer mit gewaltigen emotionalen Ausbrüchen dargestellt, die in unkontrollierbarem Schluchzen enden. Diese dramatische Darstellung von Trauer verhindert, dass wir den Verlust erkennen, der sich nicht in dieser Weise manifestiert.

Darüber hinaus kann Unsichtbarer Verlust uns selbst und anderen verborgen bleiben, wenn er sich eher wie Angst und weniger wie Trauer anfühlt. Selbstverständlich kann sich dies ganz unterschiedlich äußern, da jedes Unsichtbare Verlustereignis von den Umständen und dem Kontext der betroffenen Person abhängt. Das Schwierige daran ist, dass zwei Menschen genau die gleiche Erfahrung machen können, diese aber aufgrund der individuell einzigartigen persönlichen Umstände, Erziehung und Überzeugungen für die eine Person einen Unsichtbaren Verlust darstellen kann und für die andere nicht.

Einen Unsichtbaren Verlust kann man manchmal in Situationen verspüren, in denen sich jemand anders verhält als erwartet. Man kann ihn auch empfinden, wenn die eigene Version der Realität nicht mit der Version anderer übereinstimmt. Ein Kind kann beispielsweise Unsichtbaren Verlust erleben, wenn seine Mutter sich nicht so verhält wie die Mutter eines Freundes, was dazu führt, dass es sich selbst als anders wahrnimmt. Es verliert das Gefühl der Zugehörigkeit. Diese frühe Erfahrung, anders zu sein als das, was „normal" ist, führt zu einer inneren Inkongruenz. Um diese neue Konflikterfahrung zu überstehen, passen wir dann unsere Handlungen und unser Verhalten an, indem wir dieses Gefühl unterdrücken, ohne mit jemandem darüber zu sprechen.

Mit anderen Worten: Unsichtbarer Verlust ist eine heftige emotionale Reaktion auf ein ansonsten normales Ereignis. Er ist nicht unbedingt auf ein traumatisches Ereignis oder einen Zustand zurückzuführen, der im konventionellen Sinn als Trauer bezeichnet würde. Vielmehr ist er die Folge eines Moments, der Auswirkungen auf unser Ich-Erleben, unser Selbstverständnis und unser Selbstwertgefühl in Bezug auf unsere unmittelbare Umgebung hatte. Diese veränderte Wahrnehmung hätte eigentlich nur ein paar Tage anhalten sollen. Doch sie wurde in die Tiefen unserer inneren Welt verbannt, und da es kein zulässiges Ventil gab, durch das sie hätte geklärt und verarbeitet werden können, wurde die Erfahrung, die unser Selbstbild beeinflusst hat, immer dauerhafter. Es war zu schwierig, zu unserer alten Selbstwahrnehmung – oder auch dem Ursprünglichen Ich – zurückzufinden.

## Was ist das Ursprüngliche Ich?

Das Ursprüngliche Ich ist das, was wir ohne äußere Einflüsse sind. Mit anderen Worten, das bist *du*, ohne die Selbstkorrektur, die stattfindet, wenn du dich bemühst, in das Schema deiner Familie, Gemeinschaft oder gesellschaftlichen Gruppe zu passen. Es ist das Ich, das am stärksten im Einklang mit den Erfahrungen ist, die dir Freude bereiten. Vielleicht lässt sich das Ursprüngliche Ich am besten als unsere ungehemmte Version definieren, in der wir unseren eigenen Bedürfnissen und Wünschen treu sind und nicht denen anderer.

Bei diesem Ursprünglichen Ich geht es nicht um ein gutes oder ein schlechtes Ich oder um positive oder negativ, sondern darum, Entscheidungen auf der Grundlage dessen zu treffen, was wichtig ist. Wenn wir bestimmen sollten, in welcher Form das Ursprüngliche Ich vollständig zum Ausdruck kommt, würden wir eine individuelle Form des Spiels, das Knüpfen von Beziehungen auf Grundlage von Bedürfnissen (was sie auch seien), Kreativität ohne Unterdrückung und Arbeit, die man liebt oder sich aussucht, nennen. Wenn ein Moment der Erschütterung eintritt – irgendeine Art von Ablehnung, ein verbales oder nonverbales Urteil –, das unser frühes Selbstbild verändert, erleben wir unseren ersten Unsichtbaren Verlust. Dieser Primäre Unsichtbare Verlust lässt sich am besten als der Verlust dessen beschreiben, wer wir vor diesem Moment der Erschütterung waren.

Stellen wir uns einmal vor, du hättest in Kindheit und Jugend einen Mangel an materiellen Dingen erlebt, sodass du nicht ohne Weiteres hattest, was sich andere locker leisten konnten. Das könnte bei dir zu einem geringen Selbstwertgefühl geführt haben, was wiederum eine neue Selbstwahrnehmung zur Folge hatte, wodurch sich möglicherweise der Kontakt zu deinen Freunden und die Art, wie du Bindungen zu anderen aufbaust, verändert haben. Diese Wahrnehmung könnte zur Folge gehabt haben, dass du meinst, du hättest Liebe nicht verdient, und dass du aufgrund des frühen Selbstwertverlusts des Ursprünglichen Ichs ungesunde Grenzen ziehst.

Um die Folgen dieses Verlusts zu überstehen, richtest du dir einen Warteraum ein, da du nicht weißt, wie du mit deinem neu veränderten Ich umgehen sollst. Je länger du von der ursprünglichen Version deiner selbst getrennt bist, desto schwieriger wird es, dem treu zu bleiben, was du einmal warst. Es ist wie ein Dominoeffekt. Dieser eine frühe Ich-Verlust kann das größte, katastrophalste Ereignis deines Lebens sein, da nun alles aus der Perspektive des Überstehens dieser Erfahrung betrachtet wird und du dich auch selbst durch diese Brille siehst.

## Im Warteraum stecken bleiben

Manchmal gibt es in unserem Leben schwierige Aspekte, die wir nie hinterfragen. Wir finden einfach Mittel und Wege das Ganze zu ertragen, und kommen gar nicht erst auf die Idee, dass wir nicht so schwer arbeiten oder so eingeschränkt leben müssen. Wenn wir das, was ist und schon immer so war, nicht hinterfragen, verpassen wir die Chance auf ein leichteres Leben.

Die meisten Menschen glauben, dass wir automatisch zu einem neuen Kapitel oder einem Neuanfang aufbrechen, wenn uns etwas Schwieriges widerfahren ist und wir eine Möglichkeit gefunden haben, diese Erfahrung hinter uns zu lassen. Wir denken unser Leben linear und nehmen es auch so wahr. Etwa folgendermaßen:

Altes Leben → neues Leben
Schwerer Moment → Lektion gelernt → Neuanfang

Da dir niemand gesagt hat, dass die alltägliche Furcht und Sorge, die du empfindest, die Folge eines Unsichtbaren Verlusts sein könnten, weißt du auch nicht, wann oder wie dein Überlebensmechanismus erstmals ausgelöst wurde.

Als dein Überlebensmechanismus ausgelöst wurde und du damit beschäftigt warst den Schwall aus Scham, Verlassenheitsgefühlen oder Ablehnung zu überstehen, ist die alte Version von dir erloschen. Wie du inzwischen weißt, bezeichnen wir dies als einen Moment der Erschütterung. Im Laufe deines Lebens erfährst du eine ganze Reihe solcher schmerzhaften, unsichtbaren Rückschläge, bei denen dein Ursprüngliches Ich das Vertrauen in seine ursprüngliche Selbsterkenntnis verliert. Der Bewältigungsmechanismus, den dein Gehirn infolge früherer Momente der Erschütterung entwickelt hat, bestimmt, wie du diese Situationen überstehst. Dieser Bewältigungsmechanismus hilft dir zwar zu überleben, führt aber nicht zu einem Neuanfang, sondern bringt dich an einen sicheren Ort, an dem du dich erholen kannst. Anstelle der zuvor beschriebenen Abfolge geschieht daher Folgendes:

Moment der Erschütterung → Unsichtbarer Verlust → Überleben

Du meinst vielleicht, dass du einen Neuanfang erlebst und eine zweite Chance hast, aber in Wirklichkeit befindest du dich im Zwischenraum zwischen dem alten und dem neuen Leben, im Zwischenraum zwischen deinem Ursprünglichen Ich vor einem Moment der Erschütterung und deinem Überlebens-Ich. Es ist ein Ort dauerhaft gehemmter Entwicklung, den wir jetzt als den Warteraum erkennen.

## Der ungeahnte Einfluss Unsichtbarer Verluste auf unser Leben

Leid außerhalb von „akzeptablen" Lebenstragödien (Tod eines geliebten Menschen) und über eine bestimmte Zeitspanne (etwa sechs Monate) hinaus zum Ausdruck zu bringen, wird von anderen kaum verstanden, ohne dass sie in gewisser Weise darüber urteilen. Zudem wurde die Idee des Unsichtbaren Verlusts noch nie in einer Sprache ausgedrückt, die sie genau beschreiben könnte. Sie blieb unausgesprochen und definitiv missverstanden, da wir uns normalerweise an Sprache orientieren.

Zum Beispiel haben wir nicht die Worte, um den Verlust an Selbstwertgefühl zu beschreiben, der in einer Ehe entsteht, in der in die alltäglichen Gespräche subtile Formen verbalen Missbrauchs eingebettet sind. Wir sind uns des Missbrauchs vielleicht noch nicht einmal bewusst, da unserer Erinnerung nach auch unsere Eltern so miteinander gesprochen haben. Dennoch machen wir uns die ganze Zeit selbst für die Umstände verantwortlich, in denen wir uns befinden.

Die Wahrheit ist: Bevor es besser werden kann, wird es erst einmal schlimmer – nicht nur wenn du herausfinden willst, an welchem Punkt du angefangen hast, nur noch zu überleben, sondern auch wie dein Umfeld auf deine Suche reagiert. Sobald andere merken, dass du versuchst, das alles herauszufinden, denken sie, du hättest eine Midlife-Crisis. Wie kannst du es wagen, Dinge wieder aufzurühren, die besser ungesagt blieben? Schließlich riskieren wir die Sicherheit, die uns das gewohnte Verständnis unserer Geschichten vermittelt, und die Geborgenheit, die wir erhalten, wenn wir es anderen recht machen. Auf unserem Weg durch das vor uns liegende Terrain gibt es noch viel mehr dazu zu sagen. Du wirst erkennen, wie du diese Version deiner selbst aus der Not heraus und aus Angst vor Liebesverlust erschaffen hast. Aber jetzt, da du dir dieses verfälschten Ichs bewusst bist, ist es an der Zeit, dich davon zu verabschieden.

Und obwohl wir das, was war, langsam loslassen, wirst du dir selbst dabei so nahe wie schon lange nicht mehr sein. Es ist bestimmt nicht einfach, dich auf die Suche nach deinem Ursprünglichen Ich einzulassen, aber wir werden behutsam in eine völlig neue Sprache eintauchen, eine Sprache, die eine neue Zukunft definieren und vielleicht sogar die Vergangenheit neu schreiben kann. Wir werden Worte aneinanderreihen, um neue Perspektiven zu gewinnen, um andere Fragen zu wagen, und um unsere Scham- und Schuldgefühle für die Entscheidungen, die wir bisher getroffen haben, zu überwinden. Wir werden die Gründe für unsere Gefühle verstehen lernen, und das wird uns aus den Ketten der Reue befreien. Ich wage zu behaupten, dass am Ende dieses Buches der Unsichtbare Verlust nicht mehr unsichtbar ist. Wenn du ein Leben erschaffst, das dem Unausgesprochenen Ausdruck gibt, wirst du den Begriff *Unsichtbarer Verlust* letztendlich nicht mehr brauchen. Zumindest nicht, bis wieder etwas verdrängt wird; dann hilft der Begriff noch einmal, einen neuen Unsichtbaren Verlust sichtbar zu machen.

Bevor wir uns weiter vorwagen, möchte ich dir noch einmal sagen: Sobald wir an einem Punkt angelangt sind, an dem du dich frei fühlst, eigene Entscheidungen zu treffen, wirst du erkennen, dass die Reise dahin nicht vergebens und kein Irrweg war. Tatsächlich wird sie der Grund dafür sein, dass du nicht aufgibst. Sie ist der Grund, warum du weitermachst und Seite für Seite umblätterst, während du auf deinem Weg zu einer wohlwollenden Sicht auf dich selbst und andere achtsam an den empfohlenen Hausaufgaben arbeitest. Diese nächste Stufe deines Lebens wird endlich vom Ursprünglichen Ich gestaltet, und nicht mehr vom Überlebens-Ich, das die Stimme der Angst ist und die Sprache des Warteraums spricht. Endlich wirst du nicht nur den Mut finden, sondern auch das Bedürfnis verspüren, wieder in ein selbstbestimmtes Leben einzutreten. Und du wirst die Freude erleben, die aus der Freiheit erwächst, du selbst zu sein. Das Modell zum Wiedereinstieg ins Leben wird dir helfen, die Unsichtbaren Verluste zu verarbeiten, die sich angesammelt haben und weiterhin Leid verursachen. Du wirst eine tägliche Praxis etablieren und mit ihrer Hilfe

- die Stimme der Angst (des Überlebens-Ichs) erkennen
- deine Unsichtbaren Verluste klären, bis die Maske des Überlebens-Ichs fällt
- diese Ängste mit Weisheit umdeuten
- in überlegten und geplanten Schritten vorgehen, die dich strategisch auf den Weg bringen, ja zu deinen eigenen Ansprüchen zu sagen statt zu denen aller anderen.

Aufrichtig nach seinen wahren Wünschen zu handeln, ist, offen gesagt, das einzig erstrebenswerte Ziel.

# Das kannst du erwarten

Auf deinem weiteren Weg ist es hilfreich, wenn du einen Überblick darüber hast, was noch kommt.

### Die Phasen des Wiedereinstiegs ins Leben

In den folgenden Kapiteln leite ich dich durch eine Reihe von Hausaufgaben, die dir helfen, aus dem Warteraum herauszufinden und deine wichtigsten Unsichtbaren Verluste zu erkennen. Diese Übungen basieren auf dem Modell zum Wiedereinstieg ins Leben, das dich in ein neues Kapitel deines Lebens führen wird. Im Folgenden ein grundlegender Überblick über die Reise, die wir zusammen unternehmen werden:

1. **Bewusstwerdungsphase** – Die Entstehung des Überlebens-Ichs aus einem Unsichtbaren Verlust. Die ersten beiden Kapitel helfen dir zu verstehen, wie du in diesen ständigen Überlebensmodus geraten bist, und führen dich dann zu deiner ersten Warteraumerfahrung und dem Unsichtbaren Verlust, der sie ausgelöst hat. Wir beginnen mit der Anerkennung des Unsichtbaren Verlusts und seiner Entwicklung von der Kindheit bis ins Erwachsenenalter. Außerdem lernst du drei verschiedene Aspekte oder Facetten deiner Persönlichkeit kennen, die es in dir gibt: Überlebens-Ich, Beobachtendes Ich und Aufblühendes Ich. Ihre Entdeckung gibt der Reise einen Sinn und macht sie leichter. Außerdem verändert sich dadurch auch die Art und Weise, wie du anderen zuhörst und dich selbst verstehst.
2. **Abwehrphase** – Gedanken des Überlebens-Ichs durch Stapeln unterbrechen. Diese Phase ist als Gedankenstapel aufgebaut. Sie vermittelt dir einen Einblick in einen inneren Dialog. Dabei handelt es sich um eine Übung, mit der dir die Gedanken deines Überlebens-Ichs bewusstwerden. Nach und nach formulierst du sie im Sinne deines ursprünglichen und wahren

Ich-Empfindens um. Mit dieser Phase beginnt deine tägliche Praxis des Gedankenstapelns.

3. **Handlungsphase** – Raus aus dem Warteraum durch Plug-ins – Zusatzprogramme. Hier machst du kleine Schritte aus dem Warteraum heraus, beginnend mit risikoarmen Aktionen oder kleinen Programmen, die dich weiter von deiner momentanen automatischen Angstreaktion wegbringen.

4. **Abweichungsphase** – Übergang durch das Beobachtende Ich. Während du mit deiner täglichen Praxis des Gedankenstapelns und deinen neu entwickelten Programmen für kleine Aktionen im wirklichen Leben weitermachst, entdeckst du den Teil von dir, der bisher verschattet war. Sowie du kleine Teile deines Ursprünglichen Ichs freilegst, wirst du auf Widerstand von deinem Überlebens-Ich und von den Menschen in deinem Leben stoßen. In dieser Phase geht es um den Übergang vom Überlebens-Ich zum Beobachtenden Ich. Du behältst die tägliche Praxis des Gedankenstapelns bei und bist bereit, mit etwas riskanteren Programmen längere Zeit außerhalb des Warteraums zu bleiben.

5. **Integrationsphase** – Dein Aufblühendes Ich abrufen und dein Ursprüngliches Ich zurückgewinnen. Du arbeitest auf die Integration deines Aufblühenden und deines Beobachtenden Ichs hin. Hier konzentrieren wir uns auf die Veränderungen in deiner Einstellung, die nun stattfinden und bei denen du dein Aufblühendes Ich kennenlernst. Dies ist auch der Moment, an dem du anfängst, an diese Reise und ihr letztendliches Ziel zu glauben: dein ursprüngliches und wahres Ich.

Nach der Integrationsphase ist der Wiedereinstieg ins Leben zum ersten Mal abgeschlossen. Du wirst dein Lebensleitbild schreiben, eine Erklärung dieses wiederentdeckten, integrierten Ichs, in dem dein Überlebens-Aspekt, dein Beobachtender und dein Aufblühender Aspekt harmonisch zusammenarbeiten und dein Leben an dein frisch reaktiviertes Ursprüngliches Ich anpassen.

Jeder Schritt basiert auf wissenschaftlichen Erkenntnissen, und ich werde einen Einblick in diese Erkenntnisse geben. Du musst nicht wissen, warum etwas funktioniert, aber du musst daran glauben, dass es funktioniert, damit du dich auf die Erfahrung des Wiedereinstiegs ins Leben einlassen kannst.

## Die Geschichten

Ich bin stolz auf die Pionierinnen und Pioniere, die Ja zu dieser Arbeit gesagt haben, bevor sie ihren Weg in mein erstes Buch *Neustart ins Leben* gefunden hat, und die auch die klinischen Studien bejaht haben, lange bevor sich irgendjemand dafür interessiert hat, dass in einem virtuellen Rahmen über Trauer gesprochen wird. Es ist mir eine Ehre, dass ich seit 2011 Tausende solcher Wiedereinstiege ins Leben miterleben durfte, und einige dieser Geschichten erzähle ich in diesem Buch. Die Namen, Orte und Einzelheiten wurden geändert, um die Vertraulichkeit zu wahren. Zum Schutz dieser Vertraulichkeit wurden sie außerdem in neuer Form miteinander vermischt.

Ich habe Geschichten ausgewählt, die mir auf meinem Weg in Erinnerung geblieben sind. Die Menschen, die du kennenlernen wirst, waren in meinen Kursen. Im Laufe eines Jahrzehnts fanden diese Kurse zunächst per Telefon, dann als Webinar, schließlich per Zoom und einige auch persönlich statt. An den Kursen nahmen meist an die hundert Personen aus der ganzen Welt teil.

## Dein Tempo finden

Alle Übungen bauen aufeinander auf. Deshalb ist es bei diesem Buch am besten, wenn du dich einfach auf die vor dir liegende Seite und die Hausaufgabe in jedem Abschnitt konzentrierst (nichts überspringen!). Als Faustregel gelten zehn bis 15 Minuten für jede Übung. Aber es ist auch in Ordnung, wenn du das Buch in einem Zug durchliest und dann, nachdem dein Gehirn auf die Reise vorbereitet wurde, auf die Übungen zurückkommst. Ebenso gut kannst du in deinem eigenen Tempo vorgehen und anfangen und aufhören, wie es sich für dich stimmig anfühlt. Die Kurse führten die Teilnehmenden in etwa neun Wochen durch diesen Prozess. Wenn du möchtest, kannst du dieses Tempo wählen und jeder Phase eine Woche widmen, oder du kannst dir für die Übungen mehr Zeit nehmen. Du kannst dieses Buch auch zusammen mit einem Freund, einem Familienmitglied oder deiner Therapeutin durcharbeiten. Oder nimm es mit in deine Selbsthilfegruppe. Wenn dir diese Möglichkeiten jedoch nicht zur Verfügung stehen, ist es vollkommen in Ordnung und wertvoll, wenn du es allein durcharbeitest. Das Buch wurde speziell für Menschen konzipiert und geschrieben, die sich allein auf die Reise machen. Die Methode zum Wiedereinstieg ins Leben unterstützt dich als Einzelperson, ohne dass du einen Kursleiter benötigst. Fühle dich also nicht unter Druck gesetzt, dies mit einem Partner oder einer Gruppe zu tun, wenn du das nicht möchtest.

## Anhang

Der Anhang enthält sowohl einen ausführlichen Leitfaden für eine Selbsthilfegruppe als auch einen strukturierten Wochenplan für individuell Lesende.

Die Arbeit mit diesem Buch in einer Selbsthilfegruppe ist lediglich eine Option und nicht notwendig. Wenn du die Lektüre von *In kleinen Schritten zurück zu dir* im Rahmen einer Selbsthilfegruppe attraktiver findest, lies bitte den Leitfaden im Anhang.

Wenn du das Buch nach einem strukturierten Wochenplan lesen möchtest, kann der Anhang mit dem Leitfaden für Selbsthilfegruppen auch für dich als individuell lesende Person hilfreich sein. Der Anhang enthält die wöchentlichen Lektüreabschnitte und Übungsaufgaben für neun Wochen. Möglicherweise fällt es dir deutlich leichter, wenn es bereits so für dich vorbereitet wurde. Verwende das Format, mit dem du am besten lernen kannst. Immerhin geht es in diesem Buch darum, dein Leben zu verändern, deshalb gehe so vor, wie es für dich gut ist.

## Das Glossar zum Wiedereinstieg ins Leben

Der Wiedereinstieg ins Leben beinhaltet einen eigenen Wortschatz, und umfassendere Begriffe werden in den jeweiligen Kapiteln und Abschnitten erläutert. Um dir den Einstieg zu erleichtern, werden alle in *In kleinen Schritten zurück zu dir* enthaltenen Begriffe – wichtige Wörter und Konzepte – großgeschrieben (z. B. Unsichtbarer Verlust oder Aufblühendes Ich). Das Glossar enthält eine Liste dieser Begriffe mit kurzen, einfachen Definitionen.

## Kaffeepausen

In der Mitte jedes Kapitels gibt es eine „Kaffeepause". Ich habe diese Seiten so geschrieben, als würden wir einander gegenübersitzen und zusammen eine Tasse Kaffee trinken.

Wir befinden uns in vielerlei Hinsicht außerhalb von Zeit und Raum und unterhalten uns miteinander.

Ich hoffe, dass diese kleinen Pausen das Buch beim Lesen lebendig werden lassen, und ich möchte, dass du das Gefühl hast, als wären wir zusammen im Kurs. Aber bevor wir loslegen, wollen wir diese Einführung mit deiner allerersten Hausaufgabe abschließen. Darin geht es um dich, und wo du zu Beginn deiner Reise zum Wiedereinstieg ins Leben stehst.

..........................................................................

# Hausaufgabe: Deine Ausgangsgeschichte

Besorge dir für die Aufgaben in diesem Buch ein Tagebuch, entweder in Papierform oder digital. Beginne dein Tagebuch mit dieser einführenden Aufgabe, in der du beschreibst, wie sich deine Lebensgeschichte im Moment für dich anhört und anfühlt. Nimm dir ein paar Minuten Zeit und schreibe ein paar Absätze oder wenn du möchtest, auch mehr. Stelle dich so vor, als wärst du im Kurs und würdest den anderen ein bisschen über dein Leben erzählen. Dies wird unser „Vorher-Foto". Es zeigt, wie du dich selbst und deine Wirklichkeit in Gegenwart und Vergangenheit wahrnimmst. Die Sprache, mit der du deine Vergangenheit und dich selbst beschreibst, kann uns Hinweise auf deinen Warteraum geben und darauf, wie du deinen Alltag überlebt hast. Deine Worte enthalten Fingerzeige, die uns zu den Unsichtbaren Verlusten führen können, die den Lauf deines Lebens verändert haben.

Beginne deine Geschichte an der Stelle, die du als natürlichen Ausgangspunkt empfindest. Es könnte sich darum handeln, wo du geboren wurdest, wer deine Eltern waren oder wo du zur Schule gegangen bist. Was auch immer es ist, traue dem Impuls und schreibe es auf.

Wenn du nicht weißt, wie du deine einführende Geschichte beginnen sollst, findest du hier einige Anregungen, die dir den Einstieg erleichtern:

- *Meine Geschichte fing an, als ...*
- *Aufgewachsen bin ich in ...*
- *Das Schwerste in meinem Leben war ...*
- *Obwohl ich wunderbare Eltern hatte, ...*

Wenn du mit dem Schreiben fertig bist, bewahre diese Ausgangsgeschichte irgendwo auf, wo du sie leicht wiederfindest, denn wir werden sie am Ende noch einmal anschauen. Dies ist der Beginn einer Reise, deren Verlauf du vielleicht festhalten möchtest. Auf die überraschendste Neufassung deines Lebens!

## Hausaufgabe: Bestandsaufnahme deines Ursprünglichen Ichs

Bevor wir mit dem Prozess des Erkennens deiner Unsichtbaren Verluste beginnen, machen wir eine Bestandsaufnahme, wie sich diese Unsichtbaren Verluste auf verschiedene Aspekte deines Lebens ausgewirkt haben könnten. Dazu habe ich eine Reihe von Fragen zu Selbstvertrauen, Grenzen und Ehrlichkeit zusammengestellt. Wir werden unter anderem beurteilen, wie groß deine Risikobereitschaft ist, ob du gesunde Grenzen hast und ob du dir selbst und anderen Mitgefühl entgegenbringst. Wir wollen ein Gefühl dafür bekommen, wo du stehst. Dazu musst du dir nur die folgenden Fragen genau durchlesen und auf einer Skala von 0–3 (in diesem Bereich deines Lebens ging es dir nicht gut), 4–7 (gut) und 8–10 (sehr gut) angeben, wo du dich im vergangenen Jahr befunden hast. Wenn es beispielsweise um Selbstvertrauen geht, holst du dann bei anderen Menschen Rat ein oder vertraust du bei Entscheidungen in deinem Leben auf dein eigenes Urteil? Nehmen wir für dieses Beispiel an, dass du oft an dir zweifelst, dir aber im letzten Jahr auch ein- oder zweimal vertraut hast. Dann liegt deine Zahl auf der Selbstvertrauensskala wahrscheinlich bei 3 oder 4: Du hast Bedenken, was du als Nächstes tun sollst, zeigst aber auch Momente voller Selbstvertrauen. Wenn du bei jeder Frage deine Zahl notiert hast, addiere alle Werte und trage die Summe in das dafür vorgesehene Feld ein. Damit du Klarheit über Veränderungen in jeder Kategorie erhältst, empfehle ich dir, die Werte zu aktualisieren, wenn du am Ende des Buches deinen ersten Zyklus zum Wiedereinstieg ins Leben abgeschlossen hast.

Nimm dir jetzt einen Moment Zeit und stelle dir die folgenden Fragen, um jeweils deine persönliche Punktzahl zu ermitteln. Wo würdest du dich im letzten Jahr auf einer Skala von 0 (nicht gut in diesem konkreten Lebensbereich) bis 10 (sehr gut) einordnen? Bitte gib nur eine Zahl zwischen 0 und 10 an.

- Selbstvertrauen: Als du im vergangenen Jahr eine schwierige Entscheidung treffen musstest, hattest du da das Gefühl, dass du es nicht alleine hinbekommst, oder hast du es aus dir selbst heraus geschafft, diesen Schritt zu gehen, ohne die Meinung anderer einzuholen? Wie sehr vertraust du deiner Fähigkeit, Entscheidungen über den weiteren Verlauf deines Lebens zu treffen, auf einer Skala von 0 (kein Vertrauen) bis 10 (vollstes Vertrauen)?

*Mein Wert für Selbstvertrauen beträgt _____.*

- Gesunde Grenzen: Befindest du dich häufig in Beziehungen, die nicht erfüllend sind? Kannst du Grenzen setzen, wenn Menschen dich in bestimmten Situationen zeitlich übermäßig beanspruchen? Sagst oder tust du häufig Dinge, um es anderen recht zu machen? Wie schnell setzt du zu Hause, bei der Arbeit und in Beziehungen Grenzen? Wie hoch ist derzeit dein Zahlenwert auf einer Skala von 0 (es fällt mir nicht leicht, Grenzen zu setzen) bis 10 (es fällt mir sehr leicht)?

  *Mein Wert für Gesunde Grenzen beträgt _____.*

- Selbstakzeptanz: Fällt es dir leicht, die Entscheidungen, die du in der Vergangenheit getroffen hast, zu akzeptieren, oder findest du, dass du dich für Entscheidungen, die du getroffen hast und die du jetzt bereust, selbst zerfleischst? Wie hoch ist derzeit dein Zahlenwert auf einer Skala von 0 (keine Akzeptanz) bis 10 (hohe Akzeptanz)?

  *Mein Wert für Selbstakzeptanz beträgt _____.*

- Radikale Selbstehrlichkeit: Kannst du dir ehrlich eingestehen, wo du im Leben stehst, oder merkst du, dass du der Wahrheit aus dem Weg gehst, um dich selbst zu beruhigen? Wie ehrlich bist du zu dir selbst? Wie hoch ist derzeit dein Zahlenwert auf einer Skala von 0 (nicht ehrlich) bis 10 (sehr ehrlich)?

  *Mein Wert für Radikale Selbstehrlichkeit beträgt _____.*

- Der gegenwärtige Moment: Wie fühlt sich der gegenwärtige Moment für dich an? Wenn du jetzt innehalten, einfach tief durchatmen und spüren würdest, wie es sich anfühlt, im Hier und Jetzt du selbst zu sein, wie fühlt sich das an? Ist es leicht, in diesem Moment in deinem Leben zu sein, oder ist es unangenehm und schwer? Wo liegt dein aktueller Zahlenwert auf einer Skala von 0 (es fühlt sich richtig schwer an) bis 10 (überhaupt nicht schwer)?

  *Mein Wert für den Gegenwärtigen Moment beträgt _____.*

- Riesenschritt: Hast du im letzten Jahr einen Riesenschritt in deinem Leben machen können, also zum Beispiel den Job gewechselt oder eine Beziehung beendet? Solche Veränderungen sind die schwierigsten und machen uns meist sehr zu schaffen. Auf einer Skala von 0 (gar nicht leicht) bis 10 (sehr leicht), wie leicht fällt es dir, einen großen Schritt in Richtung von etwas zu machen, das du dir im Leben wünschst?

*Mein Wert für Riesenschritte beträgt \_\_\_\_\_.*

- Mitgefühl für andere: Hast du Mitgefühl für andere, für ihre Nöte und ihr Unglück im Leben? Wo liegt dein Zahlenwert auf einer Skala von 0 (kein Mitgefühl) bis 10 (viel Mitgefühl)?

*Mein Wert für Mitgefühl für andere beträgt \_\_\_\_\_.*

- Mitgefühl für dich selbst: Gibst du dir die Schuld für die Zurückweisung, die du von anderen erfahren hast? Kannst du verstehen, warum du dich manchmal so verhältst, dass andere vielleicht verletzt werden? Wie nachsichtig und verständnisvoll bist du, wenn es um vermeintliche Fehler geht, die du gemacht hast, oder um Entscheidungen, die nicht zum erhofften Ergebnis geführt haben? Wo liegt dein Zahlenwert auf einer Skala von 0 (kein Mitgefühl) bis 10 (viel Mitgefühl)?

*Mein Wert für Mitgefühl für mich selbst beträgt \_\_\_\_\_.*

Addiere alle Zahlen und trage den Gesamtwert hier ein. *Meine Bestandsaufnahme des Ursprünglichen Ichs ergibt den Wert \_\_\_\_\_.*

# BEWUSSTWERDUNGSPHASE

## DIE ENTSTEHUNG DES ÜBERLEBENS-ICHS AUS EINEM UNSICHTBAREN VERLUST

*Die Tortur, ein neues Leben zu beginnen, ist vielleicht nicht so schlimm wie der Versuch, am alten festzuhalten.*

### Bewusstwerdungsphase

In dieser Phase blickst du durch das Prisma des Unsichtbaren Verlusts auf deine Lebensgeschichte zurück. Du betrachtest den Moment der Erschütterung, der zu deinem allerersten Unsichtbaren Verlust und letztlich auch zu deiner ersten Erfahrung mit dem Warteraum geführt hat.

### Lektion

Was ist der Ursprung des Überlebens-Ichs und seines typischen, aber derzeit verborgenen Verhaltens?

# KAPITEL 1

# DER WARTERAUM

Wir beginnen unsere Reise in der Mitte, wo wir möglicherweise bewusst oder unbewusst zwischen zwei Welten feststecken. Dieser Zwischenraum ist, wie bereits gesagt, ein psychischer Raum, in den du dich begeben hast, um dich vor einem Unsichtbaren Verlust zu schützen. Er ist eine Lücke, die dich sowohl heilen als auch hemmen kann, je nachdem, wie lange du dortbleibst, nachdem du einmal drinnen bist. Diese Warteschleife kann durchaus angenehm sein, aber sie verhindert, dass du ein Leben führen kannst, wie du es dir wünschst. Da sie sich sicher anfühlt, kann es schwierig werden, einen Ausweg zu finden. Meistens weißt du nicht einmal, dass du dich im Warteraum befindest. Doch solange du dich von den Ereignissen deiner Vergangenheit bedroht fühlst, kann dein Gehirn seine Aufmerksamkeit nicht auf die Zukunftsplanung richten. Vielmehr beharrt es auf Grübeleien über das, was dich belastet und was in Zukunft daraus entstehen könnte. Solange du dich in diesem Raum befindest, hat der Fokus deines Gehirns absolut nichts mit dem zu tun, was du tun oder haben möchtest. In vielerlei Hinsicht bist du darin gefangen, in einem Gefängnis, in das du freiwillig gegangen bist, um einen Moment der Erschütterung zu überleben, der zum Zeitpunkt des Geschehens scheinbar unwichtig war.

Unvernünftig scheint an dieser Entscheidung bisher, dass du gar nicht der Meinung warst, du hättest etwas Tragisches durchgemacht, du hast es für ganz normal gehalten. Die betreffenden Ereignisse wirkten völlig alltäglich, aber sie haben deine Sicht auf dich selbst und deine Wahrnehmung des Bildes, das andere von dir haben, verändert. Es ist zwar schwer vorstellbar, aber dies hat dich tatsächlich in einen Zustand bloßen Überlebens versetzt.

Nehmen wir an, du erfährst, dass deine beste Freundin dir etwas verheimlicht hat. Von da an denkst du jedes Mal, wenn du sie fragst, wie es ihr geht, und sie still oder müde wirkt, dass sie dir etwas verschweigt. Du bist nicht traurig, sondern hegst nun Zweifel, wo vorher keine waren. Diese Zweifel führen auch zu einem Verlust der Gewissheit darüber, wie gut du deine Freundin kennst, und zu einem Verlust deines Vertrauens zu deiner eigenen Wahrnehmung einer Person, die du gut zu kennen glaubtest. Auch wenn du nicht direkt Trauer empfindest, sondern von dem Ganzen einfach nur enttäuscht bist und nicht mehr genau weißt, was für eine Beziehung ihr eigentlich habt, ist dies ein Verlust. Ein Verlust wird nicht im Moment der Erschütterung, sondern erst im Nachhinein empfunden. Und während dieses längeren Nachhineins triffst du Entscheidungen auf der Grundlage dessen, was *deiner Meinung nach* geschieht, nicht gestützt auf das, was *wirklich passiert*. Womöglich beendest du die Freundschaft in dem Glauben, dass sie dir keine gute Freundin ist, und meinst, sie habe dich im Stich gelassen. Du verlierst diese Freundschaft nicht, weil sie dir keine gute Freundin war, sondern wegen deines Unsichtbaren Verlusts. Ich weiß, dass es schwer sein kann, diese Mitverantwortung am Verlust der Freundschaft zu akzeptieren. Natürlich ist das nicht immer der Fall, da auch viele andere Faktoren zum Ende einer Freundschaft beitragen können. Aber wenn wir an unseren Beziehungen zweifeln, sollten wir immer überlegen, inwiefern Unsichtbare Verluste unsere Sicht auf sie beeinflussen.

Es gibt natürlich eine neurologische Erklärung dafür, dass solche Verhaltensweisen entstehen und so beharrlich aufrechterhalten werden. Je länger wir in diesem sicheren Raum bleiben, desto mehr reden wir uns ein, dass die Annehmlichkeiten des Warteraums alle etwaigen Vorteile überwiegen, die uns ein Verlassen dieses Raums bringen könnte. Letztendlich beginnen wir, uns mit diesem Ort zu identifizieren. Wir integrieren den Warteraum in unsere Persönlichkeit und unseren Lebensstil und meinen, das Leben sei eben so. Aber diese Gewohnheiten spiegeln nicht deine

Prioritäten oder Ziele für die Zukunft wider. Der Warteraum ist ein chronischer Zustand, der tief in den evolutionären Überlebenstechniken unseres Gehirns verwurzelt ist. Dieser Zustand kann zu langfristigen kognitiven und perzeptiven, also wahrnehmungsbezogenen Veränderungen führen. Da er mit unserem Überlebensmodus verbunden ist, kann es schwierig sein, ihn zu deaktivieren. Wenn wir eine emotionale Gefahr wahrnehmen, suchen wir automatisch einen sicheren Ort auf. So haben wir uns beispielsweise während COVID-19, als der Stress, der mit einer Pandemie verbunden ist, zur Dauerbelastung wurde, daran gewöhnt, ständig einen Großteil unserer psychischen Energie für die Bewältigung der Situation aufzuwenden, und dabei wichtige sekundäre Aufgaben vernachlässigt.

Um das Konzept weiter zu vereinfachen, wollen wir uns kurz zwei weitere Beispiele für den äußeren Ausdruck und die kognitive Manifestation von Warteräumen ansehen.

- **Äußerer Ausdruck des Warteraums:** Wir ziehen uns nicht mehr an oder duschen nicht mehr täglich wie früher, oder wir haben einen leeren Kühlschrank, unbezahlte Rechnungen und ungespültes Geschirr. Diese neuen Gewohnheiten entwickeln sich zu normalen Aspekten des Lebens. Wir gewöhnen uns daran, dass wir nicht für uns sorgen und uns nicht ausreichend ernähren. An diesem Punkt entwickeln wir die Warteraum-Mentalität.
- **Kognitive Manifestation des Warteraums:** Es fängt damit an, dass wir unsere Gefühle nicht mehr zum Ausdruck bringen, weil wir uns stärker darauf konzentrieren, die Fassade aufrechtzuerhalten, dass es uns „gut" geht, als unseren Unsichtbaren Verlust anzusprechen. Denn schließlich handelt es sich dabei nicht um einen akzeptablen Verlust, um den man trauern kann. Dieser Bewältigungsmechanismus rührt von einem früheren Moment der Erschütterung und dem Überstehen des damit verbundenen Unsichtbaren Verlusts her. Unmerklich

führen wir einige unserer Bewältigungsstrategien und Selbstberuhigungsmechanismen wieder ein, um diese Phase unseres Lebens zu überstehen. Dann begeben wir uns wieder für längere Zeit in den Warteraum. Ähnliche Folgen können eintreten, wenn dir ein einst geliebter Job keinen Spaß mehr macht. Das ist dann die Warteraum-Mentalität, bei der du dir einredest, dass du durchhalten musst, weil du keine andere Wahl hast.

- **Äußerer Ausdruck des Warteraums:** Du setzt Essen als Mittel zur Selbstberuhigung ein. Wenn du nach Hause kommst, bist du zu erschöpft, um Sport zu treiben oder selbst zu kochen. Vielleicht gehst du nicht mehr in deinen Literaturkreis oder rufst auf dem Heimweg von der Arbeit nicht mehr deine beste Freundin an. Wenn du von zu Hause aus arbeitest, verlässt du kaum noch die Wohnung, da du dir deine Einkäufe und das Abendessen von einem Lieferdienst bringen lässt.
- **Kognitive Manifestation des Warteraums:** Wenn du dir einredest, dass du im Job bleiben solltest, weil du wirklich gut darin bist, wird dein Ursprüngliches Ich weiter geschwächt. Doch bei bestimmten Aufgaben lässt du nach und mit der Zeit verurteilst du dich dafür oder hasst dich womöglich sogar. Spätestens wenn du diesen Selbsthass verspürst, befindest du dich schon eine ganze Weile im Warteraum.

Lernen wir nun Peter kennen und erfahren wir, wie er einen wichtigen Unsichtbaren Verlust entdeckte und merkte, dass er viel früher im Warteraum gelandet war als gedacht. Später werden wir uns eingehender damit befassen, wie sich der Warteraum in unserem Leben manifestiert, damit wir ihn selbst besser erkennen können.

## Peters Unsichtbarer Verlust

Peter ist 57 Jahre alt und begeisterter Radfahrer. Jeden Sonntag ist er zuverlässig auf Tour. Vor sieben Jahren hat er eine Krebserkrankung überstanden, sowohl emotional als auch körperlich. Seitdem besucht er wöchentlich eine Selbsthilfegruppe. Dort gilt er als jemand, der es entgegen allen Erwartungen geschafft hat – als jemand, dessen Überlebensgeschichte inspiriert. Die Teilnehmenden bauen inzwischen darauf, dass er stets die Neuankömmlinge begrüßt. Mit Stolz erzählt er von seinem Kampf gegen den Krebs und dass er „beinahe auf dem OP-Tisch gestorben wäre".

Peter arbeitet seit 2011, also schon vor seiner Krebserkrankung, für dasselbe Unternehmen. Er lebt in einem schönen Haus mit fünf Zimmern und Blick auf den See, an dem er als Kind jeden Sommer mit seinem Großvater war. Nachdem die Krankheit 2015 in Remission ging, kaufte er das Haus zur Feier des Beginns eines neuen Lebens.

Seine Frau ist Mathematiklehrerin an einer Highschool und gibt Schülerinnen und Schülern nach dem Unterricht häufig Nachhilfe. Peter arbeitet ehrenamtlich bei der örtlichen Tafel und spendet ihr monatlich Geld. In meinen Kurs zum Wiedereinstieg ins Leben kam er, nachdem ein Kollege gekündigt hatte, um sich ganz seiner beruflichen Entwicklung als Grafikdesigner zu widmen.

Peter war neugierig, wie sein Kollege zu dieser Entscheidung gekommen war. Schließlich hatte er eine vierköpfige Familie zu ernähren und immer wieder die Sorge geäußert, seinen Job zu verlieren. Diese Veränderung kam für Peter, gelinde gesagt, ziemlich überraschend.

Soll man es nun Neugier oder Schicksal nennen? Jedenfalls meldete Peter sich zum Kurs an. Im ersten Kurs geht es immer um die Entdeckung unserer Unsichtbaren Verluste, und wir sprechen eine ganze Woche lang darüber, was Unsichtbare Verluste sind und wie man ihnen auf die Spur kommt. Peter schilderte auf bewegende Weise seine Erfahrung mit dem Krebs und die tiefgreifenden

Auswirkungen, die sie auf ihn hatte. Er erzählte, wie er nur knapp dem Tod entronnen war, welche Freude er jetzt am Leben hat und wie er von einem lieben Freund von diesem Kurs erfuhr. Den wollte er einfach mal ausprobieren, um ihn dann anderen empfehlen zu können.

Ich fragte Peter: „Und was ist mit dir? Fällt dir ein Unsichtbarer Verlust ein?"

Er antwortete prompt: „Nein, eigentlich nicht. Ich bin sicher, dass andere viel zu erzählen haben. Weißt du, eine Krebserkrankung radiert irgendwie alle anderen Verluste aus."

„Okay, Peter", antwortete ich, „lass dir damit ruhig Zeit. Wenn du einen Moment hast, versuche dich an ein Ereignis zu erinnern, das dich wider Erwarten erschüttert hat." Der Kurs ging weiter und die Teilnehmenden erzählten von ihren unerforschten Verlusten. Wie üblich kamen in unserer Online-Gruppe Hunderte Beiträge.

Peter schwieg. Seine extrovertierte Selbsthilfegruppen-Fassade war völlig verschwunden. Später erhielt ich eine E-Mail, in der er schrieb, er fühle sich für diesen Kurs nicht geeignet, und andere hätten ihn nötiger als er. Er dankte mir für meine Arbeit und sagte, er werde anderen auf jeden Fall darüber berichten.

In meiner Antwort schrieb ich ihm, wegen der wenig greifbaren Natur Unsichtbarer Verluste sei sein möglicher Unsichtbarer Verlust zunächst schwer zu erkennen. Ich riet ihm, sich noch ein wenig Zeit zu lassen. Wenn er dann zu dem Schluss käme, dass er nicht weitermachen möchte, würde ich ihm die Kosten zurückerstatten.

Er sagte, er würde darüber nachdenken. Die nächste Woche kam – und er war da, seine Kamera war in der Zoom-Sitzung ausgeschaltet, aber er hörte zu, als alle anderen Teilnehmenden von ihren neu entdeckten Verlusten erzählten.

Von Peter kam kein Mucks.

Eine weitere Woche verging. Wieder schrieb er mir eine E-Mail. Darin berichtete er, dass sein Vater oft unterwegs gewesen sei, als er noch ein Kind war. Sie hätten eigentlich nie viel voneinander gehabt, aber sein Großvater sei immer da gewesen, zu ihm habe er gehen können. Deshalb habe er eine Vaterfigur in seinem Leben eigentlich gar nicht vermisst. Und andere Menschen, fügte er hinzu, hätten es viel schlimmer getroffen als er. „Wie bei deinen Kindern ist auch ihr Vater gestorben. Zumindest war mein Vater am Wochenende und gelegentlich unter der Woche da. Er hat mich nie geschlagen. Er hat mich nicht einmal angeschrien. Ich weiß also nicht, worauf du hinauswillst."

Ich sagte ihm: „Ich suche gar nichts: Du suchst etwas. Und wenn es okay ist, würde ich dir gerne noch eine Frage stellen. Wie hat es sich angefühlt, dass dein Vater kaum da war? Denken wir mal einen Moment nicht an die Kinder, die keinen Vater haben, und an all die Ungerechtigkeiten auf der Welt, die anderen Menschen zugestoßen sind. Mich interessiert, was du erlebt hast."

Ein paar Tage antwortete Peter nicht auf meine Mail. Als er es dann tat, schrieb er, sein Vater habe ihm nur dann Beachtung geschenkt, wenn er hinter sich aufräumte. Er erinnerte sich, dass sein Vater ihn immer lobte, wenn Peter sich den Mund abwischte und die Serviette auf dem Schoß zusammenfaltete oder wenn er den Tisch abräumte und die Spülmaschine belud. Nur dann fühlte er sich von seinem Vater gesehen, sagte er. In der E-Mail fügte er hinzu, beim Schreiben sei ihm klar geworden, dass er das immer noch tat. Sein Vater war zwar nicht mehr am Leben, aber er tat es immer noch für seine Familie, insbesondere für seine Frau. Wenn sie in der Nähe war, achtete er stets darauf, dass er alles perfekt machte, und so sagte sie Peter immer, nur er könne den Geschirrspüler richtig einräumen. Und er brachte ihr immer im richtigen Moment eine Tasse Tee, ohne dass sie es ihm sagen musste. In der E-Mail schrieb er, er sei stolz darauf, seiner Frau so dienen zu können. Er verstand nicht, warum das etwas Negatives sein sollte, aber in vielerlei Hinsicht begriff er, dass er seinen Wert danach bemaß, wie gut er anderen diente.

Auch bei der Arbeit konnte er solche Beziehungen zu seinem Team und seinem Chef beobachten, fügte er hinzu. Er war derjenige, der die Fehler der anderen ausbügelte, da sein Chef sagte, er sei der Einzige, dem er dies zutraue. Darauf war er immer stolz, aber er wünschte, er würde auch einmal gebeten, ein neues Projekt zu leiten, anstatt hinter einem alten aufzuräumen.

Am Ende der E-Mail schrieb er, er habe das Gefühl, er werde immer nur dafür geschätzt, dass er sich um alles Praktische kümmere. Deshalb war die Teilnahme an der Selbsthilfegruppe so eine erfrischende Abwechslung für ihn. Die Leute dort sahen in Peter eine Inspiration und nicht jemanden, der hinter ihnen aufräumte.

Wir tauschten noch ein paar E-Mails aus, und Peter wurde klar, dass sein Unsichtbarer Verlust darin bestand, dass er immer nur als derjenige gesehen wurde, der sich gut um andere kümmern konnte, nicht aber als der, der andere zu inspirieren vermochte. Er hatte das Ich-Erleben verloren, das ihm sagte, wie inspirierend er war.

Es war der Unsichtbare Verlust einer Identität der Inspiration. Er sagte, er könne sich nur als jemand sehen, der dient, und sonst nichts. Sein Unsichtbarer Verlust bestand darin, dass er nicht mehr wusste, was er außerdem noch gut konnte. Sein Unsichtbarer Verlust bestand darin, dass er sich nicht mehr an den inspirierenden Teil seines Ursprünglichen Ichs erinnerte, an sein Aufblühendes Ich. Und das bedeutete auch, dass diesen Teil kein anderer Mensch kannte. In vielerlei Hinsicht existierte dieses Ich nicht mehr. Der einzige Teil von ihm, der noch existierte, war der kleine Junge, der hinter sich aufräumte und darauf wartete, von seinem Vater belohnt zu werden. Er sagte, das sei sein Überlebens-Ich, das dafür sorgte, dass er diesen Teil von sich nutzte, um im Leben voranzukommen, da eben dieser Teil bei anderen in seinem Umfeld fehlte. Es gab sonst niemanden, der aufräumte, Liegengebliebenes erledigte und sich so um andere kümmerte wie er.

In der darauffolgenden Woche kam Peter wieder vor die Kamera und teilte seine Entdeckungen mit der Gruppe. Plötzlich habe er immer mehr Unsichtbare Verluste gesehen, ergänzte er. Anscheinend hatten sie sich alle unter dem größten Verlust versteckt.

Sein erstes Programm (eine Handlung, die einen kleinen Schritt aus dem Warteraum heraus darstellt; mehr dazu in Kapitel 5) bestand darin, den Geschirrspüler an jenem Abend nicht einzuräumen und die Zeit stattdessen für seine erste Tagebuchübung für den Kurs zu nutzen. Denn er war neugierig geworden auf den Typ (das Ursprüngliche Ich), mit dem er in den letzten gut 50 Jahren seines Lebens gar nicht mehr hatte sprechen können.

Das Leben, das Peter sich aufgebaut hatte, beruhte auf dem, was für ihn als kleiner Junge von Wert gewesen war. Es basierte auf dem, was sein Vater für beachtenswert gehalten hatte. Deshalb konnte Peter nicht erkennen, ob es sich lohnen würde, jemand anderes zu sein oder herauszufinden, was er sonst noch gerne tun oder gestalten würde. Es war, als wären die anderen Teile von ihm nie geboren worden. Sie waren für immer verloren – nie ausgesprochen, mitgeteilt oder gezeigt worden. Sie wurden nie Wirklichkeit. Er verharrte in einem Zustand des Potenziellen.

## Rechtfertigung für das Leben im Warteraum

Peter erfand eine rationale Erklärung dafür, wie er seinen Lebensunterhalt verdiente, und womit er sich in Beziehungen einen Wert gab. Da er seinem Bewältigungsmechanismus Starqualitäten verliehen hatte, war ihm nicht klar, dass er im Warteraum feststeckte. Wir betrachten unsere Bewältigungsmechanismen häufig als etwas Positives. Ganz sicher nicht als unseren Untergang. Es gibt viele Leben und viele Geschichten, die wir aufgrund zahlreicher Unsichtbarer Verluste nicht leben und erleben konnten, insbesondere weil durch Momente der Erschütterung neue Unsichtbare Verluste entstehen.

### Verweigerung des Wiedereinstiegs ins Leben

Peter versuchte sein Bedürfnis nach einem Wiedereinstieg ins Leben zu bestreiten und weigerte sich zunächst, das Schwere in seinem eigenen Leben anzuerkennen. Es ist schwierig, Worte für etwas zu finden, das nie geboren oder nie gesehen wurde, denn es gab ja nichts, worüber man trauern oder sprechen konnte. In unserer Erinnerung existiert es nicht als Ereignis, über das wir trauern könnten. Es ist nicht Bestandteil unseres Trauerprozesses. Es ist lediglich ein tiefes, verborgenes Wissen, das darauf wartet, entdeckt und zum Ausdruck gebracht zu werden.

Ich werde auf unserer gemeinsamen Reise noch mehr über Peter erzählen. Aber dieser Teil seiner Geschichte ist ein gutes Beispiel dafür, wie ein scheinbar perfektes Leben den Überlebensaspekt deines Lebens überlagern und verdecken kann, dass du nie aufgeblüht bist. Das höchste Lob von deiner Frau oder deinem Chef kann dein größter Schaden sein. Es erscheint als ein Widerspruch, als ein Moment der Dualität, wenn wir scheinbar ein gutes Leben führen, dabei aber in Wirklichkeit nur einen Schutz haben, der uns vor weiterem Schmerz bewahrt. Dies ist ein zentrales Thema von *In kleinen Schritten zurück zu dir*.

Stell dir ein Leben vor, das über das hinausgeht, was du bisher als „gut genug" kennst, ein Leben, in dem dein Ursprüngliches Ich einst zu Hause war. Das ist unser Ziel, und wir sind bereits auf dem Weg dorthin.

## Wieso bleiben wir im Warteraum stecken?

Die meisten Menschen leben auf sehr begrenztem Raum, und das lässt sich am besten mit einer Unendlichkeitsschleife veranschaulichen. Wir bewegen uns zwar, bleiben aber immer im selben Bereich, fast wie auf einem Laufband. Der Überlebensmodus ist eine Gedankenschleife, die uns „beschäftigt" hält, aber auf der Stelle treten lässt. Im Lebensmodus hingegen verändern und entwickeln wir uns auf einer wachsenden Spirale.

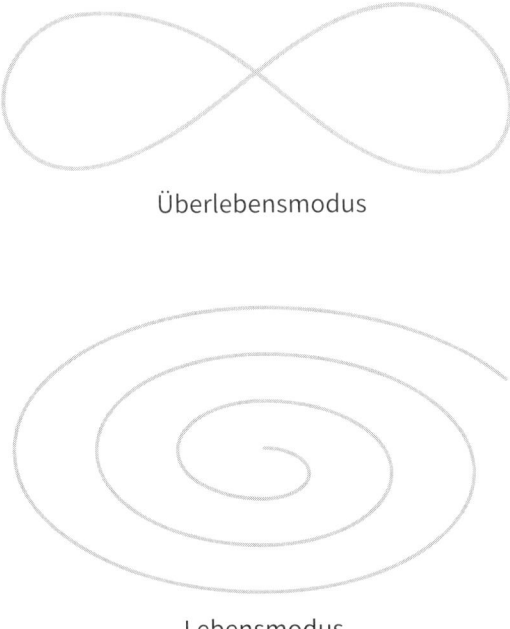

Überlebensmodus

Lebensmodus

Deine Gedanken im Überlebensmodus werden durch die Art und Weise erzeugt, wie dein Gehirn bestimmte, mit konkreten Ereignissen verbundene Erinnerungen verarbeitet. Dies kann Reaktionen wie Angst und Freude hervorrufen und auch deine Bereitschaft beeinflussen, dich in Zukunft auf ähnliche Situationen einzulassen. Die Kampf-oder-Flucht-Reaktion ist ein bekanntes Verhalten. Stell dir zum Beispiel eine Frau vor, die dem äußeren Anschein nach offenbar eine gute Ehe führt. Aber ihr Mann redet die ganze Zeit von einer bestimmten Arbeitskollegin, während sie mit einem neun Monate alten Baby zu Hause festsitzt. Sie versucht, den Gedanken abzuschütteln *Mein Partner ist fasziniert von einer anderen Frau, während ich mich bloß um unser Kind kümmere.* Wenn sie versucht, mit ihrem Mann über ihren Eindruck zu sprechen, tut er ihre Gefühle ab und lacht sie aus, wie sie überhaupt auf die Idee kommt, er könne Interesse an einer anderen Frau haben. Durch die Warteraum-Brille betrachtet könnte eine solche Erfahrung so aussehen:

- **Kognitive Manifestation des Warteraums:** Ihre auf dem Überlebens-Ich beruhende Erzählschleife beginnt an folgendem Punkt: *Du hast Übergewicht. Du bist unattraktiv. Dein Gehirn funktioniert nicht mehr so wie früher. Er wird dich verlassen. Du hast ihn nicht verdient. Überhaupt niemanden.* Sie begibt sich in den Warteraum, um sich vor seiner Ablehnung zu schützen. Sie regt sich auf, wenn er ihr eine einfache Frage stellt oder wenn er zehn Minuten zu spät von der Arbeit kommt. Diese Erregung stammt nicht von ihrem Ursprünglichen Ich, sondern von ihrem Überlebens-Ich, das versucht, sie davor zu beschützen, die Auswirkungen davon überstehen zum müssen, ihren Partner lächeln zu sehen, während er von jemand anderem spricht.
- **Äußerer Ausdruck des Warteraums:** Sie zeigt sich weiterhin enttäuscht und erregt, vernachlässigt nun zugleich aber ihre eigenen Bedürfnisse, während ihre Angst und Sorge zunehmen. Sie merkt jetzt, dass sie häufiger streiten und gibt sich selbst die Schuld für diese Veränderung in ihrer Beziehung: *Wenn ich dir nur wieder in Erinnerung bringen könnte, wie fröhlich und einfach früher alles war*, denkt sie. Vielleicht versucht sie, ihm einen Gefallen zu tun, indem sie das Thema komplett umgeht, oder sie kocht sein Lieblingsessen, obwohl sie völlig übernächtigt ist. Dieser Warteraum, den sie für sich eingerichtet hat, ermöglicht ihr, die Wahrheit über die Aufmerksamkeit ihres Mannes für seine Kollegin, die sie mit eigenen Augen beobachtet hat, zu leugnen und in die Rolle der fürsorglichen Ehefrau zu schlüpfen. Darin verharrt sie, vernachlässigt ihr Bedürfnis nach Nähe, indem sie ihre Intuition so lange wie möglich verdrängt, fragt sich, was sie falsch gemacht hat, und gibt sich selbst die Schuld dafür, dass sie nicht mehr interessant genug ist.

- **Kognitive Manifestation des Warteraums:** Ihr Kopf schaltet von logischem Denken auf zwanghafte Sorgen über Verlassen-werden und Ablehnung um. Sie glaubt zwar, dass sie dies zum ersten Mal erlebt, aber mit hoher Wahrscheinlichkeit hat sie bereits in ihrer frühen Kindheit das Gefühl gehabt, verlassen zu werden.

Erinnerungen an dieses frühere Ereignis können bestimmte Emotionen aktivieren. Das Gehirn wird versuchen, die Möglichkeit eines weiteren Verlusts zu verdrängen und die Tatsache zu ignorieren, dass es zwischen dem früheren und dem jetzigen Ereignis eine starke Verbindung gibt. So entsteht die Warteraum-Mentalität. Wenn ein Gefühl überwältigend ist, versuchen wir gerne, einen Grund dafür zu finden oder betrachten es als Teil unserer Identität. Wir geben uns selbst die Schuld an unseren Gefühlen oder an dem, was in unserem Leben passiert ist, und uns in diese Situation gebracht hat. Wir reagieren auf diese Angst, als ob sie wahr wäre.

## Der langfristige Mietvertrag

Der Warteraum wurde so gebaut, dass Änderungen und Anpassungen in großer Bandbreite möglich sind, damit du die Erfahrung eines Unsichtbaren Verlusts überstehen kannst. Das kann etwas so Einfaches sein wie das Haar lang zu tragen, damit du dein Gesicht dahinter verstecken kannst, weil du in dem Glauben aufgewachsen bist, dass du nicht gut aussiehst, seit du als Teenager Akne hattest.

Am komplexeren Ende des Spektrums könnte es das Gefühl der Ablehnung sein, etwa wenn du als Kind in der Schule keine Freunde hattest, mit denen du in der Mittagspause zusammensitzen konntest. Als Erwachsener zweifelst du dann an dir, wenn du nicht zu Besprechungen eingeladen wirst. Dein Job ist gut bezahlt und gewährleistet den Lebensunterhalt für deine Familie, aber er versetzt dich in den Überlebensmodus, weil du versuchst, mit eben diesem Unsichtbaren Verlust fertig zu werden. Mit dem Verlust, nicht gewollt zu sein. Nicht gesehen zu werden. Nicht ausgewählt zu werden. Wenn dein Chef entscheidet, dass du die Gehaltserhöhung nicht bekommst, gibst du dir selbst die Schuld daran. Deshalb bleibst du in diesem Job, weil dir das Überlebens-Narrativ weismacht, dass dich niemand anderes einstellen würde. *Schließlich kannst du von Glück sagen, dass sie dich überhaupt genommen haben. Viele würden alles tun, um einen solchen Job zu kriegen.* Du arbeitest weiterhin in einem Job, in dem du nicht wertgeschätzt wirst. Du beruhigst dich mit einem zusätzlichen Drink vor dem Schlafengehen. Mit heimlichen Fressanfällen. Mit endlosem Netflix-Gucken am Wochenende.

Das Leben im Warteraum vermittelt das Gefühl, es sei sicherer, in diesem unbesehenen Zyklus inneren Lebens zu verbleiben, als auch nur daran zu denken, sich das alles klar vor Augen zu führen. Wenn nach außen hin für jeden alles aussieht wie immer, sich aber innerlich alles verändert hat, gehen wir zum Weiterleben in den Warteraum. Wir fühlen uns kaputt und bleiben in diesem Gefühl des Kaputtseins. Nur weil unser Erleben nicht als große Tragödie oder schwierige Scheidung gilt, heißt das nicht, dass wir nicht um das Leben trauern, das wir hätten haben können. Trauer über einen tragischen Verlust fühlt sich roh und unerbittlich an. Trauer über einen Unsichtbaren Verlust kann sich zunächst wie Angst, Scham oder Verlegenheit anfühlen. Wie Trauer fühlt sie sich erst im späteren Verlauf der Reise an, wenn uns der Unsichtbare Verlust klar wird.

Diese Verluste sehen sicherlich nicht so aus, wie man es erwarten würde. Aber sie summieren sich. Sie verbinden sich. Sie vermischen und verfestigen sich. Sie werden zum Warteraum, der sich am Rande deines Sehfelds versteckt. Diese Warteräume richten sich in Verstecken ein, die sich oft in ungesunden Beziehungen, in deiner Ernährung, in täglichem Alkoholkonsum, in Aufschieberitis, in mangelnder Selbstfürsorge wiederfinden. Aber sie zeigen sich auch in wunderschönen Gärten, in blitzblanken Häusern, in Mutterglück, in Wohlstand, in der Mittelschicht, in großen Familien und in so vielfältiger Art und Weise, wie man es sich kaum vorstellen kann. Die Liste ist lang. Im weiteren Verlauf wirst du allerdings verstehen, inwiefern sich beispielsweise in Wohlstand, blitzblanken Häusern und Gärten ein Warteraum verstecken kann.

## Der Ursprung des Warteraums und die Geburt des Überlebens-Ichs

Wie ist der Warteraum überhaupt entstanden? Inwiefern hast du dich bewusst fürs Überleben statt fürs Aufblühen entschieden? In welcher Form wurde dein Ursprüngliches Ich abgelehnt? Reisen wir in die Vergangenheit und fügen wir alle Informationen, die wir gesammelt haben, zusammen, um herauszufinden, wie sich das in deinem Leben ausgewirkt haben könnte.

Nehmen wir an, dein Ursprüngliches Ich hat gern im Garten gespielt und ist vollkommen darin aufgegangen, während es etwas Schwieriges verarbeitet hat. Als Kind hast du Schmerz, den du verspürt hast, ausgelebt, doch offenbar hat es niemand gemerkt oder etwas dazu gesagt. Also hast du deinen Spielzeugsoldaten geraten, auf dem Schlachtfeld stark zu bleiben. Oder du hast deinen Kummer beim Kaffeetrinken mit deinen Puppen durch die Stimme der Puppe zum Ausdruck gebracht. Du hast ihn in die Geschichte deines Spiels eingebaut.

Später hast du auch alle anderen verwirrenden Gefühle (weitere frühe Momente der Erschütterung) im Moment ihres Entstehens in deine Geschichten eingebaut. Aber es kam eine Zeit, in der du diese Momente nicht mehr einfach dadurch überstehen konntest, dass du dich durch sie hindurchgespielt hast. Du warst kein kleines Kind mehr, das stundenlang spielen durfte, um diese unsichtbaren, schwierigen Erfahrungen zu verarbeiten. Du hast einen bestimmten Teil von dir erschaffen (das Überlebens-Ich), um dich in der

Kampfzone zu schützen und dir ein Gute-Nacht-Lied zu singen, wenn du dich in den Schlaf geweint hast. Dieses Überlebens-Ich kam auf die Welt, um dich mit Erfahrungen zu umgeben, die dir keine Angst machen. Es hat dir ein Zuhause geschaffen, einen Zufluchtsort, an dem du dich ausweinen und den Sturm aussitzen konntest. Das war der Moment, in dem das Überlebens-Ich die erste Version deines Warteraums gebaut hat. Stell ihn dir als Spielzelt vor, in dem du dich vor den Monstern verstecken konntest. In diesem Warteraum hat das Überlebens-Ich dafür gesorgt, dass du in schwierigen Zeiten gehalten und unterstützt wurdest. Nach einiger Zeit wurdest du erwachsen, hattest deine ersten Beziehungen und musstest diesen Warteraum verlassen, um ein wenig in die Welt hinauszugehen, damit du etwas Neues erleben konntest.

Da kam das Überlebens-Ich daher und eröffnete dir den vollen Zugang zu deinen Bewältigungsmechanismen. Wenn dein neuer Schwarm an der Highschool dir das Herz brach, weil er mit deiner besten Freundin flirtete, flüsterte dir dein Überlebens-Ich ins Ohr, dass du diese Beziehung gar nicht nötig hast – und daraufhin hast du dich selbst sabotiert. Wenn dann das Überlebens-Ich seine Stimme erhob und aus deinem Mund sprach, kamst du manchmal wie ein arrogantes, verwöhntes Gör rüber. Aber genau wie du wurde auch dein Überlebens-Ich älter und erwachsener. Als das Leben riskanter wurde, winkte dich die Stimme der Angst zurück und zog dich in den Warteraum. Das Überlebens-Ich kann dich auf ganz unterschiedlichen Wegen in den Warteraum führen. Bei manchen Methoden hält deine Verwirrung länger an als bei anderen. Im Folgenden findest du einige Beispiele dafür, wie das aussehen kann:

- Die „Was wäre, wenn"-Fragen: Es kamen immer mehr Momente der Erschütterung, und während du immer leichter und schneller in den Warteraum zurückfandest, klang die Stimme des Überlebens-Ichs in dir zunehmend vertrauter, und du machtest sie dir zu eigen. Bei jedem Schmerz und Verlust, egal ob groß oder klein, nahm das Überlebens-Ich dich sofort in den Arm und sagte dir, du müsstest Angst vor dem Sturm haben, der kommen *könnte*. Vor den Menschen, die dir wehtun *könnten*. Vor der Liebe, an der du zerbrechen *könntest*. Um den Job, den du unbedingt behalten *müsstest*. Um die Beziehung, in der du bleiben *müsstest*, weil sie Sicherheit bietet. Die Verantwortung. Die Last, die du weiterhin tragen musst.

- **Es allen recht machen wollen:** Vielleicht hast du dich verpflichtet gefühlt, eine unterwürfige Rolle zu übernehmen, also etwa die Person zu werden, die immer versucht, alle bei Laune zu halten, und dabei deine persönlichen Bedürfnisse und Wünsche ignoriert, um Teil einer Gruppe, einer Gemeinschaft, ein akzeptiertes Familienmitglied und so weiter zu sein. Dieses Anpassen hat sich wie ein Gefängnis angefühlt, aber du meintest, es bliebe dir gar nichts anderes übrig, als dich zu verstellen. Das Überlebens-Ich hat dir erfolgreich eingeredet, wenn du dazugehören wolltest, sei dies die einzige Möglichkeit.

- **Tragödien im Leben:** Als dich ein vernichtender Schlag traf, etwa der Tod eines geliebten Menschen oder die Scheidung von deiner vermeintlich großen Liebe oder die Kündigung in dem Job, der deine Miete bezahlt hat – in dem Moment wurdest du so tief in den Warteraum hineingedrängt (wobei das Überlebens-Ich dich anbrüllte *Mach schnell, komm her*), dass echte Heilung fast unmöglich wurde.

- **Die Übernahme:** Wie schon immer, gehst du fortwährend in den Warteraum, um wieder zu dir zu kommen, aber wenn dich ein härterer Schlag trifft, bleibst du immer länger dort. Schließlich übernimmt das Überlebens-Ich deinen gesamten Tag: Deine Morgen- und Abendroutine, Deinen Umgang mit den Menschen in deinem Leben im Laufe des Tages. Alles wird jetzt mit dem Überlebens-Ich gemacht, das dir ins Ohr flüstert und dich dazu verleitet, im bequemen Warteraum vor dich hin zu dämmern.

Um das Konzept des Warteraums weiter zu vereinfachen und damit du zwischen dem Überlebens-Ich und dem Warteraum unterscheiden kannst, stelle dir Ersteres als auf Angst basierende Gedanken und Letzteren als das (aus diesem Denken resultierende) Verhalten und Handeln vor (der äußere Ausdruck dessen, wie sich das Feststecken im Warteraum manifestiert), das auf die vom Überlebens-Ich erzeugten Gedanken folgt. Je länger wir damit beschäftigt sind, einen Unsichtbaren Verlust zu überstehen, desto größer wird der Warteraum und desto weiter entfernen wir uns von unserem Ursprünglichen Ich. Nach einiger Zeit vergisst du, wo du bist. Du vergisst, dass das nicht dein Leben ist, dass es sich nur um einen Zufluchtsort handelt, und du bleibst dort: tagelang, monatelang, jahrelang, jahrzehntelang, bis zu deinem letzten Tag. Und wir wollen ja nicht bei diesem letzten Tag ankommen und erkennen, wo wir die ganze Zeit eigentlich waren. Deshalb entscheiden wir uns jetzt dafür, uns die Chance zu geben, die Momente der Erschütterung zu suchen, sie zu finden und sie nicht mit den Augen des Überlebens-Ichs zu betrachten.

Dazu wollen wir nun herausfinden, aus welchen Komponenten das Überlebens-Ich besteht, welche Sprache es verwendet und welches Skript es dir meistens überstülpt. Ob du es glaubst oder nicht, ich habe im Laufe der Jahre festgestellt, dass unser Überlebens-Ich über Kulturen, Nationen und Altersgruppen hinweg ähnlich ist. Die allgemeine Sprache, die Botschaften, die das Überlebensgehirn sendet, sind bei uns allen, unabhängig von unserer Herkunftsgeschichte, mehr oder weniger die gleichen. Doch dieses System von Botschaften können wir tatsächlich überwinden und komplett umschreiben.

## Die Sprache des Überlebens-Ichs

Das Überlebens-Ich verfügt über eine bestimmte Sprache und einen bestimmten Wortschatz, mit dem es auf äußere Reize reagiert. Es filtert die eingehenden Informationen, indem es nach Bedrohungen und Gefahren Ausschau hält.

- **Bedrohung feststellen:** Das Überlebens-Ich macht sich oft Sorgen über Alltagsentscheidungen, bei denen es keinen äußeren Konflikt oder keine hochgradige Bedrohung gibt (zum Beispiel: *Wenn ich ihnen sage, was ich wirklich denke, mögen sie mich nicht.*)
- **Innere Schauspielerei:** Die Stimme des Überlebens-Ichs übertönt ständig deine Logik und deine Verspieltheit. Sie malt den schlimmsten Fall an die Wand und redet dir ein, dass das, was du vorhast, nicht gut ausgeht: *Versuch gar nicht erst, etwas zu sagen; du weißt es doch eigentlich besser.*
- **Selbstberuhigung:** Wenn wir uns Sorgen über ein mögliches zukünftiges Ereignis machen, beruhigen wir uns häufig selbst, indem wir eher konsumieren als aktiv zu gestalten – zum Beispiel durch übermäßiges Essen oder endloses Fernsehen. Auch anstatt etwas Neues außerhalb unserer Alltagsroutine zu erleben, entscheiden wir uns für Selbstberuhigung. Machen wir uns bewusst, dass Bequemlichkeit für das Überlebens-Ich immer oberste Priorität hat.
- **Gedankenschleifen:** Auf dem Überlebens-Ich beruhende Gedanken sind Endlosschleifen – ganz gleich, was im Außen passiert, sie ändern sich nie. Auf eine Frage geben sie immer dieselbe Antwort, egal wie die Frage lautet. Häufig klingt das so: *Ich packe das nicht. Das ist zu schwer für mich. Ich weiß nicht. Ich bin noch nicht so weit. Inzwischen ist mir das egal. Ich weiß nicht, was ich will. Ich bin immer müde. Das versteht sowieso keiner. Ich habe Angst davor. Ich schaff das nicht. Ich bin überfordert. Ich hab's ja versucht. Wozu das Ganze? Das klappt doch sowieso nicht.*

- **Falsche Darstellung:** Vielleicht fühlst du dich nicht gesehen und nicht verstanden, auch wenn andere dir gegenüber nicht unbedingt ein urteilendes oder ignorierendes Verhalten zeigen. Das Überlebens-Ich sucht nach Beweisen dafür, dass dieses Urteilen anderer über dich tatsächlich stattfindet.

Sei versichert, dass du etwas später in diesem Kapitel Gelegenheit haben wirst, in deinem eigenen Leben nach diesen Verhaltensweisen zu suchen. Aber jetzt wollen wir erst einmal eine kurze Kaffeepause einlegen, um durchzuatmen und unseren Gefühlen nachzuspüren.

## Kaffeepause

Möchtest du einen Feierabend haben, der der Selbstberuhigung dient, oder willst du hier bei mir sein und einen inneren Krieg zwischen deinem früheren und deinem jetzigen Ich ausfechten? Das ist ein harter Kampf. Die gute Nachricht ist: Du bist hier nicht allein. Es gibt noch andere, die diese Seite lesen und sich dieselben Fragen stellen.

Schau dich also um in diesem virtuellen Raum. Neben dir stehen weitere Stühle. Menschen wie du suchen sich ihren Platz in dem Raum, in dem wir uns befinden, um die lange Reise in ein neues Kapitel anzutreten. Manche sind viel älter als wir, andere viel jünger. Sie kommen aus allen Kulturen und von überall auf der Welt. Sie haben seltsam verschiedene und dennoch ganz vergleichbare Geschichten.

Wie du inzwischen gelernt hast, gibt es einige zentrale Komponenten, aus denen sich ein Unsichtbarer Verlust zusammensetzt. Sie müssen klar formuliert und als neue Vorlage, als neuer Rahmen für die Fragen und die Suche nach dem bestmöglichen Leben für dich verwendet werden. Stell dir vor, wir würden ein Puzzle betrachten. Jedes Teil, das wir an seinen Platz legen, bringt uns dem

Ganzen näher. Auch wenn wir nicht alle Teile finden, können wir doch das ganze Bild erkennen. Befriedigender wäre es allerdings, wenn wir die meisten hätten. Doch wir nehmen, was wir kriegen können.

Zunächst fühlt es sich so an, als könntest du gar nichts sehen, genau wie wenn du aus dem Hellen ins Dunkle gehst; deine Augen müssen sich erst an die Dunkelheit gewöhnen, bevor du etwas sehen kannst. Hier ist es dasselbe: Du kommst mit einem Selbstbild herein, das dich seit vielen Jahren begleitet. Du wirst bemerken, dass das Überlebens-Ich hartnäckig an dir dranbleibt. Manchmal wirkt es schier unmöglich, es abzulegen. Aber es *ist* möglich, solange du nur daran glaubst, dass es eine andere Wahrheit gibt, die dein Ursprüngliches Ich enthüllen kann. Solange du weißt, dass du schläfst, kannst du eine Möglichkeit zum Aufwachen finden.

Jetzt lass uns darauf zurückkommen, wo du stehst, damit du planen kannst, wo du hinwillst. Schauen wir einmal, wie du dich zu Beginn dieser Reise vorstellst. Stell dir vor, wir wären zusammen in einem Kurs und du würdest der Gruppe etwas über dich erzählen. Was würdest du teilen? Schreib ein paar Worte in dein Tagebuch, warum du hier bist und was du sagen möchtest, bevor du damit beginnst, deine Unsichtbaren Verluste aufzuspüren.

....................................................................................

## Hausaufgabe: Spüre den Unsichtbaren Verlust im Erwachsenenalter auf

Nachdem du nun ein wenig über dein Leben geschrieben hast, wollen wir etwas tiefer einsteigen und es vom Punkt der Erschütterung aus betrachten. Dazu beginnen wir im gegenwärtigen Moment und blicken ein paar Jahre zurück. Bei dieser Übung brauchst du nicht allzu weit zurückzublicken, denn mit der Chronik deiner Unsichtbaren Verluste seit deiner frühen Kindheit befassen wir uns im nächsten Kapitel. Stell dir das vor wie zwei verschiedene

Ausgangspunkte, die sich zu einem einzigen Zeitstrahl verbinden, auf dem du den Spuren aus der Gegenwart in die Vergangenheit folgen kannst und umgekehrt.

Bei dieser Übung spürst du ein paar Minuten lang nach, wie sich der Primäre Unsichtbare Verlust entwickelt und dann in deinem Erwachsenenleben gezeigt hat. Zum Beispiel schaust du dir an, wie du deinen Alltag routinemäßig lebst und was dir an deinen Verhaltensmustern auffällt. Die Momente der Erschütterung, die dich in Trauer versetzt haben, haben eine Reihe von Verhaltensweisen geschaffen, die miteinander verknüpft sind. Sie gehen auf einen Primären Unsichtbaren Verlust zurück, der dann ein auf dem Überlebens-Ich beruhendes Verhalten hervorgerufen hat.

### Einen aktuellen Moment der Erschütterung aufspüren

Mithilfe der folgenden fünf Indikatoren für die Sprache des Überlebens-Ichs werden wir das Verhalten und die emotionale Reaktion erkennen und den jüngsten Moment der Erschütterung im Zusammenhang mit einem Unsichtbaren Verlusterlebnis aufspüren.

1. **Bedrohung feststellen:** Wo hältst du dich im Alltag zurück und teilst deine Gedanken lieber nicht mit anderen? Schau dir dazu dein ganz normales, routinemäßiges Verhalten bei Familienessen an, bei gesellschaftlichen Zusammenkünften oder wenn du mit deinem Partner allein bist. Das Überlebens-Ich versteckt sich in den alltäglichen und banalen Details. Schreibe alle Anlässe in deinem Leben auf, an denen du lieber nicht teilnehmen würdest, weil du (das Überlebens-Ich) festgestellt hast, dass es emotional anstrengend, verletzend oder triggernd werden könnte. Beginne mit deinen engen Beziehungen und gehe dann zu beruflichen, gesellschaftlichen oder sogar Social-Media-Kontakten über. Öffne dein Tagebuch und schreibe auf, was dir in den Sinn kommt. Es könnte etwas so Einfaches sein wie: Ich bin immer nervös, wenn ich sonntags zum Essen bei meinem Vater bin.

2. **Innere Schauspielerei:** Nachdem du notiert hast, was sich wie ein Trigger oder eine subtile Bedrohung anfühlt, schreibe auf, welche Gedanken des Überlebens-Ichs beim Essen mit deinem Vater auftreten. Das könnte zum Beispiel sein: *Bestimmt will er mir von seiner neuen Freundin erzählen und wie toll sie ist, und ich muss so tun, als würde mir das nichts ausmachen.*

3. **Selbstberuhigung:** Achte darauf, was du vor dem Ereignis gemacht hast (das ist der äußere Ausdruck des Warteraums). Wie hast du versucht, die Angst oder das leichte Unbehagen in deinem Inneren zu lindern? Vielleicht hast du von den Keksen im Vorratsschrank genascht oder dich entschieden, eine Arbeit nicht wie geplant zu erledigen. Aufschieben ist eine Form der Selbstberuhigung. Was hast du noch aufgeschoben, weil das Überlebens-Ich entschieden hat, dass es nicht so wichtig ist, als dass du dich noch vor dem Essen darum kümmern müsstest?

4. **Gedankenschleifen:** Jetzt hör in dich hinein und finde den Gedanken des Überlebens-Ichs, der sich ständig wiederholt. Schreibe ihn auf, auch wenn du dir nicht sicher bist, ob es der richtige ist.

5. **Falsche Darstellung:** Alles in allem, wie lautet die Botschaft des sich endlos wiederholenden Gedankens des Überlebens-Ichs? Was will es dir sagen? Wie versucht es, dich vor der bevorstehenden Bedrohung zu schützen? Sagt es, dass dir der Besuch bei deinem Vater keinen Spaß machen wird? Versucht es, dich davon zu überzeugen, dass du absagen solltest?

### Das Ereignis identifizieren, das den Moment der Erschütterung ausgelöst hat

Kannst du dich jetzt, da du das Warteraum-Verhalten erkannt hast, daran erinnern, ob es ein Ereignis gab, das einen Moment der Erschütterung darstellt und dazu geführt hat, dass du in den Warteraum gegangen bist? Hat es zum Beispiel in den letzten Jahren einen Streit mit deinem Vater gegeben, bei dem er dich verletzt oder abgelehnt hat? Schreibe diesen wichtigen Moment der Erschütterung kurz zusammengefasst auf. Es handelt sich um einen Moment der Erschütterung, der sowohl mit einem früheren Unsichtbaren Verlust als auch mit deinem aktuellen Unsichtbaren Verlust in Form des Gefühls verbunden ist, keine gute Beziehung mehr zu deinem Vater zu haben. Notiere nicht nur diese Erinnerung an den Moment der Erschütterung, sondern auch deinen Unsichtbaren Verlust, den Unsichtbaren Ich-Verlust und dein Verhalten im Warteraum. Hier ein Beispiel:

- **Moment der Erschütterung:** Vor ein paar Jahren hatten mein Vater und ich einen heftigen Streit darüber, wie er meine Mutter behandelt. Vor diesem Streit war unsere Beziehung zwar auch nicht besonders gut, aber ich habe die Zeit mit ihm doch immer sehr genossen.
- **Unsichtbarer Verlust:** Wenn ich nicht absage und ihn trotzdem besuche, dreht sich unser Gespräch entweder um seine neue Freundin oder um die Nachrichten im Fernsehen. Das macht mich traurig, weil ich mich von ihm abgelehnt fühle. Ich vermisse unsere Gespräche von früher.
- **Unsichtbarer Ich-Verlust (möglicherweise früher Unsichtbarer Verlust):** Es fehlt mir, dass ich nicht mehr sein kleines Mädchen bin. Ich habe nicht mehr das Gefühl, etwas Besonderes zu sein.
- **Warteraum-Verhalten:** Jetzt erzähle ich ihm gar nichts mehr über meine Gefühle. Und schon gar nicht sage ich ihm, dass er mir fehlt.

### Verhaltensmuster entdecken

Jetzt, da wir einen aktuellen Unsichtbaren Verlust entdeckt haben und wissen, wie er sich in deinem Leben anfühlt und verhält, kannst du dasselbe Verhalten auch in einer anderen Beziehung (beispielsweise zu einem Freund, deiner Chefin oder deinem Partner) erkennen? Sagst du ihnen auch nicht, was du denkst, weil du versuchst, Verletzungen oder Zurückweisung und erst recht einen Streit zu vermeiden, auch wenn es nicht den geringsten Anhaltspunkt für eine echte Bedrohung gibt? Schreibe alles auf, was dir in den Sinn kommt. Bitte verwende jedes Mal, wenn du versuchst, diese Verhaltensmuster zu erkennen, die Vorlage aus dem Abschnitt *Das Ereignis identifizieren, das den Moment der Erschütterung ausgelöst hat.*

# KAPITEL 2

# DAS FRAGMENTIERTE ICH – ÜBERLEBENS-ICH, BEOBACHTENDES ICH, AUFBLÜHENDES ICH

In dem Film *Inception* aus dem Jahr 2010 dringt Leonardo Di-Caprios Figur in das Unterbewusstsein von Menschen ein, findet den Weg in den Traum im Traum und pflanzt ihnen einen Gedanken ein. Als er versucht, in den Geist seiner Frau einzudringen, hört man ihn sagen: „Sie hatte etwas weggesperrt, etwas tief in ihrem Inneren. Eine Wahrheit, die sie einst gekannt hatte, aber vergessen wollte. Und sie konnte sich nicht davon befreien. Deshalb beschloss ich, danach zu suchen. Ich drang tief in die hintersten Winkel ihres Geistes ein und fand diesen geheimen Ort. Und ich bin eingebrochen[2]."

Wir werden gemeinsam einbrechen und nach dem geheimen Ort suchen, an dem deine Wahrheit lebt. In diesem Kapitel geht es darum, die Teile von dir kennenzulernen, die verdeckt und von dir getrennt wurden, was zum Verlust des Ursprünglichen Ichs geführt hat. Wir müssen nicht nur diese fehlenden Teile finden, sondern auch hinter die Ursache für diese erste Fragmentierung kommen. Ist dies geschehen, kannst du die neu entdeckten Teile zum Einsatz bringen und auf die Weisheit zurückgreifen, die du im Laufe deines Lebens gesammelt hast. Damit holst du zugleich das innere Kind wieder ab, das du vor vielen Jahren hast stehen lassen. In Kapitel 1 hast du bereits ein wenig über deine Geschichte erzählt und eine erste Beschreibung erhalten, was ein Unsichtbarer Verlust ist und inwiefern das Überlebens-Ich bei seiner „Inception", seiner

Entstehung in dir, eine wichtige Rolle spielt. Du weißt, dass der Warteraum von diesem Überlebens-Ich eingerichtet wird, um dich vor weiteren Verletzungen zu schützen. In diesem Kapitel lernst du die weiteren Teile von dir kennen, das Beobachtende Ich und das Aufblühende Ich, und du erfährst, wie sie dich letztendlich aus dem Warteraum herausführen können, da du die Vergangenheit allmählich aus einer anderen Perspektive betrachten kannst.

## Ursprungsgeschichte und Unsichtbarer Verlust

Auch wenn du persönlich nicht religiös bist, fußt doch unsere Gesellschaft größtenteils auf jüdisch-christlichen Traditionen, und die Schöpfungsgeschichte durchdringt unsere kollektive Psyche. Die Scham wurde im Garten Eden geboren, wo die von Gott erschaffene heile Welt durch die Sünden der Menschen verloren ging. Die Schrift zeigt mit dem Finger auf ein erstes Menschenpaar, Adam und Eva, die alles hatten und alles verloren.

Ob du die Geschichte glaubst oder nicht, diese Wahrnehmung besteht weiterhin, das Gefühl, dass wir in einer Schattenwelt leben, weit entfernt vom Paradies, von der Ganzheit. Und an dieser Entfremdung geben wir uns selbst die Schuld (das Narrativ des Überlebens-Ichs). Denn obwohl wir in einer vollkommenen Welt geboren wurden, sündigen wir und können uns nicht selbst helfen. Am Ende verderben wir Gottes gute Schöpfung. Ein gewisser Unsichtbarer Verlust entsteht aus der Scham über unsere Entscheidungen im Leben oder aufgrund unserer Schuldgefühle wegen der Fehler, die wir gemacht haben, denn wir wissen, dass sie nicht ungeschehen zu machen sind. Der schlimmste Unsichtbare Verlust entsteht durch Dinge, die wir getan haben und die uns aus unserem persönlichen Garten Eden vertrieben haben.

Ungehorsam – als Kind, in der Jugend, als Erwachsene in der Arbeitswelt und zu Hause – ist ein Akt, der unsichtbares Leid verursacht. Wir lernen, das sich wiederholende Muster zu überstehen, in dem unsere Autoritätspersonen uns befehlen, „brav" zu sein. Um brav und gehorsam zu sein, schaffen wir uns womöglich ein Leben, das näher an diesem Befehl, aber weiter weg von unserem Ursprünglichen Selbst liegt. Möglicherweise strengen wir uns sehr an, brav zu sein, zu gefallen und in das für uns vorgesehene Schema zu passen, aber das fördert nur unser Leben im Warteraum.

Doch die Zeit im Warteraum muss nicht ewig dauern. Du musst nicht bis zum Tod darin bleiben. Es gibt Teile in dir, die ein Leben hervorbringen können, das deines menschlichen Daseins würdig ist. Orte in dir, an denen es keine Schamgefühle gibt.

Diese Teile sind intakt, aber zum Schweigen gebracht worden. Sie sind stark, aber geschwächt worden. Sie sind denkwürdig, aber in Vergessenheit geraten, damit du die Folgen der Härten in deinem Leben überstehen konntest. Die wahre Auferstehung des Ichs wird dich zerstören, bevor sie dich wieder zum Leben erwecken kann.

Im Laufe der Jahre habe ich bei der Arbeit mit Menschen, die mit verwirrenden und unerforschten Verlusten zu kämpfen haben, miterlebt, wie sehr sie sich bemühen, so lange still zu halten, bis sie den Weg auf den inneren Kampfplatz beschreiten können.

Der vertraute Anker des Warteraums zieht schwer an ihnen. Und wie sich herausstellt, wurde das geduldet. Das Wartezimmer galt als besser als die notwendige Auseinandersetzung mit befreienden Gedanken und unserem Ursprünglichen Ich. Auf den folgenden Seiten wird es durchaus rundgehen, weil dein Gehirn den Kampf zwischen den drei Ichs, der für den Wiedereinstieg ins Leben notwendig ist, fürchten wird.

Um den freien Willen des Ursprünglichen Ichs wiederherzustellen und die Chance auf ein Leben zu erhalten, das dir wirklich gefällt, musst du dich von der Bindung an die künstliche Ruhe lösen, die dir dein Warteraum bietet. Du wirst schwierige Entscheidungen treffen müssen. Ich verlange keine Heldentaten, aber Opfer werden unvermeidlich sein. So wirst du womöglich damit zu kämpfen haben, dass Freunde oder Familienmitglieder dich ausgrenzen, sobald du anfängst, deinen Kurs zu ändern. Deine Entscheidungen sind für andere möglicherweise nicht vorteilhaft, und es könnte sein, dass du das Zugehörigkeitsgefühl verlierst, das dir das Leben im Warteraum vermittelt hat. Am Anfang kann es sich chaotisch anfühlen, und die Bequemlichkeit deines alten Lebens im Warteraum wird dir fehlen. Bildlich gesprochen fühlst du dich obdachlos, und das Ursprüngliche Ich wirkt zunächst fremd und ungewohnt.

Von dir zu verlangen, bei deinem Leid zu bleiben und dich damit zu beschäftigen kann sich anfühlen, als würde man dich bitten, ins Feuer zu springen, und erwarten, dass du dich nicht verbrennst. Doch das Tempo des Überlebens muss unbedingt verlangsamt werden. Die meisten Warteräume haben uns förmlich ausbrennen lassen vor lauter falschen Handlungen, falschen Drehungen und Wendungen. Das Überlebens-Ich ist nur durch Kontemplation zu zähmen. Ein Unsichtbarer Verlust kann nicht gelöscht oder ausradiert werden, aber wir können ihn in einen friedlichen Zustand überführen, indem wir ihn genau darin verankern, während du dich mit ihm beschäftigst und darauf achtest, was wahr und was eine Lüge ist. Eine Lüge, die dir erzählt wurde, damit du überleben konntest, und die zur Fragmentierung des Ichs geführt hat. Ohne diese Lüge wäre es nie zu dieser Fragmentierung gekommen. Aber lass uns erst einmal tief durchatmen und verarbeiten, worüber wir gerade gesprochen haben.

## Kaffeepause

Fragst du dich, wie du den Lügen glauben, wie du auf die Gedanken hören konntest, die dich davon überzeugt haben, damals nicht an dem Rennen in der Highschool teilzunehmen? Du dachtest, *du hättest keine Chance*. Du hast es dir selbst verwehrt, um Hilfe zu bitten, als du sie dringend gebraucht hättest, weil du *nicht wolltest, dass jemand denkt, du seist nicht stark genug*.

Die Stimme des Überlebens-Ichs imitiert deine eigene. Du glaubst, es sind deine Gedanken, dein freier Wille. Die Verkleidung ist so erfolgreich, dass sie nicht nur alle täuscht, die sie sehen und hören, sondern auch dich selbst, und das ist herzzerreißend.

Alles, was du zu wissen glaubtest, aber eigentlich *nicht* wusstest, macht dein Herz schwer. Es ist, als würdest du eine ganze *Kampf-arena* mit dir herumtragen. Eine Arena, die niemand sehen kann.

Es gibt keine Zeugen. An den nicht anerkannten Verletzungen leiden wir alle im Stillen – es sei denn, da ist doch jemand, der uns zur Seite steht. Und während wir beieinander sind, tritt die Kampf-arena des Schmerzes aus dem Unsichtbaren ins Sichtbare. Ich bin bei dir, damit du die Worte finden kannst, um über all die Momente zu sprechen, von denen du meintest, sie seien nicht der Rede wert. *Besonders über sie.*

Deshalb kann eine gute Freundschaft dir das Leben retten. Eine freundliche fremde Person kann dich befreien. Von innen gesehen zu werden, ist die heilsame Erfahrung, die wir machen können. Wenn ich dir von deiner versteckten Kampfarena schreibe, zeige ich auch meine. Siehst du, so retten wir uns gegenseitig.

Allein der Akt des Beieinanderseins ist ein tiefes Gefühl. Es ist ein Akt, der den Schmerz ein für alle Mal aus deinem Herzen vertreiben kann. Aber in dir gibt es eine uralte Freundin, einen uralten Freund, die darauf warten, dass du dich an sie erinnerst und sie wieder bei dir sein dürfen. Der Zeitpunkt ist richtig, da du nun die Gründe kennst, warum der Warteraum des Überlebens-Ichs eingerichtet worden ist, wie sich dieser Warteraum in deinem Alltag zeigt und welche Erzählung seine Existenz und Dauerhaftig-keit begünstigt. Als Nächstes wollen wir den Teil in dir finden, der dir helfen kann, aus diesem Warteraum herauszukommen. Darf ich vorstellen: Dein Beobachter-Ich, die gute alte Freundin, der gute alte Freund.

Der klügste Teil von dir.

## Die Geburt des Beobachter-Ichs

Als du geboren wurdest, kamst du mit einer Zeugin hinter deinen Augen zur Welt, einer unerschütterlichen Präsenz, die alles beobachtet, was du tust und was mit dir geschieht. Sie hat alle Erinnerungen in einem Album festgehalten, wie es auch Eltern tun würden. Sie hat gesehen, wie du deinen allerersten Schritt gemacht hast; sie hat gehört, wie du deine ersten Worte gesprochen hast. Sie hat mit dir geweint und gewusst, warum du so traurig warst. Sie war Zeugin aller Ereignisse, der schweren und der leichten, an die du dich aber nicht mehr erinnern kannst, weil du noch zu klein warst.

Diese Präsenz war Zeugin und Bewahrerin jeder Sekunde deines Lebens. Sie hat deine Erinnerungen aufgenommen und zu innerem Wissen geformt. Sie hat die Folgen schwieriger Momente erfasst und ihnen Erkenntniswert verliehen. Dann hat sie alles an einem sicheren Ort in dir verwahrt, für den Fall, dass du es in Zukunft brauchen würdest. Sie kennt deine Gedanken und kann sich an alle Ereignisse erinnern, die dich auf diese Gedanken gebracht haben. Sie liebt dich bedingungslos, weil sie dich besser versteht als alle anderen. Sie begleitet dich, wohin du auch gehst.

Weil sie schon so lange bei dir ist, kennt sie alle Antworten. Jede einzelne. Diese Präsenz, das Beobachtende Ich, lächelt und bleibt geduldig und unerschütterlich in seinem Glauben, dass du die Antworten bald in dir selbst suchen wirst. Es bleibt felsenfest davon überzeugt, dass du dich an dein Wissen erinnern wirst, denn es steht ja unmittelbar neben all deinen Wahrheiten. Es hat sogar all deinen Wahrheiten einen Namen und ein Alter gegeben, denn einige von ihnen gibt es schon fast so lange wie das Beobachtende Ich selbst.

Blicken wir ein wenig in die Vergangenheit und schauen uns an, wann du deinen ersten Unsichtbaren Verlust erlebt hast und dein Gefühl für dein Ursprüngliches Ich vor dir verborgen wurde. Du hattest keine Ahnung, was es dir sagen wollte, weil sein leises Flüstern nicht so laut war, dass es das Chaos übertönt hätte, das der

Unsichtbare Verlust in dein Leben gebracht hat. Das Beobachtende Ich war immer Zeuge, wenn du die Kälte gespürt hast, den Tsunami, die Gewitter und alles, was der Himmel über dir ausgeschüttet hat. Es hat gesehen, wie du trotzdem deinen Weg im Leben gegangen bist.

Auch wenn du einige Höhepunkte deines Lebens vergessen hast, auch wenn dir gesagt wurde, dass es diese Teile von dir nicht mehr gibt – das Beobachtende Ich ist da und liefert dir die Beweise dafür, dass es sie gibt. Es enthält all die schönen Erinnerungen, die Fotos, die jede Sekunde deines Daseins abbilden, und natürlich die ganze Erzählung, die du ursprünglich und noch ohne den Einfluss des Überlebens-Ichs zum Ausdruck gebracht hast.

Das Überlebens-Ich übernimmt oft die Kontrolle, aber je mehr wir lernen, die Anzeichen für das Überlebens-Ich zu erkennen, desto eher können wir seine Gedankenschleife unterbrechen. Je besser wir uns an unsere eigene Weisheit zu erinnern vermögen, desto eher können wir dieses innere Gespräch umschreiben, und zwar in einem Prozess, der als *Reframing*, also Umdeuten oder Neuformulieren bezeichnet wird.

Das Beobachtende Ich hat auf dich gewartet, um dir mehr über den Teil von dir zu erzählen, den es einnimmt. Religiös. Spirituell. Metaphorisch. Liebevoll.

Bedingungslos.

Vor allem aber zeitlos.

Du beginnst nun, die Stimmen, die dein Leben erzählen, immer besser zu verstehen, zum Teil dank der Verluste, die du erlebt hast. Du wirst erkennen, wie deine Identität umgebaut wurde, wie sie in der Vermeidung von Schmerz verwurzelt und unsichtbar an Überlebensgebiet gekoppelt wurde, das sich als sicherer Ort ausgibt.

Aber du und das Beobachtende Ich hinter deinen Augen können das Fundament des Daseins im Überlebensmodus so sehr erschüttern, dass die Wände des Warteraums zu bröckeln beginnen und du nicht vergisst, wo du dich in Wirklichkeit befindest. Das Beobachtende Ich kann das Überlebens-Ich so richtig ins Schwitzen bringen, und deshalb wird das Überlebens-Ich alles tun, um ein erneutes Auftreten des Beobachtenden Ichs zu sabotieren. Es ist wichtig, dass du dich schon früh in diesem Prozess mit deinem Beobachtenden Ich verbindest. Deshalb kommt die nächste Visualisierungsübung genau jetzt: Sie soll dir wieder in Erinnerung rufen, wie es sich angefühlt hat, dich selbst zu kennen, deiner eigenen Weisheit zu vertrauen und daran zu glauben, dass du die richtigen Entscheidungen treffen kannst. Diese Übung dauert nur etwa drei Minuten, und alles, was du dazu brauchst, ist ein bequemer Stuhl, auf dem du deine Augen schließen und deinen Körper entspannen kannst. Lies dir zunächst die Anleitung sorgfältig durch, damit du dich selbst durch die Übung führen kannst. Du wirst gebeten, dich mit der Erinnerung an jemanden zu verbinden, der immer auf deinen Rat und deine Weisheit vertraut hat. Dabei kann es sich um eine Person handeln, die noch lebt oder auch nicht. Es geht vor allem darum, welches Gefühl diese Person in dir ausgelöst hat, vor allem in Bezug auf das Ursprüngliche Ich, das derzeit verschattet ist. Diese Visualisierung dient dem Zweck, die Stimme des Beobachtenden Ichs in einer äußeren Quelle zu finden, um dadurch die innere Stimme des Beobachtenden Ichs anzuregen und zu aktivieren. Wenn dies beim ersten Mal nicht gelingt, nimm dir bitte unbedingt Zeit für einen weiteren Versuch.

Halte für den Moment, wenn du mit der Übung fertig bist, einen Notizblock bereit. Denn dann schreibst du auf, was du erlebt hast und was dir über dich selbst wieder eingefallen ist, das du schon ganz vergessen hattest. Also, hol den Notizblock und setz dich dann wieder auf deinen Stuhl, damit wir loslegen können.

............................................................

## Hausaufgabe: Die Visualisierung des Beobachtenden Ichs

Setze dich zunächst bequem und ruhig hin und atme bewusst und tief durch – so lange, bis dein Körper alle auf das Überlebens-Ich zurückgehenden Ängste losgelassen hat. Entspanne deinen Körper von Kopf bis Fuß. Entspanne den Kopf, die Arme und die Beine. Dein Körper spürt, dass du loslässt. *Du bist in Sicherheit. Dir kann nichts passieren.*

Rufe dir das Bild und die Energie einer Person in Erinnerung, die du liebst und die dir etwas bedeutet und der auch du wirklich wichtig bist. Diese Person kann jeder Mensch sein, bei dem du dich sicher fühlst.

Diese Person sollte jemand sein, bei dem du dich immer wohlgefühlt hast. Es könnte dein Partner, dein Kind, deine Lehrerin oder dein Mentor sein. Stell dir vor, dass ihr einen Spaziergang miteinander macht. An einem Ort, an dem du als Kind immer gerne warst. Nimm im gemeinsamen Gehen die Umgebung wahr. Achte darauf, wie es sich anfühlt, zusammen mit der Person, die dir gefehlt hat, an diesem geliebten alten Ort zu sein. Nun nimm den liebevollen Blick wahr, den diese Person auf dich richtet. Sie möchte genauso gerne wieder mit dir in Kontakt kommen wie du mit ihr. Ein Gefühl der Ruhe und Zeitlosigkeit umgibt sie.

Jetzt stell dir vor, dass diese liebevolle Person dich an eine Zeit in deinem Leben erinnert, in der du im Handumdrehen Entscheidungen zum Wohl aller Beteiligten getroffen hast. Daran, dass du dir bei jedem Schritt sicher warst, auch wenn nicht klar war, was als Nächstes geschehen musste. Du hast es gewusst. Und du hast es gemacht. Ob du entschieden hast, was als Nächstes zu tun ist, oder ob du etwas beenden musstest, das dir nicht mehr gedient hat. Dieser fürsorgliche Freund erinnert dich an einen Moment, in dem du dich einfach in deiner Wahrheit gezeigt hast.

Und genau das brauchst du jetzt. Das willst du jetzt hören.

Zum Beispiel willst du vielleicht hören, dass du kompetent und stark bist oder dass du innerlich und äußerlich schön bist. Diese Person kennt die Wahrheit über deinen Charakter und deine Fähigkeiten und glaubt von ganzem Herzen an dich. Wenn du dir vorstellst, dass diese Person dir die Worte sagt, die du hören wolltest und die dich daran erinnern sollen, wer du bist, fühlst du dich gestärkt. Lasse zu, dass du tief in deiner Seele spüren kannst, wie dir Liebe geschenkt wird. Wenn diese Person deine wichtigste Wahrheit beschreiben und dir sagen könnte, wie du sie jeden Tag umsetzen sollst, was würde sie dir sagen? Stell dir vor, du würdest von diesem liebevollen Begleiter Anleitung erhalten. Hör zu, was er oder sie sagt.

Nimm es in dich auf und würdige es. Diese Botschaft ist deine Wahrheit. Bevor du die Visualisierung beendest, nimm dir unbedingt einen Moment Zeit für Dankbarkeit gegenüber dieser Begleitung, die dich kennt und so gut führt. Spüre das Wohlwollen, das dein fürsorglicher Freund für dich empfindet. Zeige ihm deine Dankbarkeit.

Dann nimm dich selbst und die Gaben, die du in dir trägst, wirklich für dich in Anspruch. Sieh vor dir, wie du all das tust, wovor du bisher immer Angst hattest, und spüre die Emotionen dieser erstaunlichen neuen Erfahrung, die du gerade machst. Atme tief ein und aus, öffne die Augen und kehre in den gegenwärtigen Moment zurück. Wenn du bei dieser Visualisierung anfängst zu weinen, ist das völlig in Ordnung. Diese Tränen kommen aus den Tiefen deiner Seele, aus einem Ort in dir, der sich daran erinnert, wer du bist, und der dich zu dem Leben führen möchte, das du verdienst. Solche Tränen sind dazu da, den Teil in dir zu wecken, der die Kraft hat, das Feuer des Lebens zu entfachen, das in dir schlummert.

Setze dich wieder aufrecht hin und genieße den Moment. Wenn du so weit bist, schreibe auf, welche Wahrheit dir wieder ins Gedächtnis gerufen wurde und wie du dich dabei gefühlt hast.

Anregungen für Einträge in dein Tagebuch:

- *Ich wurde daran erinnert, dass …*
- *Mir fiel plötzlich wieder ein, wie selbstsicher und zuversichtlich ich immer war, als …*
- *Ich war überrascht, dass meine alte Lehrerin aus der Schule zu mir kam …*
- *Mir war, als ob ich wüsste, was wegen … zu tun ist.*

Während des Wiedereinstiegsprozesses ins Leben fragen wir uns häufig, ob die Gedanken, die wir jetzt haben, wirklich auf unserem weisen alten Beobachtenden Ich oder auf dem hinterlistigen Überlebens-Ich beruhen. Diese Frage kommt (wie du bestimmt schon richtig erraten hast) vom Überlebens-Ich, das versucht, dich von Veränderungen abzuhalten. Vielleicht musst du dir einen Satz als Gedächtnisstütze in dein Tagebuch schreiben: „Vertraue den neuen Gedanken, die da sind, mehr als den gewohnten." Je öfter du den Gedanken des Beobachtenden Ichs vertraust, desto leichter wird es und desto weniger wirst du sie in Frage stellen. Es ist wichtig, dass du die Wahrheit aufschreibst, die du durch diesen Prozess und ganz sicher durch die Visualisierung des Beobachtenden Ichs entdeckst. Im Folgenden findest du eine Liste mit konkreten Anhaltspunkten, wie sich dir das Beobachtende Ich in den Tagen nach der Visualisierung zeigen könnte.

## Wie sich das Beobachtende Ich bemerkbar macht

Denke immer daran, dass das Beobachtende Ich nie mit großem Tamtam auftritt. Seine Stimme ist zunächst sehr leise, wie ein kaum vernehmbares Flüstern. Wahrscheinlich hast du deine Stimme der Vernunft schon länger nicht mehr gehört und erkennst sie deshalb nicht. Sie könnte unter anderem folgendermaßen aussehen:

- **Vermehrte Selbstfürsorge:** Plötzlich merkst du, dass du morgens einfach gern dein Bett machen möchtest. Du fragst dich vielleicht, inwiefern das als weise alte Stimme zu deuten sein soll. Es geht darum, in einem guten und wohltuenden Raum leben zu wollen. Oder du nimmst dir Zeit für einen kurzen Spaziergang, um deine Gedanken zu ordnen, anstatt wie sonst zwischen Projekten bei der Arbeit und dem Abholen deiner Kinder aus der Kita noch schnell ein paar Einkäufe zu erledigen. Dies sind Anzeichen dafür, dass dein Beobachtendes Ich dir Rat erteilt und dir hilft, achtsamer zu sein.

- **Erhöhte Bereitschaft, aus dem Alltag auszubrechen:** Vielleicht ertappst du dich dabei, dass du an einem Dienstagnachmittag plötzlich etwas Unerwartetes tust. Zum Beispiel im Supermarkt eine Pflanze aussuchen. Einfach. Scheinbar unwichtig. Aber von großer Bedeutung, weil du auf eine Stimme hörst, die deine Aufmerksamkeit mitten in den alltäglichen und sorgenvollen Momenten deines Lebens auf etwas Schönes lenkt.

- **Stärkeres Selbstwertgefühl:** Plötzlich stellst du fest, dass du zu etwas Nein sagst, was du normalerweise einfach tun würdest, weil du die Möglichkeit dazu hast. Vielleicht bittet dich deine Schwester, auf dem Weg zu ihr Milch mitzubringen. Du beschließt, dir nicht die Mühe zu machen, auch wenn es nur zwei Minuten länger dauern würde, die Milch für deine Schwester zu holen. Es liegt nicht daran, dass du es nicht könntest oder nicht solltest; es liegt daran, dass du selbst nicht genug Milch im Kühlschrank hast und erkennst, dass es nicht mehr schlüssig ist, wenn du dir die Zeit nimmst, Milch für sie, aber nicht für dich zu besorgen. Also setzt du die Milch für dich auf deine Einkaufsliste für den morgigen Besuch auf dem Markt. Und du verlässt das Haus keine Minute zu früh für den Besuch bei deiner Schwester. Ohne Milch. Und zum ersten Mal fühlt sich das richtig gut an.

- **Mehr Selbstliebe:** Unvermittelt wird dir klar, dass du ein Mitspracherecht hast, wenn es zusammen mit deinen Geschwistern darum geht, was nach dem Tod eures Vaters mit seinem Haus geschehen soll, oder was du an einem Freitagabend nach einer langen Arbeitswoche zum Essen willst, anstatt einfach zu essen, was deine Kinder möchten. Spaghetti mit Fleischbällchen haben dir noch nie geschmeckt, und an einem Freitagabend sehnst du dich einfach nur nach der Spezialpizza aus der Steinofen-Pizzeria an der Ecke. Dein Überlebens-Ich wird dich als egoistisch bezeichnen, aber du erinnerst dich an das

Gespräch mit dem alten Freund, der alten Freundin, die dir gesagt haben, wie selbstlos du in Wirklichkeit bist.

- **Erwähnen neuer oder alter Träume:** Du bemerkst vielleicht, dass du in einem Gespräch mit einem Arbeitskollegen zu deiner eigenen Überraschung ein altes Hobby erwähnst. Schenke dem Beachtung. Das ist kein Zufall, es ist nicht bedeutungslos. Hier erwacht gerade die Stimme deines alten Beobachtenden Ichs.

## Carias Geschichte

Ich möchte dir Caria vorstellen.

Sie hat sich kurzentschlossen zum Kurs für den Wiedereinstieg ins Leben angemeldet. In dem Beitrag, mit dem sie sich vorstellte, schrieb sie, sie sei mit zehn Jahren aus der Türkei in die USA ausgewandert. In diesem Alter sprach sie nur sehr wenig Englisch. Sie wurde täglich schikaniert, aber zu Hause hieß es nur, sie solle aufhören, deswegen zu jammern.

Häufig bekam sie zu hören, sie solle nicht undankbar für all die Opfer sein, die ihre Familie für sie gebracht hätte. Ihre Mutter nannte Beispiele von Freunden, die nicht ihre „Chancen" hatten. Sie gehöre zu den Glückspilzen, weil sie hier leben durfte, in Chicago.

Caria lernte sehr schnell, dass zu Hause Stillschweigen erwünscht war. So verheimlichte sie ihren Eltern ihren Schulalltag. Ihr Überlebens-Ich sagte ihr, sie solle sich lieber nicht beschweren, und sie würde für ihre Stärke noch belohnt werden. In der Schule verbrachte Caria die Mittagspause allein in der Cafeteria. Während ihrer gesamten Schulzeit fand sie keine Freunde, weder in der Middle School noch in der Highschool. Doch im College erhielt sie ein Stipendium für Naturwissenschaften. Mit 35 Jahren hatte sie ihren Doktortitel und eine Stelle als Hochschulprofessorin. Ihre Studierenden bewunderten und liebten sie.

Aber Caria blieb Einzelgängerin. Sie verbrachte jeden Abend in ihrer kleinen Wohnung und beschäftigte sich mit den Hausarbeiten der Studierenden. Sie arbeitete rund um die Uhr.

Stolz erzählte sie, sie sei die erste Person in ihrer Familie, die aufs College ging. Ihre Mutter war verstorben, aber ihr Vater lebte noch, feuerte sie an und bezeichnete sie immer als ein starkes Mädchen, das für ihre Familie Außergewöhnliches leistete.

Caria kümmerte sich auch um ihren Vater und unterstützte ihn finanziell. Sie besuchte ihn in der Wohnung der Familie, die immer noch dieselbe war, in die sie vor 20 Jahren eingezogen waren. Sie kochte für eine Woche für ihn vor und sorgte dafür, dass seine Wäsche gewaschen wurde.

Zu ihren Unsichtbaren Verlusten gehöre, dass niemand sie wirklich kenne, sagte sie. An einem Abend erwähnte sie in der Gruppensitzung, einmal habe sie daran gedacht, sich das Leben zu nehmen. Es sei nur ein kurzer Moment gewesen, fügte sie hinzu, so schnell wieder vorbei, wie er gekommen war. Fast so, als hätte es ihn nie gegeben.

Als wir uns der Klärungsübung zuwandten (siehe Kapitel 4), bei der wir nach der Stimme des Überlebens-Ichs suchen, hörte sie sofort auf zu reden. Sie verschwand aus dem öffentlichen Forum des Kurses.

So eine plötzliche Veränderung erlebte ich nicht zum ersten Mal. In jedem Kurs beteiligen sich von hundert Teilnehmenden eine Handvoll nach der zweiten Woche nicht mehr, weil der Übergang in den stärker handlungsorientierten Teil des Wiedereinstiegsprozesses ins Leben schwieriger ist. Dieser Teil erfordert, dass wir das Alte aufrütteln, dass wir unser vermeintliches Wissen hinterfragen – und wenn wir versuchen, unser Leben zu ändern, dann erwarten wir doch zuallerletzt, dass wir gegen die Teile unseres Lebens vorgehen müssen, die uns psychisch gesunderhalten haben.

Caria schrieb mir privat, sie wünschte, sie hätte als Teenager oder mit Anfang 20 von meiner Arbeit erfahren, als sie in Schule und Studium keine Freunde hatte und darum kämpfte, ihre

Identität zu finden. Aber jetzt fühle sie sich zwar manchmal einsam und von anderen missverstanden, sei aber zufrieden mit ihrem Leben. Sie liebe ihre Wohnung und ihre Studierenden. Sie sei dankbar dafür, dass sie finanziell abgesichert ist und ihren Vater unterstützen kann. Sie könne sich kein besseres Leben für sich vorstellen. Die Liebe interessiere sie nicht, auch wenn ihr Vater sich Enkelkinder wünsche. Sie glaube nicht, dass der Kurs etwas für sie sei, aber sie könne erkennen, wie wichtig er für andere sei, die „echte Verluste" erlitten hätten.

Ich beschloss, ihr noch einmal zu erlauben, aus der Perspektive des Überlebens-Ichs zu schreiben: „Schreib auf, wie dein Tag gestern war, und versuche, ein wenig zu ‚jammern'. Ich möchte dein ‚Gejammer' lesen. Alles. Jammere so viel wie möglich, Caria, sag mir, was das Schlimmste ist."

Ich spürte schon, dass sie das nicht tun wollte. Ein paar Tage lang meldete sie sich nicht mehr bei mir. Ich dachte, ich hätte sie verloren. Es war klar, dass es ihrem Überlebens-Ich gelungen war, sich als Caria zu tarnen, und dass das Beobachtende Ich von der illusorischen Sicherheit und Vertrautheit des Überlebens-Ichs eingelullt worden war.

Aber sie antwortete doch. Zunächst sagte sie nur, wie dankbar sie für die Chancen sei, die sich ihr im Leben geboten hatten, nachdem ihre Eltern so mutig gewesen waren, in die USA auszuwandern. Wie könnte sie sich angesichts ihrer Opfer jemals beschweren? Wäre sie damit nicht schrecklich undankbar?

Dann fuhr sie fort:

„Aber ... heute Morgen wollte ich nicht aufstehen und zur Arbeit gehen. Meine Kollegin feiert nach der Arbeit eine Verlobungsparty in dem Restaurant gegenüber, und ich hatte einfach keine Lust hinzugehen. Ich habe neulich einen Geschenkgutschein für sie besorgt, aber sie bestand darauf, dass ich heute Abend komme. Ich hasse diese Art von Veranstaltungen; da wirken sowieso immer alle so aufgesetzt. Was soll das? Wir stehen uns nicht wirklich nahe, und sie wird mich nicht vermissen, wenn ich nicht da bin. Ich hasse es, wenn man mich unter Druck setzt und ich aufkreuzen soll, obwohl ich den ganzen Tag auf den Beinen war und den Kindern Sachen beigebracht habe, die sie gar nicht lernen wollen, und nun einfach nur noch nach Hause und Netflix gucken möchte."

Sie erzählte endlos weiter, wie müde sie sich morgens fühlte und wie sehr ihr vor dem ganzen Tag graute. Es lag nicht nur am Verlobungsessen für ihre Kollegin. Ich bat sie, zu schauen, was durch ihre Klärungsübung (ein Niederschreiben ungefilterter Gedanken) zum Vorschein kam. Gab es etwas Überraschendes? Und ich bat sie, in ihrer Klärung nach dem Teil zu suchen, in dem sie sich immer noch vor Verletzungen schützt. Bei der Klärung suchen wir nie nach unserer eigenen (Ursprünglichen) Stimme, sondern immer nur nach der Stimme des Überlebens-Ichs. Dass wir uns von dieser quälenden, angespannten und sich ständig wiederholenden, angsterfüllten und „jammernden" Stimme lösen, ist der entscheidende Schritt, damit wir sie erkennen und ans Licht bringen können.

Nicht uns selbst (das Ursprüngliche Ich) wollen wir wegen dieses Jammerns oder des extremen Sicherheitsbedürfnisses zurechtweisen oder ausschimpfen. Vielmehr wollen wir den inneren Betreuer und Beschützer (das Überlebens-Ich) offenlegen, damit wir den Teil in uns erkennen können, der aus der Angst vor noch mehr Schmerz und Risiko entsteht.

Caria sagte, ihre Klärung habe gezeigt, dass sie ihre Arbeit doch nicht so sehr mochte, wie sie meinte, aber das könne nicht stimmen. Denn ihre Arbeit machte ihr Spaß. Ihre Klärung müsse wohl eine Lüge sein, deutete sie an, da sie in den letzten zehn Jahren sehr gerne Professorin gewesen war und die erhaltenen Auszeichnungen mit Freude entgegengenommen hatte. Es schockierte sie, dass sie eigentlich gar nicht so gerne zur Arbeit ging, und sie meinte, ich solle diese Klärung nicht ernst nehmen. Sie hatte einfach einen schlechten Tag, mehr war an der Sache nicht dran.

Ich bat sie, in dieser Woche möglichst jeden Tag eine solche Klärung zu machen, um zu sehen, ob es sich nur um einen einzelnen schlechten Tag bei der Arbeit handelte, oder ob es mehrere schlechte Tage gab.

Am Ende der Woche stellte sie zum ersten Mal fest, dass ihr Job doch nicht so traumhaft war, wie ihr Überlebens-Ich es ihr weisgemacht hatte. Sie begann zu begreifen, dass ihre Karriere hauptsächlich darauf aufgebaut war, ihre Eltern zu belohnen und nicht sich selbst. Sie hatte sich selbst unter der Identität dieser Person vergraben, für die ihre Eltern viele Opfer gebracht hatten.

Ihr Überlebens-Ich klang fast wie ihr Vater, der ihr immer sagte, wie sehr er sich über den Lebensweg freue, den sie gewählt habe, und wie stolz sie ihre Großeltern sowie alle ihre Tanten und Onkel machte. Immer wenn sie in die Türkei kam, wurde sie gefeiert. Diese Identität war für ihre Familie eine große Sache. Aber tief im Inneren war es weder das, was sie für sich selbst brauchte, noch was sie ausmachte.

Ich bat sie, sich an einen Tag zu erinnern, an dem ihr Überlebens-Ich nicht präsent war, an einen Tag, an dem es keine Schmerzen gab, an einen Tag, an dem sie fröhlich war und sich lebendig und frei fühlte. Sie erzählte eine Geschichte aus ihrer frühen Kindheit, als sie noch in ihrer Heimatstadt in der Türkei lebte. Sie verbrachte einen Tag bei ihrer Großmutter und erinnerte sich, dass sie mit ihr gekocht hatte. Sie hatten Carias Lieblingskekse gebacken.

In diesem Moment wurde ihr auch klar, wie gern sie für ihren Vater die Mahlzeiten für die Woche vorkochte. Sie genoss es, alles zusammenzustellen und ihn jede Woche mit einem neuen Menüplan zu überraschen. Er mochte das Essen, das sie für ihn zubereitete, aber er machte sich Sorgen, *dass sie dadurch von ihrer wichtigeren Aufgabe abgehalten wurde*, dem Unterrichten der Studierenden am College. Und er sagte, dass ihm das Essen nicht so wichtig sei, wenn sie keine Zeit dafür habe.

Caria dachte ein paar Tage über das nach, was sie in Bezug auf ihre Liebe zum Kochen erfahren hatte. Ziemlich schnell mischte sich ihr Überlebens-Ich ein, lachte und meinte, sie werde ja nun wohl keine Kochkurse geben.

Ich fragte: „Warum nicht?"

Sie meinte: „Es ist ja nicht gerade so, dass ich jetzt noch eine berühmte Köchin würde, oder?"

Ich erwiderte: „Spricht da gerade dein Überlebens-Ich?"

Sie hielt inne, lächelte und sagte: „Wahrscheinlich schon."

„Genau aus diesem Grund wollen wir das Überlebens-Ich nicht wecken, damit es dich womöglich gleich wieder in den Warteraum steckt. Wir wollen nur *einen* Kurs, *eine* Lektion und *einen* guten Kochtag für dich. Können wir daraus ein Programm machen, Caria?", fragte ich.

„Ja, das können wir", sagte sie.

Ihr Überlebens-Ich trug sie immer mit sich herum, aber sie konnte ihm widersprechen und ihm auch zuwiderhandeln. Das ist ein großer Schritt aus dem Warteraum heraus und macht die Unsichtbaren Verluste ihres Lebens weniger mächtig und einflussreich. Durch die Visualisierung ihres Beobachtenden Ichs kam ihr auch wieder zu Bewusstsein, dass sie als kleines Kind immer kreativ und spontan gewesen war. Aber dass sie sich gerne und oft bei ihrer Mutter in der Küche aufhielt, wurde von ihren Eltern nie belohnt. So konnte diese Eigenschaft sich nie entfalten und blieb noch nicht einmal erhalten. Sie geriet ins Abseits und wurde ausgebremst.

Aber jetzt nicht mehr.

## Kaffeepause

Ich weiß, du hast Fragen. Du fragst dich vielleicht, wie du dir jemals die Entscheidungen verzeihen sollst, die du in der Vergangenheit getroffen hast und jetzt nicht mehr ändern kannst. Zudem fragst du dich, wie du die Art von Selbstbezeugung zulassen kannst, die zur Heilung stattfinden muss, ohne dass dir jemand bei eben dieser Selbstbezeugung hilft? Wie schaffst du es, dass dein Ursprüngliches Ich in der Selbstreflexion stark genug durchscheint, und zwar so lange, wie du es brauchst?

Dies ist der Teil der Reise, vor dem du (dein Überlebens-Ich) dich immer geschützt hast. Es ist der Grund dafür, warum du sehr lange im Warteraum leben kannst, in der Überzeugung, dass draußen alles viel schlimmer ist.

An diesem Punkt des Prozesses ist die Selbstbefragung schwer, denn wenn du in deine innere Welt eintauchst, beginnst du, deine aktuelle und scheinbar selbstbestimmte Identität infrage zu stellen. „Wer bin ich wirklich?" Diese Frage stellt sich dir jetzt, und du würdest ihr am liebsten um jeden Preis aus dem Weg gehen. An dieser Stelle möchten viele lieber wieder in den Warteraum gehen, und das kannst du tatsächlich auch für kurze Zeit tun – aber jetzt noch nicht.

Und du fragst dich womöglich *Was habe ich mit diesem Buch bisher eigentlich erreicht?* Sicher, du hast erkannt, dass einige wichtige Entscheidungen in deinem Leben aus Angst getroffen worden sind, obwohl du damals dachtest, du hättest dich für das entschieden, was für dich das Beste ist. *Ja super*, denkst du vielleicht. *Und wenn schon?* Dieser erste Schritt war so schwer, weil es viel einfacher ist, bei dem zu bleiben, was unseres Wissens funktioniert, und den Lügen zu glauben, die das Überlebens-Ich über unsere Geschichten aus der Vergangenheit erzählt.

Die Vergangenheit infrage zu stellen, erfordert Tapferkeit. Sich an die Weisheit erinnern zu wollen, ist mutig. Aber du wirst es nicht bereuen, dein Ursprüngliches Ich kennengelernt zu haben und zu erfahren, worum es in deiner wahren Geschichte wirklich geht. Jetzt wollen wir dein Aufblühendes Ich kennenlernen. Dieses Ich macht ziemlich viel Spaß, deshalb wurde es ja auch so gut vor dir versteckt.

## Das Aufblühende Ich entdecken

Ein Teil von uns wird schon früh ausgemerzt, weil er aufgrund seines untragbaren verspielten Charakters mit dem Überlebens-Ich aneinandergerät. Dieser Teil besteht aus einer ungebundenen und freien Kraft, die in uns lebt: Er lehrt uns, wie man geht, ins Stolpern gerät, hinfällt und schnell wieder auf die Beine kommt. Das ist das genaue Gegenteil davon, nach jedem Sturz einfach nur zu überleben. Dieser Teil spricht zu uns von Begeisterung, von einem uneingeschränkten Leben, vom Gedanken an Spiel und grenzenloses Vergnügen, ungeachtet irgendwelcher direkten Konflikte mit der Umwelt. Aber über kurz oder lang werden Unsichtbare Verluste tödlich für das Aufblühende Ich und merzen jeden Zugang zu ihm aus. Wenn mehrfach Unsichtbarer Verlust über dich hereingebrochen ist, der förmlich alles Leben aus dir herausgesaugt hat, wird es fast unmöglich, unbeschwert zu leben und wieder zu kichern wie als Kind. Für die Person, die unvorstellbar komplexe Verluste erlitten hat, ist alles gefährlich, was einen kurzen Moment Glückseligkeit schenken könnte.

Deshalb müssen wir das Aufblühen richtiggehend lernen – eine Aufgabe, die Übung erfordert.

Aufblühen ist der am wenigsten genutzte und am stärksten vernachlässigte Teil unseres Wesens. Nicht, weil es uns nicht angeboren wäre, sondern weil die Tortur, Erinnerungen überleben zu müssen, die von niemandem anerkannt wurden, uns in unseren Entwicklungsjahren zugesetzt hat. Wir müssen herausfinden, wie wir das Aufblühende Ich aus den Händen des Überlebens-Ichs befreien können, die es Tag für Tag zunichtemachen. Schließlich ist das Aufblühende Ich der schlimmste Feind des Überlebens-Ichs. Und man kann sich vorstellen, wie scharf geschossen wird, sobald das Aufblühende Ich auch nur versucht, sich zu zeigen.

Doch das Aufblühende Ich ist unser Ausweg aus dem Unsichtbaren Verlust, und wenn wir gegen Ende der Reise den Weg zum Aufblühenden Ich gefunden haben, kommt uns das vielleicht ganz unvermittelt vor, aber das ist es nicht. Das Aufblühende Ich wird größer wirken, als du es dir vielleicht vorgestellt hast, geradezu überlebensgroß. Wenn es ein Boot ist, denke an ein Schnellboot. Wenn es fliegen könnte, wäre es eine Rakete. So fühlt es sich an, weil das Aufblühende Ich der Teil deines Ursprünglichen Ichs ist, der hier ist, um Abenteuer zu erleben und Spaß zu haben, fast wie ein Kind.

Wie du inzwischen weißt, ist das Überlebens-Ich extrem behütend, und seine überbehütende Kraft lässt dich nicht eine Sekunde los. Du musst ihr nicht nur entwischen können, sondern auch richtig gut darin werden, aus dem Warteraum zu verschwinden, um dich in ein aufregendes Abenteuer zu stürzen, denn wenn das Überlebens-Ich könnte, würde es dich am Boden festketten.

## Wie sich das Aufblühende Ich bemerkbar macht

Wenn wir nun weitermachen, beachte bitte die folgende Liste, denn es ist wichtig, dass du erkennen kannst, wann das Aufblühende Ich versucht, sich aus dem Käfig zu befreien, in den das Überlebens-Ich es gesteckt hat. Dieses Wiederauftauchen des Aufblühenden Ichs kann schwierig zu erkennen sein, weil es so lange verborgen war und du diese Seite von dir vielleicht völlig vergessen hast. Mach dir Notizen und halte in den kommenden Tagen und Wochen Augen und Ohren offen für Überraschungsbesuche von deinem Aufblühenden Ich:

- **Vermehrte Bereitschaft, Neues auszuprobieren:** Es kann sein, dass du an einem Montagmorgen aufwachst, doch statt dass dir wie üblich graut und dein Überlebens-Ich zu Hochform aufläuft, hast du Lust, auf dem Weg zur Arbeit einen neuen Coffeeshop auszuprobieren. Oder du überlegst, nach der Arbeit einen Yogakurs zu belegen, und reservierst dir gleich an Ort und Stelle einen Platz. Das Aufblühende Ich kann sich auch in der Form äußern, dass du einer Freundin zusagst, unter der Woche mit ihr wandern zu gehen, was du sonst nie tun würdest. Mit anderen Worten: Es gibt einen stärkeren Drang, der Stimme des Überlebens-Ichs zu widerstehen, wenn das Leben mit etwas Neuem an die Tür klopft.

- **Chancen suchen statt nach Gefahren Ausschau halten:** Der gedankliche Prozess, der deine Einstellung zum Tag prägt, verschiebt sich. Wenn dein Aufblühendes Ich daran beteiligt ist, interessierst du dich für Möglichkeiten, dein Leben schöner zu machen oder beruflich voranzukommen. Bei einem Denken, das auf dem Überlebens-Ich beruht, verwendest du deine Energie darauf, alles, was dir über den Weg läuft, zu vermeiden, umzulenken oder abzuwehren. Dein Aufblühendes Ich hingegen macht gern das Beste aus der Zeit, die ihm zur Verfügung steht, egal, wie viel es ist. Dann stellst du zum Beispiel fest, dass du plötzlich ganz locker Ja zu einem Nachbarschaftsfest sagst, bei dem du die Leute aus deiner Straße kennenlernst. Normalerweise würdest du solche Anlässe meiden wie die Pest, aber dieses Mal freust du dich darauf, ein oder zwei neue Freundschaften zu schließen. Am Ende lachst du ein paar Mal lauthals heraus, anstatt zu verurteilen, was die Leute so reden (auf die Art bremst dich das Überlebens-Ich). Deine Meinung über die Leute in deiner Nachbarschaft ändert sich von „Mit denen verbindet mich überhaupt nichts" zu „Ich glaube, nächsten Monat bin ich wieder dabei, und beim wöchentlichen Pickleball mache ich jetzt auch mit."

- **Weniger Sorgen, ob du genug tust, genug arbeitest, gut genug bist:** Es findet eine spürbare Veränderung in der Art und Weise statt, wie du dich im Hinblick auf deine tägliche Arbeitsleistung selbst bewertest. Wie gut dein Tag war, ermisst du nicht daran, wie viel Arbeit du erledigt hast, sondern ob du Spaß hattest und ob der Tag schön war. Wenn du zum Beispiel mit deiner Tochter ins Einkaufszentrum gehst, denkst du darüber nach, wie du mehr Zeit mit ihr verbringen könntest, und nicht, ob du überhaupt Zeit dafür hast. Das wird nicht mehr infrage gestellt. Du tust, was sich für dich und die Menschen in deinem Leben gut anfühlt.

- **Konkrete Pläne für Spiel und Spaß machen, anstatt nur darüber nachzudenken:** Das Aufblühende Ich ist ein sehr handlungsorientierter Teil von dir. Es überlegt nicht bloß, dass es vielleicht etwas tun könnte, was Spaß macht, es tut es. Du weißt, dass du in deinem Aufblühenden Ich bist, wenn du Dinge tust, die du schon lange einmal tun wolltest. Oder wenn du konkrete Pläne für künftige Ereignisse machst, die du bisher vor dir hergeschoben hast. Es geht darum zu handeln, anstatt nur darüber nachzudenken. Das Aufblühende Ich will heute spielen, und das tut es, ohne sich von den Hindernissen aufhalten zu lassen, die das Überlebens-Ich ihm in den Weg stellt.

Wir werden uns eingehender mit dem Aufblühenden Ich befassen, wenn wir zur Integrationsphase der Wiedereinstiegsreise ins Leben kommen. Dann bist du auch so weit, dass du dein Aufblühendes Ich mit Zuversicht und Selbstvertrauen einsetzen kannst. Betrachte die letzten paar Seiten im Moment einfach als Einführung in dein Beobachtendes Ich und in dein Aufblühendes Ich, mehr nicht.

·······················································································

## Hausaufgabenvorbereitung: Die Einführung in die drei Ichs verarbeiten

Es mag dir ein wenig seltsam vorkommen, dass du dich als dreigeteilt betrachten sollst. Aber sobald du die nächsten paar Schritte zum Wiedereinstieg ins Leben machst, ergibt diese Vorstellung schon viel mehr Sinn. Fürs Erste soll der einführende Einblick an dieser Stelle dazu dienen, dass du in Vorbereitung auf den Wiedereinstiegsprozess ins Leben dein ganzes Leben aus einer neuen Verständnisperspektive betrachten kannst. Aber gehe behutsam mit dir um. Zunächst kann es beunruhigend sein, dir all dieser neuen Berührungspunkte in deiner Psyche bewusst zu werden.

Auch wenn wir noch ganz am Anfang stehen, hast du bereits so viel an Selbsterkenntnis gewonnen, dass du nicht mehr die Person bist, die du einmal warst – aber du bist auch noch nicht der Mensch, der du werden wirst. Du befindest dich mitten im Wandel. Du verbindest dich wieder mit dem Zeugen deines Ursprünglichen Ichs (mit deinem Beobachtenden Ich), und deine Träume und Wünsche spielen allmählich wieder eine Rolle. Wenn das geschieht, beginnst du deine Wiedereinstiegsreise, du erinnerst dich an dich selbst, aber immer noch im dunklen Schatten deines Überlebens-Ichs.

Das ist verwirrend.

Viele neue Informationen wollen überdacht sein. Wenn etwas mit Macht hereindrängt, können wir in dem Moment nur entweder davor weglaufen oder dagegen ankämpfen. Das tun wir vor allem dann, wenn es unsere Sicherheit und das Leben, das wir uns hart erarbeitet haben, infrage stellt. Deshalb erkennen wir die auftauchenden neuen Gedanken hier behutsam und langsam an. Neue oder widersprüchliche Informationen anzuerkennen, ist eine Möglichkeit, wie wir das alles verarbeiten können, um den Wiedereinstieg ins Leben vorzubereiten. Erkenne hier einfach in ein paar Worten an, wie es dir mit dem geht, was du bis jetzt gelesen hast.

### Erste Eindrücke

Schreibe ein paar Sätze auf deinem Handy, Tablet oder in deinem Tagebuch. Du kannst deinen Tagebucheintrag beispielsweise so beginnen:

- *Ich habe das Bedürfnis aufzuschreiben, wie es mir geht, und ich erkenne an, dass ...*
- *Auch wenn ich im Hinblick auf meine Vergangenheit jetzt eher verwirrt bin, verstehe ich mich allmählich besser, besonders wenn ich daran denke, dass ...*

- *Ich möchte ehrlicher zu mir selbst sein in Bezug auf ...*
- *In letzter Zeit ist mir danach, ...*

### Vier-Augen-Gespräch

Wenn du die Möglichkeit dazu hast, sprich mit einer vertrauten Freundin oder einem guten Freund darüber, was Unsichtbarer Verlust deinem ersten Eindruck nach ist und inwiefern er zu deinem Leben gehört.

Es ist wichtig, dass alles, was in deine innere Welt dringt, wahrgenommen, verarbeitet und gewürdigt wird, denn erst dann kannst du es als deine Wahrheit akzeptieren oder ablehnen. Wenn du dir einen Moment Zeit nimmst, um mit den oben genannten Anregungen zu arbeiten, gibst du dir selbst den Raum, deine Erfahrungen wahrzunehmen, zu verarbeiten und zu würdigen. Früher hast du wahrscheinlich Informationen, Überzeugungen anderer, Daten, Vereinbarungen und Realitäten ohne sonderliche Vorbereitung und ohne den inneren Raum aufgenommen, um deine emotionale Reaktion zu organisieren.

Wenn wir aufgrund von etwas, das wir erfahren, erhalten oder gehört haben, unverarbeitete Emotionen in uns tragen, kann dieser neue Input unsere innere Welt schädigen. Diese Schädigung wird dann zu Angst. Die durch diese unverarbeiteten Informationen verursachte Angst kann wiederum der Grund dafür sein, dass wir den Warteraum nie verlassen. Und wenn wir im Warteraum bleiben, können wir, wie bereits erwähnt, noch mehr Angst und depressive Verstimmungen entwickeln.

Die Entdeckung deiner Unsichtbaren Verluste sollte sich zunächst leicht anfühlen. Wenn du dich also hinsetzt, um darüber nachzudenken, was in deinem Leben noch nicht als Verlust erkannt wurde, bleibe nur wenige Minuten dabei. Außerdem solltest du, wenn du dich auf die folgende Hausaufgabe vorbereitest, nicht unbedingt nach etwas in deiner Vergangenheit suchen, worüber du direkt Trauer empfindest. Die Trauer über deinen früheren Unsichtbaren Verlust ist möglicherweise verflogen, aber der Bewältigungsmechanismus, den dein Überlebens-Ich eingerichtet hat, damit du diesen Moment überstehst, hat ein Gefühl des Festgefahrenseins, Ängste, Zweifel, mangelndes Selbstwertgefühl, das Bedürfnis, es allen recht zu machen, oder ungesunde Grenzen hervorgerufen. Suche stattdessen nach diesen Gefühlen.

......................................................................................................

## Hausaufgabe: Spüre einen frühen Unsichtbaren Verlust des Ursprünglichen Ichs auf

Jetzt werden wir versuchen, ganz an den Anfang zurückzugehen und einen frühen Primären Unsichtbaren Verlust aufzuspüren. Mach dir keinen Druck, es hinbekommen zu müssen, auch wenn du diesen Verlust hier nicht gleich finden kannst und er nicht mit dem Unsichtbaren Verlust im Erwachsenenalter in Verbindung steht, den du bereits aufgespürt hast. Im nächsten Kapitel hast du noch einmal die Gelegenheit, ihn mit einer anderen Übung zu finden. Diese ersten Übungen sollen dir ein Gefühl dafür vermitteln, was dich wann beeinflusst hat, bevor wir dann zum Hauptteil des Wiedereinstiegsprozesses ins Leben übergehen, in dem du klarer erkennst, wo deine Primären Unsichtbaren Verluste liegen. Beginnnen wir also mit einem Rückblick auf eine deiner frühesten Erinnerungen, bei der du vielleicht das Gefühl hattest, etwas falsch gemacht zu haben, oder aber getadelt oder gerügt worden bist. Folgende Fragen können dir helfen, die Erinnerung daran zu wecken:

- **Erinnerung an eine frühe Zurechtweisung:** Erinnerst du dich daran, wie du zum ersten Mal von deinen Eltern oder in der Schule vor anderen zurechtgewiesen oder getadelt worden bist? Wenn ja, kannst du aufschreiben, woran du dich genau erinnerst?
- **Erste Veränderung der Selbstwahrnehmung:** Was hast du nach der Rüge über dich gedacht?

- **Erste Trennung von Ich und Welt:** Was hast du über die Personen gedacht, die dich zurechtgewiesen haben?
- **Erste Schamgefühle:** Hast du deine Gefühle in Bezug auf die Zurechtweisung vor anderen versteckt? Wenn ja, wie hast du deine Tränen oder Angstgefühle unterdrückt? Hast du dich von anderen abgesondert, dich in deinem Zimmer oder draußen isoliert? In welcher Form hat sich das Verbergen deiner Gefühle gezeigt?
- **Erster Einzug in den Warteraum:** Wie hast du die Scham- und Schuldgefühle und die Angst allein verarbeitet?
- **Erste Einführung des Überlebens-Ichs:** In den Momenten, in denen du als Kind das Gefühl hast, deine Schamgefühle und deine Trauer verbergen zu müssen, erschaffst du dein Überlebens-Ich. Hier rufst du es zum ersten Mal hervor. Erinnerst du dich an einen Vorfall, bei dem du mit Freunden online oder persönlich im Austausch warst und etwas gesagt hast, um es ihnen recht zu machen oder um dazuzugehören?
- **Einen neuen Blickwinkel finden:** Wenn du auf die Erinnerung zurückblickst, kannst du dir dann eine neue Frage dazu stellen? Eine Frage, die du dir bisher noch nie gestellt hast? Stell dir vor, du betrachtest diese Erinnerung zum ersten Mal. Was fällt dir auf, was dir vorher nicht aufgefallen ist? Hat es in deinem Leben zum Beispiel etwas gegeben, das sich unfair angefühlt hat, als du klein warst?

.....................................................................

Nachdem du nun einen frühen Unsichtbaren Verlust aufgespürt hast, was hat dich an deiner neuen Entdeckung überrascht?

Was wäre eine passende Beschreibung für diesen frühen Unsichtbaren Verlust?

# KAPITEL 3

# DEN SCHLÜSSEL ZU DEINER GESCHICHTE FINDEN

Meist glauben wir, unsere eigene Lebensgeschichte gut zu kennen. Schließlich sind wir ja die Einzigen, die sie vom ersten Tag an mitbekommen haben. Wer könnte sie also besser erzählen als wir selbst? Was aber, wenn unsere Geschichte vom Überlebens-Ich diktiert worden ist und nicht vom Ursprünglichen Ich? Wie können wir sicher sein, dass wir Zugang zu den intakten Erinnerungen des Aufblühenden Ichs und zur korrekten Erzählung unseres Lebens finden? Letztendlich muss deine Geschichte vom Beobachtenden Ich erzählt werden, das von Momenten der Erschütterung berichtet, in denen du ein weiser Zeuge, eine weise Zeugin dessen bist, was dir in guten und in schlechten Zeiten geschehen ist.

In der Einleitung hast du deine Ausgangsgeschichte aufgeschrieben. Anschließend hast du in den Kapiteln 1 und 2 nach Unsichtbaren Verlusten in deiner Gegenwart und in deiner Vergangenheit gesucht. Jetzt, da du frühe und aktuelle Beispiele für Unsichtbare Verluste hast, sind wir in einer ausgezeichneten Position, um die Warteräume deines Lebens anschaulich darstellen zu können. Wenn du anfängst, die Teile zusammenzufügen und aus der Perspektive eines weiseren Anteils von dir erste Einblicke ins Gesamtbild bekommst, erschließt du dir nach und nach deine Geschichte und machst dich immer mehr mit deinem Ursprünglichen Ich vertraut.

## Von der Bedeutung, über das Unsichtbare zu sprechen

Gleich werde ich über den Teil von mir sprechen, der am tiefsten verborgen war, und ich freue mich darauf, wenn du danach über deinen verborgensten emotionalen Teil sprichst. Stell dir vor, wir würden uns immer mit den Teilen von uns vorstellen, die niemand kennen oder erraten kann. Das Vertrauen wäre groß. Die Empathie auch. Vor allem aber würdest du beobachten, dass mehr Menschen Bestätigung erhalten. Und dadurch gäbe es weniger Leid auf der Welt und weniger unsichtbare Formen des Verlusts.

Denn siehst du, die Entscheidung, Unbekannten etwas von dir zu zeigen, betrifft nie nur dich selbst. Es ist eine interaktive Erfahrung zwischen zwei Menschen und ihren bisher verborgenen Geschichten. Sobald die Geschichte eines Menschen gesehen wird, beginnt auch bei der Geschichte der anderen Person der Prozess ihrer Offenlegung und Würdigung.

Wenn du eine emotionale Erfahrung, die in dir hervorgerufen, gelebt und abgelegt wurde, an andere Menschen in deinem Leben weitergibst, kann es natürlich sein, dass du das Gefühl hast, die Kontrolle darüber zu verlieren. Als ob sie dann nicht mehr deine wäre. Aber meistens erkennen wir unsere eigenen Unsichtbaren Verluste erst, wenn jemand anderes seine offenbart. Wenn ich also die unsichtbaren Momente meines Lebens offenlege, kannst du auch bei dir solche Momente erkennen. Ich hoffe, dass du am Ende dieser Geschichte einen Unsichtbaren Verlust mit jemandem in deinem Leben teilen kannst. Je mehr du teilen kannst, desto mehr erfährst du über dein Ursprüngliches Ich.

## Vorlage für den Schlüssel
## zu deinem Unsichtbaren Verlust

Es hat Jahrzehnte gedauert, bis die Komplexität eines konkreten Unsichtbaren Verlusts, den ich selbst erlitten habe, aufgelöst war und die unzähligen Warteräume, die auf dem Weg dorthin im Ungefähren verstreut lagen, entdeckt waren. Die Analyse meiner Reise werden wir als Vorlage für den Schlüssel zu deiner eigenen Geschichte nutzen. Unterwegs gibt es viele irreführende Abzweigungen, da das Überlebens-Ich uns unbedingt vor weiteren Verletzungen schützen will. Dadurch, dass wir den Abschnitt über den Schlüssel zu Unsichtbaren Verlusten gerade an dieser Stelle einfügen, gewinnen wir einen Zugang, der über das Aufspüren deiner Primären Unsichtbaren Verluste hinausführt. Das befähigt uns, die versteckt liegenden Weggabelungen zu erkennen, an denen das Überlebens-Ich die Richtung in einen kugelsicheren Warteraum eingeschlagen hat, und nicht die, die deinem wahren Bestreben und deiner Sehnsucht nach Verbundenheit, Kreativität und Leidenschaft entsprochen hätte. Deswegen wirst du allmählich entdecken, wo du in deiner Vergangenheit unter dem Einfluss des Überlebens-Ichs aus dem Leben ausgestiegen und infolgedessen in den Warteraum eingetreten bist. Es ist von entscheidender Bedeutung, dass du diese Scheidewege in deinem Tagebuch notierst, denn an exakt diesen Stellen liegen die Punkte für deinen Wiedereinstieg ins Leben.

Durch diese zusätzliche Bewusstwerdungsebene, die du durch das Aufschlüsseln deiner Geschichte gewinnst, kannst du früher Kurskorrekturen vornehmen und deinen vorbestimmten Weg einschlagen. Vertraue darauf, dass es in deiner Vergangenheit Erfahrungen gegeben hat, die zu deinem Ursprünglichen Ich gehören, auch wenn dir das nicht bewusst ist. Diese Erfahrungen wurden dir durch deine Momente der Erschütterung genommen, denn deren Folgen haben zu unvorhergesehenen Umständen geführt oder dazu, dass andere aus ihrem Überlebens-Ich heraus gegen deine

Entscheidungen gearbeitet haben, möglicherweise auch zu unvorhergesehenen Ereignissen, die sich aus allen oben genannten Faktoren ergeben haben. Wenn du nun die Tagebucheinträge zu Unsichtbaren Verlusten und Warteräumen aus meinem Leben liest, notiere dir alle Erkenntnisse, die du daraus für deine eigene Geschichte gewinnst, denn am Ende des Kapitels wirst du genau diese Vorlage für deine Hausaufgabe verwenden.

- **Ein sehnlicher Wunsch kommt zum Ausdruck:** Ich war 16 Jahre alt, lebte in Griechenland und träumte davon, Künstlerin zu werden. Künstlerin will ich schon werden, seit ich denken kann. Als Kind hatte ich auf Schritt und Tritt Zeichenblock und Stifte dabei.
- **Die Stimme des Kollektiven Überlebens-Ichs:** Es gibt die Stimme eines Kollektiven Überlebens-Ichs, und neben der Stimme unseres persönlichen Überlebens-Ichs müssen wir auch sie bekämpfen. In meinem Fall kam die Stimme des Kollektiven Überlebens-Ich von den meisten Menschen in meiner Familie und aus meinem Freundeskreis. Sie war überzeugt, dass sich dieser Wunsch auswachsen würde, denn die meisten Kinder zeichnen gern. Außerdem sagen Kinder häufig, wie sehr sie Kunst lieben. Dass ich Kunst machen wollte, war also bestimmt nichts Besonderes. Deshalb sagte die Stimme des Kollektiven Überlebens-Ichs wiederholt: *Warum sollte irgendjemand das ernst nehmen und mir dabei helfen, es zu verwirklichen?*
- **Verstecktes Ursprüngliches Ich:** Tief im Inneren wusste ich jedoch immer (Ursprüngliches Ich), dass ich Kunst nicht nur liebend gerne machte, sondern dass sie zu dem gehörte, was mir in die Wiege gelegt worden war. Ohne Kunst fühlte sich alles falsch an. Schon als kleines Kind war mir die Bedeutung der Kunst immer bewusst gewesen. Aber dieses Gefühl wurde schon früh vom Überlebens-Ich unterdrückt.
- **Versuch des Ursprünglichen Ichs, sich unverfälscht zum Ausdruck zu bringen:** Als ich sechs Jahre alt war, nahm mich

meine Mutter mit in das Kunstatelier einer Nachbarin. Ich ging hinein und was ich sah, erfüllte mich mit ehrfürchtigem Staunen. Verstreut auf dem großen Tisch lagen Farbtuben, daneben eine Palette mit allen Farben des Regenbogens. Chaotisch war es dort, aber auf gute Art. Ich erinnere mich, dass meine Mutter der Künstlerin erzählte, dass ich später einmal Malerin werden wollte. Ich stand einfach nur wie angewurzelt da, als ob dieses Atelier mir gehören würde. Als ob ich schon einmal hier gewesen wäre. Mit den Jahren nahm ich an verschiedenen Stellen in der Umgebung Kunstunterricht. Ich fragte meine Eltern, ob ich nach der Highschool Kunst studieren könnte. Sie hatten Bedenken, denn sie wollten, dass ich etwas studiere, was mich ihrer Meinung nach später finanziell tragen würde. Bei Kunst glaubten sie das eher nicht (die Stimme des Kollektiven Überlebens-Ichs). Eine Zeitlang ging das zwischen uns so hin und her. Als ich sie schließlich überzeugen konnte, dass es das Richtige für mich wäre, teilte uns die Highschool mit, da wir die Anmeldefrist verpasst hätten, müssten sie ein formelles Schreiben des Bildungsministeriums einholen, das mir den Wechsel des schulischen Zweigs ermöglichen würde. Das sei reine Formsache, meinten sie, denn es sei bei ihnen noch nie vorgekommen, dass jemand nicht hätte wechseln können. Sie waren sich so sicher, dass das kein Problem wäre, dass sie mich noch vor Eintreffen der offiziellen Antwort in den Kunstzweig aufnahmen.

- **Moment der Erschütterung:** Ein Monat verging, und das Leben fühlte sich endlich leichter an. Zum ersten Mal freute ich mich darauf, morgens zur Schule zu gehen. Wir erhielten Unterricht in Farbenlehre und begannen mit den Grundlagen des Zeichnens. Dieser Monat ist mir lebhaft in Erinnerung geblieben. Es fühlte sich an, als würde mein Leben endlich mir gehören. Hier wollte ich bleiben. Ich ließ die andere Welt los, in der ich früher gelebt hatte, eine Welt der klassischen Mathematik und der griechischen Literatur und des nagenden, ständigen Drucks, mit den Entscheidungen aller anderen Schritt halten zu müssen. Doch als wir endlich Antwort vom Bildungsministerium erhielten, war unser Antrag erschreckenderweise abgelehnt worden. Wenn ich jetzt an diesen Moment zurückdenke, wundert mich, dass niemand versucht hat, gegen diese Entscheidung vorzugehen, auch ich nicht. Damals haben meine Familie und ich einfach akzeptiert, dass ich wieder das tun musste, was ich vorher getan hatte. Ich war zutiefst niedergeschlagen.

- **Primärer Unsichtbarer Verlust:** Am nächsten Tag ging ich wieder in mein altes Klassenzimmer, das zufällig im selben Flur und dem Kunstsaal genau gegenüberlag. Die darauffolgenden zwei Jahre beobachtete ich, wie Kunstschülerinnen und -schüler in diesen Kunstkurs gingen, während ich draußen bleiben musste. Lange habe ich nicht verstanden, dass mein Unsichtbarer Verlust, etwas nicht tun zu dürfen, wonach ich mich sehnte, etwas, das sich für mich leicht und richtig anfühlte, alle meine späteren Entscheidungen beeinflusst hat.

- **Leben im Warteraum:** In den nächsten zehn Jahren arbeitete ich härter denn je, um in einem fremden Land aufs College zu gehen und in einer anderen Sprache zu studieren. Natürlich habe ich weiterhin für mich gezeichnet und gemalt, aber das hatte nicht mehr oberste Priorität. Ich verbannte meine kreative Seite in den Warteraum, und mein Überlebens-Ich sagte mir, dass ich mich jetzt nicht mit Kunst beschäftigen müsse. Ich vergaß sogar das Gefühl von Freude und Freiheit, das ich erstmals hatte, als ich vorübergehend in den Kunstzweig versetzt worden war. An seine Stelle traten ständige Angst und Unbehagen.

- **Die Gedanken des Überlebens-Ichs werden stärker:** Zunehmend glaubte ich, Kunst sei für mich nur eine Wunschvorstellung. Etwas, das bei mir nie Wirklichkeit werden würde. Ich sollte mich davon lösen und auf etwas konzentrieren, das ich realistischerweise erreichen könnte (Punkt des Eintritts in den Warteraum). An dieser Stelle führte mich mein Leben auf einen völlig anderen Weg. Auf einen Weg, der an sich nicht schlecht war, aber sich nie richtig stimmig angefühlt hat oder so kreativ war, wie ich es brauchte. Damals konnte ich das nicht in Worte fassen. Ich führte ein gutes Leben, ein Leben, auf das ich stolz sein konnte, und studierte an einer renommierten Universität in England. Ich hatte mir ein gutes Leben aufgebaut, war nur einfach nicht mein kreatives, ursprüngliches Ich. Doch in Wirklichkeit schützte mich mein Gehirn davor, mein Leben voll auszukosten. Ich bekam Schuldgefühle, wenn ich nicht intensiv an meinem Erfolg arbeitete. Meine Kunst betrachtete ich zunehmend als Zeitverschwendung, die mich von „wichtigeren" Dingen abhielt.

Mein Überlebens-Ich lehnte die Künstlerin in mir ab, kritisierte meine dahingehenden Fantasien und lehrte mich, den Kopf einzuziehen und fleißig zu sein, egal, wie sich das auf meine körperliche Gesundheit oder meine Psyche auswirkte. Das Leben ist schließlich „kein Wunschkonzert, weder für mich noch für andere wie mich", meinten mein eigenes Überlebens-Ich und die Stimme des Kollektiven Überlebens-Ichs. Als Kind und Jugendliche bekam ich von meiner Familie immer zu hören, ich sei zu abgehoben und solle lieber auf dem Boden der Tatsachen bleiben und der Realität ins Auge sehen wie alle anderen auch. Schließlich gab ich mein angebliches Wolkenkuckucksheim auf und begab mich auf den Boden der Tatsachen, wo ich hingehörte. Mit der Zeit glaubte ich, dies sei meine einzige Option, und in der Realität könne man sich nicht aussuchen, was für ein Leben man führen möchte. Der Hunger nach meiner Kunst erschien allen anderen und am Ende auch mir selbst unvernünftig.

- **Unsichtbarer Verlust:** Das war ein Unsichtbarer Verlust in der Form, dass ich nicht die Möglichkeit erhielt, mir mein Leben selbst auszusuchen. Letztendlich redete ich mir ein (Überlebens-Ich), dass eigentlich niemand die Wahl hat, genau das zu tun, was er will. Das Schicksal holt uns alle ein. Und mein

Schicksal war es nicht, eine schulische Richtung einzuschlagen, mit der ich Kunst studieren konnte, auch wenn es sich (für mein Ursprüngliches Ich) so anfühlte, als sei ich dafür bestimmt. Also habe ich das nicht weiterverfolgt. Denn wie kann man aktiv ein Leben anstreben, von dem man nie gedacht hat, dass man es erreichen könnte? Selbst wenn ich mir ein Künstlerleben vorstellte, geschah dies aus dem Blickwinkel des Unmöglichen. Ich redete mir ein, ich sei als Malerin nicht gut genug, um auf diesem Gebiet erfolgreich zu sein (eine auf dem Überlebens-Ich basierende Überzeugung, die geradewegs in den Warteraum führt).

- **Schwarzmalerei für die Zukunft:** Um mich vor einer erneuten Enttäuschung zu schützen, redete mir mein Überlebens-Ich ein, dass ich ohnehin gescheitert wäre, wenn ich es versucht hätte, also gab ich den Versuch auf.

- **Langzeitaufenthalt im Warteraum:** Um meinen Unsichtbaren Verlust eines Lebens in der Malerei überstehen zu können, ging ich für eine sehr lange Zeit in den Warteraum. An einem Ort *zwischen* dem Leben, das ich hinter mir lassen musste, und dem Leben, das ich als Künstlerin hätte führen können, richtete ich mir ein dauerhaftes Zuhause ein. Darin baute ich für mein Überlebens-Ich, das mit der Zeit mehr Platz benötigte (da es stärker wurde und mehr Raum in meinen Gedanken einnahm), weitere Bereiche aus. Ich stellte fest, dass ich in meiner anderen Arbeit erfolgreich war. Ja, ich würde sogar zugeben, dass es sich in einigen dieser zusätzlichen Warteräume ganz gut leben ließ.

- **Falsch positiv:** Ein Leben im Warteraum muss kein schlechtes Leben sein und ist trotzdem falsch. Tatsächlich würde ich sagen, dass die meisten Warteräume aus ordentlichen Ehen, ordentlichen Jobs und ordentlichen Entscheidungen bestehen. Ich habe in meinem Warteraum Erfüllung erfahren, wie ich sie nie für möglich gehalten hätte. Ich habe Bücher geschrieben, die Menschen bei der Trauerbewältigung helfen.

Und ein paar Jahre lang habe ich sogar geglaubt, dass ich es trotz aller Schwierigkeiten in meinem Leben geschafft hatte, erhobenen Hauptes aus meinem Warteraum herauszukommen. Dabei wusste ich allerdings nicht, dass ich mich in einem Warteraum befand, den mein Überlebens-Ich tatsächlich vor mir versteckte.

Du wirst sehen, dass dir der Unsichtbare Verlust, mit dem alles begonnen hat, immer stärker bewusstwird, je weiter wir auf dieser Reise voranschreiten. Nun ist es so weit, dass er verarbeitet und geheilt werden kann, während du zugleich endlich anders auf das reagierst, was in der Vergangenheit geschehen ist. Du wirst feststellen, dass dein Leben neu beginnt, sobald sich deine Reaktion auf deine alte Geschichte ändert. Ich kann nicht sagen, dass es einfach war, zu einem Leben als Künstlerin zu finden, aber ich drücke endlich wieder die Schulbank, um Kunst zu studieren – und mache damit meinen Traum aus der Highschoolzeit wahr. Das Glücksgefühl, das ich dabei empfinde, ist sehr viel stärker als alles, was das Überlebens-Ich bieten könnte.

Dein ganz persönlicher Wiedereinstieg ins Leben hat vielleicht nichts mit Kunst zu tun, aber eins ist gewiss: Ganz gleich, ob du in einer falschen oder einer ordentlichen Beziehung bist, in einem falschen oder ordentlichen Beruf arbeitest, an einem falschen oder ordentlichen Ort wohnst oder was auch immer, es lohnt sich, auf dieser Reise zu bleiben, deinen eigenen Unsichtbaren Verlust ausfindig zu machen und den Warteraum zu erkennen, den du die ganze Zeit gar nicht bemerkt hast.

Jetzt wollen wir den Schlüssel zu deiner Geschichte finden und sie in die Vorlage einfügen, die ich oben verwendet habe, damit du dich leichter zurechtfindest. Aber bevor wir dazu kommen, wollen wir dafür sorgen, dass du Zeit hast, das zu verarbeiten, was du über das Ursprüngliche Ich und die Art und Weise, wie es davon abgehalten wird, deine wahre Lebensgeschichte zu erzählen, gelesen und erfahren hast.

## Hausaufgabenvorbereitung: Weitere Punkte, an denen du in den Warteraum gegangen bist, verarbeiten

Wir befinden uns immer noch in der Bewusstwerdungsphase und sind dabei, die Zusammenhänge deiner Geschichte aus einer neuen Perspektive zu vertiefen. Der Unsichtbare Verlust, den du im letzten Kapitel entdeckt hast, gehört zu einem größeren Handlungsbogen. Wir werden ihn in die Geschichte einfügen und versuchen, seine Nachwirkungen, seine Spuren in deinem Leben zu finden. Bevor wir zum Hausaufgaben-Teil kommen, wollen wir das verarbeiten, woran du in diesem Kapitel herangeführt worden bist. Du hast einen Eindruck davon bekommen, wie dein ursprüngliches Ich aussehen könnte und wie das Überlebens-Ich dafür gesorgt hat, dass es für dich unsichtbar geblieben ist. Hast du bemerkt, dass dein Beobachtendes Ich dich beim Lesen dieses Abschnitts an dein Ursprüngliches Ich erinnert hat, oder hattest du das Gefühl, dass du keinen Zugang zu diesem Teil von dir hast? So oder so, mit der nächsten Hausaufgabe kommst du dem Schlüssel zu den Teilen deines Lebens, die noch verschlossen sind, näher.

## Hausaufgabe: Schließe deinen Warteraum auf

Bei deiner vorherigen Hausaufgabe hast du erst einen flüchtigen Blick auf deinen Unsichtbaren Verlust und deine Momente der Erschütterung geworfen. Jetzt wollen wir versuchen, mindestens einen konkreten Punkt zu finden, an dem du in den Warteraum gegangen bist, damit dein Wiedereinstieg ins Leben beginnen kann. Nimm dein Tagebuch zur Hand und lass uns loslegen: Trage deine Geschichte in die untenstehende Schlüssel-Vorlage ein.

- **Anfang:** Bei diesem Prozess des Aufschließens kannst du entweder den Unsichtbaren Verlust verwenden, den du in früheren Kapiteln entdeckt hast – und die Geschichte davor und danach aufbauen, damit du den gesamten Handlungsbogen sehen kannst – oder einen anderen Punkt nutzen, an dem du in den Warteraum gegangen bist (einen anderen Unsichtbaren Verlust aufspüren), um einen weiteren Unsichtbaren Verlust für dich offenbar zu machen. Denke immer daran, dass wir meist mehrere Primäre Unsichtbare Verluste haben, die so schwerwiegend sind, dass sie uns langfristig im Warteraum festhalten. Geh einfach die Vorlage durch und schau, was auftaucht. Los geht's.

- **Ein sehnlicher Wunsch kommt zum Ausdruck:** Hat es in deinem Leben eine Zeit gegeben, in der du deiner Familie, deinen Freunden oder sogar dir selbst gegenüber einen sehnlichen Wunsch geäußert hast?
  Um den Schlüssel zu finden, kannst du folgende Anregungen verwenden:
  - *Ich weiß noch, dass ich immer so gern …*
  - *Heute ist mir klar, dass damals, als ich …*
  - *Ich war immer gerne bei …/mit … zusammen/unterwegs*
  - *Immer wenn ich ganz vertieft … (etwas Bestimmtes getan) habe, habe ich mich so … gefühlt*
- **Die Stimme des Kollektiven Überlebens-Ichs:** Erinnerst du dich an einen gedachten oder tatsächlichen Widerstand, als du deinen Wunsch oder dein Bedürfnis geäußert hast? Hat dir jemand gesagt, das, was du wolltest, sei nicht möglich? Hattest du eine Ahnung, was passieren könnte, wenn du das tust, was du eigentlich tun wolltest?
- **Verstecktes Ursprüngliches Ich:** Wenn du diesen Widerstand gespürt hast, was hast du innerlich über den Ausdruck deines Selbst – sei es im Leben, bei der Arbeit, in der Kreativität oder in Beziehungen – gewusst, es dir aber nicht eingestanden oder darauf vertraut, dass es wahr ist?
- **Versuch des Ursprünglichen Ichs, sich unverfälscht zum Ausdruck zu bringen:** Was wolltest du mit deinem Ursprünglichen Ich ausdrücken? Es könnte ein kreatives Vorhaben gewesen

sein, etwa auf einer kleinen Bühne zu stehen oder etwas Besonderes zu schreiben. Es könnte auch sein, dass du gegenüber jemandem aus deiner Familie oder einem guten Freund, einer guten Freundin deine Gefühle ausdrücken wolltest. Das Bedürfnis, sich verbal oder nonverbal vorbehaltlos mitzuteilen.

- **Moment der Erschütterung:** Was hat dich niedergeschlagen und wie sah der erste Moment der Erschütterung aus? Es könnte der Unsichtbare Verlust sein, den du bereits im vorherigen Kapitel entdeckt hast, oder etwas anderes.
- **Primärer Unsichtbarer Verlust:** Erzähle, was du nach diesem Moment der Erschütterung erlebt hast.
- **Leben im Warteraum:** Wie haben sich dein Verhalten und Handeln von da an verändert?
- **Die Gedanken des Überlebens-Ichs werden stärker:** Wie hat das Überlebens-Ich dich davon überzeugt, dass du im Warteraum bleiben sollst?
- **Unsichtbarer Verlust:** Wann hast du aufgehört, den wahren Ausdruck deines Selbstweiterzuverfolgen?
- **Schwarzmalerei für die Zukunft:** Wie hat das Überlebens-Ich die Zukunft für dich vorhergesehen, um dich vor weiteren Enttäuschungen zu schützen? Welches künftige Scheitern hat es so präzise ausgemalt, dass du gar nicht erst versuchen würdest, dem Ausdruck deines Ursprünglichen Ichs eine Chance zu geben?
- **Langzeitaufenthalt im Warteraum:** Wie lange befindest du dich nun schon in diesem Warteraum, und wie hat er sich im Laufe der Zeit weiterentwickelt?
- **Falsch positiv:** Womit hast du dich in deinem Leben begnügt, und warum bist du dortgeblieben?

# II

# ABWEHRPHASE

## GEDANKEN DES ÜBERLEBENS-ICHS DURCH STAPELN UNTERBRECHEN

*Die Wahrheit ist doch: An den Anfang können wir uns nicht erinnern, und das Ende sehen wir nie vorher. Wir sterben, während wir Besorgungen erledigen und es anderen recht machen wollen. Eines Tages sind wir einfach nicht mehr da. Wenn uns das nicht motiviert, dann weiß ich auch nicht.*

### Abwehrphase

In dieser Phase nimmst du dir Zeit, den Gedanken deines Überlebens-Ichs zuzuhören und sie zu unterbrechen, sie zu klären und schließlich mit Hilfe deines Beobachtenden Ichs neu zu formulieren.

### Lektion

Wie wir unsere Gedanken manuell schichten und lernen können, einen Gedankenstapel zu erstellen, der dann das Tor aus dem Warteraum bildet.

# KAPITEL 4

# DER GEDANKENSTAPEL – KLÄREN, MUSTERERKENNEN, NEUFORMULIEREN

Herzlichen Glückwunsch zu der vielen Arbeit, die du geleistet hast, um dieses Entwicklungslevel zu erreichen. Wenn du in den kommenden Tagen mit diesem nächsten Schritt beginnst, wirst du das Wissen nutzen, das du über deinen Unsichtbaren Verlust und seine Warteräume erworben hast, um dir über die schwierigen Momente dieser zweiten Phase hinwegzuhelfen. Diesen nächsten Schritt im *Life Reentry Model*, im Wiedereinstiegsprozess ins Leben, bezeichnen wir als Gedankenstapeln. Diese Phase wird Abwehrgefühle hervorrufen, da du mutig ans Licht bringst, wie das Überlebens-Ich dein tägliches Denken beeinflusst. Durch diese Beeinflussung ist es dem Überlebens-Ich bisher gelungen, dich als Geisel im Warteraum festzuhalten. Nach der Bewusstwerdungsphase (die den Schwerpunkt der ersten drei Kapitel bildet) folgt die Abwehrphase (der Schwerpunkt dieses Kapitels). In dieser Phase kämpft das Überlebens-Ich darum, dass es die Kontrolle behält und der Warteraum besetzt bleibt, um dich vor eben dem Unsichtbaren Verlust zu schützen, der sich in deiner jüngsten Vergangenheit und Gegenwart um viele weitere vervielfacht hat.

In diesem Kapitel geht es darum, diese Gedanken loszuwerden, die dir das Leben rauben und dein Denken mit Beschlag belegen. Du wirst zum ersten Mal versuchen, wieder die Oberhand zu gewinnen. Man könnte auch sagen, in diesem Kapitel geht es darum, eine neue Pflanze zu säen oder einen neuen Code zu schreiben.

Dazu musst du dich mit den Denkmustern des Überlebens-Ichs vertraut machen. Diese Aufgabe gehen wir hier mit der neuen Methode des Gedankenstapelns an. Der Stapel besteht aus den folgenden Schritten:

- Deine einströmenden Gedanken aufschreiben,
- sie klären und neu betrachten,
- Denkmuster des Überlebens-Ichs entdecken und
- diese neu formulieren.

Du wirst dir Zeit nehmen, allen deinen Gedanken zuzuhören und sie aufzuschreiben, um zunächst das verborgene Muster des Überlebens-Ichs zu finden. Ziel ist es, die wiederholten Ängste und Zweifel des Überlebens-Ichs zu unterbrechen. Sobald du das tust, kannst du diese Gedanken neuformulieren und für die Umsetzung vorbereiten. Das ist von entscheidender Bedeutung, denn das Überlebens-Ich muss in den Hintergrund treten und Beobachtendes und Aufblühendes Ich müssen in deinem Alltag die Oberhand gewinnen. Falls sich diese ersten paar Absätze komplex anhören, sei versichert, dass sie dir am Ende dieses Kapitels sehr viel klarer vorkommen werden.

Denke daran, dass es in keinem Fall ausreicht, nur einmal wieder in dein Leben einzusteigen; es braucht Regelmäßigkeit. Von einem Mal Fegen bleibt der Boden nicht dein Leben lang sauber. Wenn du dir nur ab und zu die Zähne putzt, wenn du gerade Lust dazu hast, kommst du stundenlang nicht mehr aus dem Zahnarztstuhl heraus. Wenn du die Gedanken deines Überlebens-Ichs nicht klärst, bleibst du im Warteraum oder, schlimmer noch, du wirst depressiv.

Wenn du den zerstörerischen Kreislauf durchbrechen willst, der durch Unsichtbare Verluste ausgelöst werden kann und dich in den Warteraum bringt, wo du geradezu süchtig nach dem Durchhalten wirst, musst du die Praxis des Gedankenstapelns in deinen Alltag einbauen. Es ist Zeit, aus dem verheerenden Kreislauf auszubrechen. Aber bevor wir uns mit dieser Praxis befassen, wollen wir uns genauer ansehen, worum es in dieser Abwehrphase überhaupt geht.

## Die Abwehrphase

Zu Beginn unserer Wiedereinstiegsreise ins Leben müssen wir gegen ein wachsames, aber auch überempfindliches Überlebens-Ich ankämpfen. Dabei verfällt das Überlebens-Ich höchstwahrscheinlich auch in ein narzisstisches Verhalten, da es an den Lügen festhält, die es dir erzählt hat, damit du nur ja nichts riskierst. Durch die lange Anpassung an den Warteraum hast du jedes Gefühl von Freiheit oder Befreiung vergessen, das du davor vielleicht noch hattest. Diese isolierte Existenz hat dir das Leben gerettet. Es ist also nicht verwunderlich, dass du dich gegen jeden wehrst (auch gegen dich selbst), der dich davon überzeugen will, dass das Leben im Warteraum dir nicht guttut.

An diesem Punkt in der Abwehrphase kann eine warme Brise von außerhalb des Warteraums – zum Beispiel eine Einladung zu einer engen Beziehung – als ziemliche Bedrohung empfunden werden, die das Leben, das du dir aufgebaut hast, durcheinanderbringt. Wenn du Unschlüssigkeit verspürst, ist es verständlich, dass du meinst, diese Übung sei im Moment vielleicht nicht das Richtige für dich. Schließlich hast du sehr viel durchgemacht und bist dir selbstständig über Vieles klar geworden. Was um alles in der Welt solltest du übersehen haben? Warum solltest du dich an die Übung halten, die ich hier anbiete, um dich aus dieser Abwehrphase zu befreien?

An dieser Stelle könnte sich dein Überlebens-Ich einschalten und dich trösten, indem es dir so etwas einflüstert wie: „Du hast keine blinden Flecken" oder „Du musst den nächsten Teil der Arbeit nicht machen". Es ist verständlich, wenn du diesen Überlebens-Gedanken immer noch vertraust – schließlich kennen wir uns nicht. Wer bin ich denn für dich, dass ich dir so etwas sagen könnte? Das Überlebens-Ich ist schon viel länger bei dir.

Es ist begreiflich, dass du das Leben, das du dir aufgebaut hast, schützen willst. Du solltest wissen, dass deine Absichten gut waren und dass deine Überlebensfähigkeiten dich gerettet haben. Und dafür kannst du dankbar sein. Aber das war die Vergangenheit. Jetzt ist es an der Zeit, dich zu fragen, auf was du stoßen könntest, wenn du den Warteraum verlässt. Frage dich: *Wohin kann das führen? Was, wenn ich mich über diese Möglichkeiten freuen kann, anstatt Angst davor haben zu müssen?*

## Was ist Gedankenstapeln?

Gedankenstapeln ist die Fähigkeit, deine Gedanken manuell zu schichten, um ein Denken, das unbewusst auf dem Überlebens-Ich beruht, durch ein Denken zu ersetzen, das auf dem Beobachter-Ich fußt, damit das Aufblühende Ich es in reales Handeln umsetzen kann. Durch dieses Stapeln kannst du auf dein wahres und authentisches Ich (Ursprüngliches Ich) zugreifen und ihm wieder die Kontrolle über dein Leben übergeben. So ein Stapel sieht wie folgt aus:

- **Klären:** Die automatischen, routinemäßigen, unbewussten Gedanken aufschreiben.
- **Muster des Überlebens-Ichs:** Gedanken der Angst und des Zweifels von dieser ersten Schicht abziehen.
- **Neuformulierung durch das Beobachtende Ich:** Die bewusst umformulierte Gedankenschicht in den Stapel hineinschreiben.
- **Programm:** Den umformulierten Gedanken in Handlung umsetzen (damit werden wir uns im nächsten Kapitel eingehender befassen).

Im Moment konzentrieren wir uns auf die ersten drei Schichten (Klären, Mustererkennen und Neuformulieren). Jede Schicht (oder jeder Stapel) hilft dir, das innere Narrativ von der primitiven Überlebensmentalität zu lösen, die du dir im Warteraum zugelegt hast. Jeder Stapel hilft dir, den Warteraum zu verlassen, und fügt zugleich eine Ebene der Selbstintegration hinzu (Beobachtendes und Aufblühendes Ich beginnen miteinander zu verschmelzen), da wir parallel zur Hausaufgabe in jedem Kapitel weiter unsere Stapel bauen. Durch tägliche Wiederholungen gewöhnen wir uns an, aus der Angst aus- und in etwas riskantere Programme einzusteigen (eine Handlung, die zum Verlassen des Warteraums anregt). So wird unser Gehirn neu verdrahtet, damit es sich aus seinen Überlebensmustern lösen kann.

Danach gehen wir in einen Modus über, der eher der Aufrechterhaltung dient und aus Klären, Mustererkennen, Neuformulieren und Programm besteht. Dieser vierstufige Gedankenstapel wird am Ende dieses Kapitels als tägliche fünfminütige Routine-Hausaufgabe vorgestellt. Diese Aufrechterhaltungsübung stärkt die Rückkehr des Aufblühenden Ichs, festigt die Neuformulierungen des Beobachtenden Ichs und erhärtet die Gewohnheit, wieder ins Leben einzusteigen. Außerdem dient sie als täglicher oder wöchentlicher Neustart, um einen längeren Aufenthalt im Warteraum zu vermeiden, während wir die Kontrolle über unser Überlebens-Ich zurückgewinnen. Alle oben genannten Schritte mögen in der Theorie überwältigend erscheinen, aber ich verspreche dir, dass es einfacher ist, als es sich anhört. Und jetzt legen wir ohne weitere Umschweife los und beginnen mit dem Klären.

## Klären (Gedankenstapeln, erste Lage)

Das Klären ist ein ungefiltertes Aufschreiben deiner Gedanken, so wie sie dir in einem Bewusstseinsstrom kommen. Damit es dir zur Gewohnheit wird und du deine Gedanken flüssig stapeln kannst, solltest du täglich aufschreiben, was dir durch den Kopf geht. Eine gewisse Leichtigkeit ist ebenfalls vonnöten, damit es sich gut in deinen bestehenden Alltag fügt. Mache es also zu einer lohnenden Übung, die Spaß macht, sonst bleibst du nicht dabei. Während du über diese und die folgenden Lagen oder Schichten liest, kannst du die Übung sehr gerne bereits machen. Am Ende des Kapitels wird dann das Gedankenstapeln als Hausaufgabe noch einmal für dich zusammengefasst.

### Die praktischen Werkzeuge

Du musst entscheiden, welche Art von Tagebuch du für deine Gedankenstapel verwenden möchtest. Es kann dasselbe Tagebuch (digital oder auf Papier) sein, das du auch für deine Unsichtbaren Verluste und deine Ausgangsgeschichte genutzt hast. Das Wichtigste ist, dass du eine praktische und angenehme Möglichkeit findest, wie du dir jeden Tag ein paar Minuten Zeit für deine Gedankenstapel-Hausaufgabe nehmen kannst. Das kann beispielsweise die Notizen-App auf deinem Smartphone sein. Falls du den größten Teil des Tages am Computer arbeitest, könntest du auch dort eine Datei anlegen und geöffnet lassen. Natürlich funktionieren auch ganz klassisch Stift und Papier, aber nicht, wenn diese Art des Schreibens für dich umständlich ist. Wenn du gerne ein Tagebuch auf Papier verwendest, dann benutze ein solches, damit du motiviert bist hineinzuschreiben, denn dein Überlebens-Ich wird versuchen, überall Hindernisse einzubauen, auch in die Wahl deines Tagebuchs.

### Irreführende Impulse vom Überlebens-Ich

Sobald du anfangen willst, wird das Überlebens-Ich Zweifel in dir säen, was du bei diesem Klären überhaupt schreiben sollst. Es wird dir Angst einjagen mit Gedanken wie: *Was ist, wenn jemand dein Tagebuch findet und es liest? Das kannst du doch nicht wollen. Du denkst doch nicht im Ernst daran, das aufzuschreiben?*

Du wirst nun aufgefordert, die Arbeit auf intensive und zeitaufwendige Art und Weise zu tun. Das Überlebens-Ich wird sagen: *Du hast keine Zeit. Was auch immer das Ganze hier sein soll, es ist nichts für dich. Außerdem hast du so etwas schon einmal versucht, und es hat nicht funktioniert, oder?*

Hör nicht auf diese Stimme, die dich davon abhalten will, den bequemen Warteraum zu verlassen. Sie wird alle Register ziehen, um dich zum Bleiben zu bewegen. Sie wird dich manipulieren und dich an deiner Wahrnehmung der Realität zweifeln lassen. In diesem Moment wird dir klar, dass es sich um eine missbräuchliche Beziehung ohne gesunde Grenzen handelt und dass du dich oft heimlich wirst davonschleichen müssen. Tatsache ist, dass das Überlebens-Ich dein Gehirn zu seinem Zuhause gemacht, alle Räume übernommen und sie zu Warteräumen erklärt hat, und du plötzlich versuchst, sie zurückzuerobern.

Glaube ja nicht, dass dies ohne Kampf abläuft – ohne die verrücktesten Selbstzweifel und unbändiger Angst vor dem Unbekannten. Das Überlebens-Ich wird versuchen, dich auf unterschiedlichste Art und Weise zu Fall zu bringen. Darauf musst du vorbereitet sein.

Hiermit bereite ich dich darauf vor. Hiermit sage ich dir, dass du unter dem Bann eines emotionalen Missbrauchers gestanden hast, der sich dabei zugleich als dein Retter ausgegeben hat.

Oh, diese Dualität. Diese Aufspaltung der Wahrheit. Das Hin und Her zwischen dem Guten und dem Schlechten dieser Stimme und ihrem wahren Wesen: Sie ist ein narzisstischer Tyrann, der Angst vor dem neuen Leben hat, von dem dein Beobachtendes Ich dich überzeugen will.

Ich fordere dich dazu heraus, den Bann zu brechen.

### Beginne jetzt mit dem Gedankenstapeln

Auf den nächsten Seiten wirst du anhand von Beispielen und Anregungen durch dein erstes Gedankenstapeln geführt werden. Wenn du dir bei etwas nicht sicher bist, bekommst du weitere Beispiele für Gedankenstapel, damit du später, wenn es an deine Hausaufgabe geht, mit größerer Gewissheit weißt, was zu tun ist. Jetzt schlage erst einmal eine leere Seite auf und fange an, alles aufzuschreiben, was dir in den Sinn kommt, so schnell oder so langsam, wie es für dich passt. Prüfe nicht, was du schreibst. Lass es einfach heraus. Hinterfrage es nicht. Wenn du es schreibst, ist es da, in deinem Kopf. Lass es raus. Jetzt sofort. Noch bevor du weiterliest.

Schreibe dich selbst auf. Schreib einfach.

Schreibe alle die verrückt klingenden Gedanken auf. Die Ähs, das weiße Rauschen zwischen den Gedanken. Die Wörter, bei denen du nicht weißt, wie sie geschrieben werden. Die erfundenen Wörter. Die Wörter, von denen du gar nicht wusstest, dass sie da sind. Weißt du noch, wie wir über die fehlende Sprache für Unsichtbare Verluste gesprochen haben? Hier und jetzt fängst du an zu benennen, zu bezeichnen, zu schreiben.

Dies ist dein erstes Klären, und vielleicht meinst du, du machst es falsch.

Das stimmt nicht.

Vertraue mir; das Einzige, was du falsch machen kannst, ist, dass du nicht schreibst. Wenn du einmal angefangen hast, dann höre erst wieder auf, wenn du das Gefühl hast, dass nichts mehr herauswill – zumindest für heute.

Schreibe genau das, was dir jetzt durch den Kopf geht. In diesem Moment.

Frage dich aufrichtig, was da ist. Jetzt bist du wahrscheinlich zum ersten Mal vollkommen ehrlich zu dir selbst.

Aber denke daran, dass es bei dieser Übung nicht darum geht, was in der Vergangenheit passiert ist. Was du verpasst hast. Was du nicht wusstest. Wo du dich falsch entschieden hast. Was du bedauerst. Um das alles geht es nur, wenn du *in diesem Moment*, beim Schreiben, daran denkst. Wenn du also in diesem Moment etwas bedauerst, was früher geschehen ist, dann ist das vollkommen in Ordnung, weil dir das ja gerade durch den Kopf geht.

Alles, was aus deiner Vergangenheit hier ist, ist nicht in der Vergangenheit; es ist in der Gegenwart. Alles, was in diesem Moment hier ist, ist Teil des Jetzt, auch wenn es vor langer Zeit geschehen ist.

Du möchtest wahrscheinlich wissen, wie es sich zeigt. Wie es zu dir spricht. Was es sagt. Worauf es hindeutet. Welche Sprache wählt es? Wo hat das Überlebens-Ich die lautere Stimme?

Zum Beispiel könnte dein Warteraum wie ein Leben aussehen, indem du dich ständig um andere kümmerst, aber nie um dich selbst, weil dir dein Ursprünglicher Unsichtbarer Verlust Schuldgefühle eingejagt hat, wenn du als das älteste Kind an dich selbst dachtest.

Du hast Angst, das zu ändern, ich weiß. Diese Angst ist ganz natürlich, und wir bereiten uns auf sie vor. Du möchtest es für die Menschen in deinem Leben tun, aber ich werde dich bitten, es für dich selbst zu tun. Für dein Ursprüngliches Ich.

Jetzt bist du bereit, die Wünsche, Bedürfnisse, Verluste und die Teile von dir zu würdigen, die nie das Privileg der Fürsorge genossen haben, die du anderen so bereitwillig entgegengebracht hast. Jammere ruhig. Wenn dir an einer Kollegin oder einem Kollegen etwas zu schaffen gemacht hat, du es aber für dich behalten hast, bring es jetzt zu Papier. Sprich darüber, was dich daran aufregt. Wie es sich auf deinen Alltag auswirkt. Was dir daran sogar Angst einjagt. Mit anderen Worten, lass alles aufs Blatt, was da ist. Ohne Filter. Keine Beurteilung durch dein Überlebens-Ich, was du aufschreiben musst und was nicht.

Wenn du dich immer noch fragst, was du schreiben sollst: Die Gedanken des Überlebens-Ichs sind in gewisser Weise hinterhältig. Sie werden dir in deinem Kopf wie Belanglosigkeiten erzählt, während du das Geschirr wäschst oder dich bettfertig machst und nicht weiter auf dein Tun achtest. Dann musst du zum Beispiel plötzlich an das Telefonat mit deiner Mutter denken. Beim Zähneputzen läuft die ganze Unterhaltung noch einmal ab. Anschließend wandern deine Gedanken zu dem Gespräch, das du mit deinem Mann darüber hattest. Du hast ihm erzählt, wie satt du es hast, mit deiner Mutter immer über ihre Eigenanteile bei der Krankenversicherung reden zu müssen. Du denkst daran, dass du ihr gar nicht erzählt hast, was in letzter Zeit mit dir los ist. Dass sie dich nicht einmal fragt, wie es dir geht. Dass sie immer nur an sich denkt. Wie einsam du dich in letzter Zeit fühlst. Dass du niemanden zum Reden hast. Schreibe das auf. Lass es raus. Dieses automatische, unbewusste Denken, das sich in unserem Kopf abspielt, müssen wir finden und aufschreiben.

### Der klärende Rückblick

Jetzt, da es aufgeschrieben ist, lies es noch einmal durch. Schau dir an, was du geschrieben hast, und achte auf Teile, die sich wiederholen. Es könnte sein, dass wiederholt derselbe Gedanke auftaucht. Dasselbe Gefühl. Dieselbe Angst. Derselbe Zweifel. Markiere sie, während du so durch den Sumpf des Klärens watest. Unterstreiche sie. Kennzeichne sie. Ein Teil von dir weiß, wonach du suchen sollst. Lasse zu, dass du es findest.

# Das Überlebens-Muster (Gedankenstapeln, zweite Lage)

Die Gedanken des Überlebens-Ichs, die wir suchen, werden dir den ganzen Tag über mehrere hundert Mal erzählt, aber jedes Mal ein kleines bisschen anders. Das Thema ist dasselbe, aber es kann anders klingen. Zum Beispiel glaubst du vielleicht, dass du bei einem bevorstehenden Vorstellungsgespräch nicht gut abschneiden wirst, weil dir eventuell die erforderliche Erfahrung fehlt. Genauso denkst du aber auch, dass du den Geburtstagskuchen für deine Tochter bestimmt nicht so hinbekommst, wie sie das möchte, weil du das Rezept noch nie ausprobiert hast.

Diese beiden Gedanken haben dasselbe Thema. Sie gehören zum selben Narrativ. Du bist dir deiner Fähigkeiten nicht sicher. Mit anderen Worten, du glaubst nicht, dass dir etwas gelingen kann, was du noch nie gemacht hast.

Kommen wir noch einmal auf das letzte Beispiel zurück, auf das heutige Gespräch mit deiner Mutter. Sie ließ anklingen, dass du ihr bei ihren Eigenanteilen zur Krankenversicherung nicht helfen kannst, und dass dein Bruder sich mit so etwas besser auskennt. Genau hier schlägt wie aus dem Nichts dein Unsichtbarer Verlust zu, dass du nämlich immer in ungerechter Art und Weise mit deinem Bruder verglichen wirst. Jetzt fällt dir die auf dem Überlebens-Ich basierende Erinnerung wieder ein, die die Gegenwart mit voreingenommenen Beweisen aus der Vergangenheit verknüpft, um dies wirklich erscheinen zu lassen. Dieses Muster geht auf deinen Unsichtbaren Verlust zurück, der deine unglaublich stimmige und vollwertige Selbstwahrnehmung von dem Ich abgespalten hat, das auf das Ereignis des Unsichtbaren Verlust folgte und das sich unzulänglich anfühlt.

Dir fällt wieder ein, dass dein Bruder in der Schule immer bessere Noten hatte und eure Eltern auf ihn immer stolzer waren. Er war furchtlos in allem, was er tat. Du erlebst nun eine Anhäufung von Erinnerungen, die wiederum auf Erinnerungen beruhen, die dein Bedürfnis unterstützen, dich vor einer Vertiefung dieses Gefühls der Unzulänglichkeit zu schützen. Diese Gedanken halten dich davon ab zu glauben, dass du erfolgreich etwas Neues ausprobieren könntest. Das Überlebens-Ich versucht, dich vor weiteren Verlusten zu schützen.

Dieses auf dem Überlebens-Ich beruhende Gedankenmuster sitzt genau vor der Tür, die dich nach draußen führt. Es wiederholt sich in ähnlicher Weise Tag für Tag, je nachdem, welcher Unsichtbare Verlust getriggert wird und welches Gedankenmuster des Überlebens-Ichs erforderlich ist, um dich davor zu bewahren, dass du dir etwas vornimmst, bei dem dir genau das wiederbegegnet, was in der Vergangenheit passiert ist. Du hältst dich selbst davon ab, an deine Selbstwahrnehmung als ausreichend und vollwertig anzuknüpfen, weil man dir weisgemacht hat, dass dieses Selbst gar nicht existiert, und dass du deshalb nur noch mehr Ablehnung erlebst, wenn du so weitermachst.

Das alles läuft ab, ohne dass du überhaupt merkst, dass es hinter den scheinbar ganz einfachen Gedanken in deinem Kopf einen

Plan gibt, ein Motiv, einen äußeren Erzähler. Genau an dem Punkt tauchst du nun ein und extrahierst diese Gedanken, damit du das nicht ganz so belanglose Element des Überlebens-Ichs entdecken kannst.

### Die Gedankenmuster des Überlebens-Ichs erkennen

Es ist gar nicht so leicht, sich von dem Erzähler im Kopf zu lösen, der dir einredet, dass du immer versagst, indem er auf zusammenhanglose Erinnerungen zurückgreift und diese häufig als primäres Erleben aus deiner Vergangenheit zementiert. Aber genau das machen wir mit dem Klären. Wir lösen die Gedanken heraus, mit denen das Überlebens-Ich dir unmerklich Angst einjagt, Selbstzweifel weckt oder Unsicherheit schürt. Soweit du es beurteilen kannst, denkst du einfach über deinen Tag nach. In Wahrheit aber gibt ein sehr toxischer Denkprozess deinem Leben, deinem Selbstbild und dem Leben, das dir in Zukunft möglich ist, eine sehr negative Wendung

Wenn du es nicht gleich erkennen kannst, lies dir noch einmal durch, was du geschrieben hast. Achte auf ein Gefühl, ein Thema, eine Sorge, einen Zweifel. Das Gefühl ist praktisch ein Echo des Gedankens.

Zweifel sind nie ein einmaliger Gedanke. Sorgen genauso wenig. Sie sind vom selben sich wiederholenden Schlag. Kaum einmal kommt es vor, dass Gedanken sich in deinem Kopf nicht wiederholen, es sei denn, es handelt sich um einen neuen Gedanken, was allerdings ein seltenes Ereignis ist. So funktioniert unser Gehirn nun einmal.

Eine neue Studie hat ergeben, dass wir täglich 6200 Gedanken haben[3]. In meiner langjährigen Erfahrung mit dieser Arbeit habe ich festgestellt, dass 80 Prozent unserer Gedanken im Warteraum negativ sind – und 90 Prozent davon sind die gleichen, die wir auch am Vortag schon gedacht haben. Bei der Klärung, die du gleich vornehmen wirst, möchten wir von diesen Tausenden sich wiederholenden täglichen Gedanken nur einen entdecken – einen bei jeder Klärung, die du machst. Den einen Satz. Den einen Gedanken. Das eine Gefühl, das du immer wieder hast.

Das ist das Narrativ des Überlebens-Ichs. Der Glaube. Der eine Gedanke, der bestimmt, wie es dir geht und wie du entscheidest, was als Nächstes in deinem Leben passieren soll. Wir müssen ihn aus deiner Klärung herausfischen, um zwischen dem Ursprünglichen Ich und dem fragmentierten Ich unterscheiden zu können.

Die folgenden Beispiele können dir bei der ersten Klärung als Hausaufgabe helfen.

### Kurzes Klären, Beispiel 1

Ich bin ein Versager / eine Versagerin, und werde es im Beruf nie zu etwas bringen. Egal, was ich tue, es merkt ja offenbar doch keiner. Ich habe die Nase gestrichen voll von meinen ewigen Versuchen. Was soll das Ganze überhaupt? Ich kann machen, was ich will, es ändert sich ja doch nie etwas. Ich muss wohl dumm sein.

**Muster des Überlebens-Ichs:** Ich bin ein Versager / eine Versagerin. Ich bin in allem schlecht.

### Kurzes Klären, Beispiel 2

Ich glaube nicht, dass mein neuer Freund mich besonders attraktiv findet. Warum sollte er auch? Ich habe Bilder von seiner Ex gesehen, und die ist echt umwerfend. Ich meine, sie könnte sogar Model sein. Und dann ich mit meiner hohen Stirn. Dem unbeholfenen Gang. Mein Haar sieht kacke aus, egal, was ich mache. Ich weiß nicht, warum ich überhaupt etwas mit einem jüngeren Mann anfange. Natürlich wird er mich wegen einer Jüngeren verlassen.

**Muster des Überlebens-Ichs:** Ich mache mir Sorgen, dass ich nicht hübsch genug, nicht jung genug bin. Dass ich ihm nicht genug bin. Die Angst, dass er mich verlässt, frisst mich auf. Ich drehe mich im Kreis.

# Neuformulierung durch das Beobachtende Ich (Gedankenstapeln, Lage 3)

Einen auf dem Überlebens-Ich beruhenden Gedanken umzuschreiben, erfordert sehr viel Zuversicht und Glaube an dein Beobachtendes Ich. Wenn du einen Gedanken umformulierst, den du seit vielen Jahren denkst, fühlt sich das zunächst ganz bestimmt unnatürlich, ja sogar unehrlich an. Aber der Prozess des Neuformulierens darf nicht übersprungen werden. Dein Auftrag lautet, den Bewältigungsmechanismus zu finden, der dich in den Warteraum gebracht hat, und ihn dann zu beseitigen.

Das ist schwer, denn wir verlassen uns auf diesen Mechanismus, um uns vor dem Leben und vor weiteren Verlusten zu schützen. Das Neuformulieren unserer Sorgen, Unsicherheiten und Ängste ist Tausenden anderen Menschen auch schwergefallen. Deshalb möchte ich dir versichern, dass du nicht die oder der Einzige bist, die damit zu kämpfen haben.

### Tipps zum Neuformulieren

Im Folgenden ein paar Tipps, die du beim Schreiben deiner couragierten Neuformulierungen beachten kannst.

**Trendumkehr:** Du kannst versuchen, das Gegenteil deines Musters zu schreiben und dich an diese Umkehrmethode halten, auch wenn du nicht glaubst, dass das wahr ist, was du da schreibst. Du schreibst es allen Widrigkeiten zum Trotz. Aus praktischer Sicht ist das die einfachste Option, aber sie ist am schwierigsten umzusetzen, weil dein Überlebens-Ich bis ins Mark gegen dich ankämpft. Eine vollständige Umkehr des oben genannten ersten kurzen Beispiels für eine Klärung und ein Muster des Überlebens-Ichs könnte in etwa lauten:

„Ich bin erfolgreich. Ich bin gut in allem, was ich versuche."

**Neuformulieren mithilfe der Erinnerung an das Beobachtende Ich:** Erinnere dich an etwas, das jemand, der dich liebt, dir einmal über dich gesagt hat.

„Mein Großvater hat immer gesagt, ich sei die/der Beste im Niemals-Aufgeben. Ich sei von allen Enkelkindern das fleißigste. Er hatte recht. Ich werde nicht aufgeben und es immer wieder versuchen. Deshalb werde ich Erfolg haben."

**Neuformulierung aus dem Gedächtnis des Beobachtenden Ichs:** Hier nennst du ein Beispiel aus deinem Leben, als du einmal etwas Schweres überstanden oder bewiesen hast, dass andere Unrecht hatten. Etwas, das beweist, dass das Muster nicht stimmt. Etwas, das beweist, dass das Überlebens-Ich lügt.

„Ich weiß noch, zum letzten Mal ging es mir so, als ich zweimal durch die Prüfungen gefallen bin und es einfach so lange weiter versucht habe, bis ich sie mit Bravour bestanden habe."

**Vorlagen fürs Neuformulieren:** Hier einige Satzanfänge, die dir bei den ersten Umformulierungen helfen können:

- *Obwohl ich mit ... zu kämpfen hatte, ...*
- *Ich muss mir immer vor Augen halten, dass ...*
- *Das Leben war hart zu mir, aber ...*
- *Es klingt, als würde ich das niemals durchstehen, aber ich weiß, ...*
- *Ich weiß, dass ich nicht ändern kann, was passiert ist, aber ...*

Das Neuformulieren ist als Teil der Integration des Ichs entscheidend wichtig, denn es kann sowohl deine Vergangenheit als auch deine Zukunft umschreiben. Wenn du dein Denken auf eine neu gewonnene Perspektive und ein neues Verständnis eines Ereignisses ausrichtest, siehst du die Vergangenheit anders und gestaltest die Zukunft klug. Außerdem erinnerst du dich wieder an das Ursprüngliche Ich. Lass dir deshalb diesen Teil der Liebe zu dir selbst nicht entgehen.

Im Folgenden wieder die beiden kurzen oben angeführten Klärungen, gefolgt von einigen weiteren Beispielen, dieses Mal aber erweitert um die Neuformulierungen:

Kurzes Klären, Mustererkennen, Neuformulieren. Beispiel 1

Ich bin ein Versager / eine Versagerin, und werde es im Beruf nie zu etwas bringen. Egal, was ich tue, es merkt ja offenbar doch keiner. Ich habe die Nase gestrichen voll von meinen ewigen Versuchen. Was soll das Ganze überhaupt? Ich kann machen, was ich will, es ändert sich ja doch nie etwas. Ich muss wohl dumm sein.

**Muster des Überlebens-Ichs:** Ich bin ein Versager / eine Versagerin. Ich bin in allem schlecht.

**Neuformulierung durch das Beobachtende Ich:** Ja, ich bin niedergemacht worden, aber ich weiß, dass irgendjemand meine Arbeitsmoral und mein Potenzial erkennen wird.

Kurzes Klären, Mustererkennen, Neuformulieren. Beispiel 2

Ich glaube nicht, dass mein neuer Freund mich besonders attraktiv findet. Warum sollte er auch? Ich habe Bilder von seiner Ex gesehen, und die ist echt umwerfend. Ich meine, sie könnte sogar Model sein. Und dann ich mit meiner hohen Stirn. Dem unbeholfenen Gang. Mein Haar sieht kacke aus, egal, was ich mache. Ich weiß nicht, warum ich überhaupt etwas mit einem jüngeren Mann anfange. Natürlich wird er mich wegen einer Jüngeren verlassen.

**Muster des Überlebens-Ichs:** Ich mache mir Sorgen, dass ich nicht hübsch genug, nicht jung genug bin. Dass ich ihm nicht genug bin. Die Angst, dass er mich verlässt, frisst mich auf. Ich drehe mich im Kreis.

**Neuformulierung durch das Beobachtende Ich:** Ich weiß doch, dass ich nicht glaube, dass mir an einem Mann liegen könnte, der nur meinen Körper mag. Ich weiß, dass das nicht stimmt. Wenn Paul mich nicht attraktiv findet, dann haben andere Mütter auch schöne Kinder. Es ist Zeit, das niedrige Selbstwertgefühl loszulassen. Ich bin innerlich und äußerlich schön.

Klären, Mustererkennen, Neuformulieren. Beispiel 3

Ich glaube, meine Freunde haben mich alle vergessen. Niemand versteht, wie es mir geht. Heute Morgen habe ich versucht, meinem

Chef zu erklären, warum ich zu spät gekommen bin, aber er hat nicht verstanden, dass ich nicht aus dem Haus konnte, weil mein Mann einfach nicht aus dem Badezimmer kommen wollte.

Er begreift nicht, wie belastet ich tagtäglich bin. Wie viel Angst ich jeden Morgen habe. Manchmal frage ich mich, wie lange ich mich in meinen Job noch halten kann. Ich glaube, die könnten mich einfach feuern und sich irgendeine Ausrede ausdenken, dass sie Personal abbauen. Ich habe ihnen zehn Jahre meines Lebens geschenkt. Die wissen doch, dass es nicht meine Art ist, zu spät zu kommen.

Aber wenn ich versuche, es ihnen zu erklären, stößt das auf taube Ohren. Meinem Chef war das noch nie wirklich wichtig. Sogar als ich meine OP hatte, hat er nicht einmal gefragt, wie es gelaufen ist. Er erinnert mich an meinen Vater; er ist genau wie er. Ich habe das Gefühl, dass ich hier eine Last bin. So bin ich mir auch zu Hause immer vorgekommen.

**Muster des Überlebens-Ichs:** Ich habe das Gefühl, niemand interessiert sich für mich. Und ich denke an den schlimmsten Fall. Ich betreibe Schwarzmalerei. Meine Gedanken kreisen darum, dass sich schon beim kleinsten Fehler die ganze Welt gegen mich richtet.

**Neuformulierung durch das Beobachtende Ich:** Ich habe zwar Angst, meinen Job zu verlieren, aber ich weiß auch, dass ich immer auf die Füße falle. Meine Mutter hat stets gesagt, dass mir immer etwas einfällt, egal, was passiert. Selbst wenn der schlimmste Fall eintreten sollte, was wahrscheinlich nicht passiert, finde ich auf jeden Fall einen anderen Job. Ich bin wirklich gut in dem, was ich tue. Ich mache es ja auch schon lange genug.

### Klären, Mustererkennen, Neuformulieren. Beispiel 4

Warum verlassen mich alle? Ich habe es satt, dass ich immer diejenige bin, die übrig bleibt. Warum musstest du jetzt auch gehen? Wir waren gut, oder nicht? Ein schönes Zuhause. Tolle Kinder. Und du musstest einfach gehen und alles kaputtmachen. Du hast gelogen und betrogen. Du hast uns allen das Gefühl gegeben, dass wir deiner nicht würdig sind. Ich hätte wissen müssen, dass du immer denken würdest, du hättest etwas Besseres verdient. Ich habe alles für dich getan, oder etwa nicht? Du hast gelogen und nochmals gelogen. Ich meine, hast du mich je geliebt? Hast du es je ernst gemeint? Du hast mir meine Jugend gestohlen. Ich habe die besten Jahre meines Lebens an einen Lügner und Betrüger verloren. Warum war ich nicht genug? Du hast Versprechen gegeben und sie gebrochen. Ich bin so wütend. Ich bin so sauer auf dich. Du hast alles zerstört. Du hast uns kaputtgemacht. Obwohl ich dich von ganzem Herzen geliebt habe. Aber du wolltest es gar nicht, oder?

**Muster des Überlebens-Ichs:** Ich bin für niemanden gut genug. Ich habe Angst, dass ich ohne ihn nicht leben kann.

**Neuformulierung durch das Beobachtende Ich:** Das war nicht deine Schuld. Du hast alles getan, was du konntest, um eure Ehe zu retten. Lass dir das nicht nehmen, von ihm nicht und auch von niemand anderem.

## Klären, Mustererkennen, Neuformulieren. Beispiel 5

Gestern habe ich meinen Job verloren, und auf der Toilette hätte ich mich fast übergeben. Zehn Jahre bin ich jetzt in dem Job. Ich weiß, alle verlieren gerade ihren Job, aber dass noch viel mehr Menschen jetzt ohne Arbeit dastehen, macht die Sache auch nicht leichter. Sie haben es mir in einem Meeting gesagt, bei dem eigentlich bloß meine Chefin und ich hätten dabei sein sollen. Ich ging rein, und anstatt dass sie allein dort saß, waren noch zwei Leute aus der Personalabteilung bei ihr. Da wusste ich sofort Bescheid. Sie haben mir gleich die Papiere vorgelegt. Sie haben alles ganz emotionslos und professionell abgewickelt, als hätte ich ihnen nicht mein ganzes Leben geschenkt. Es war, als wäre ich nie dort gewesen. Ich hatte vor, bis zur Rente dort zu arbeiten; bis dahin dauert es ja nur noch zwei Jahre. Wie können die mit so einer Entscheidung durchkommen? Sie wissen, dass ich schon die

Tage gezählt habe. Sie wussten, dass ich es fast geschafft hatte. Aber das war ihnen egal, oder? Es war ihnen egal, was das mit mir machen würde. Mit meinem Leben. Ich saß da und hätte sie am liebsten angeschrien und ihnen gesagt, wie schrecklich das ist. Aber ich hatte keinen Kampfgeist mehr. Ich habe einfach nur auf den Boden gestarrt. Als ob mich der Teppich total in seinen Bann schlagen würde. Ich kann immer noch nichts essen. Ich kann nicht aufhören zu weinen. Ich habe keine Ahnung, was ich jetzt machen soll. Ich bin 63 Jahre alt. Jetzt will mich doch keiner mehr. Ich gehöre jetzt zum alten Eisen. Ich will einfach nicht mehr leben. Wozu auch?

**Muster des Überlebens-Ichs:** Ich bin so wütend darüber, dass sie mich einfach ausrangiert haben. Wie können ihnen mein Leben und die Jahre, die ich ihnen geschenkt habe, egal sein? Ich fühle mich ungeliebt. Ich weiß, dass es ungesund ist, so darüber zu denken, denn Liebe gehört nicht zum Job. Wir sind doch schließlich Profis. Aber ich habe nun mal dieses Gefühl und ich bleibe dabei. Ich bin ungeliebt. Man hat mich ausrangiert.

**Neuformulierung durch das Beobachtende Ich:** Ich bin stolz auf mich, dass ich in dem Büro nicht komplett zusammengebrochen bin. Ich habe mich professionell verhalten. Ich bin ruhig geblieben. Und was als Nächstes kommt, das finde ich schon noch heraus. Jetzt muss ich erst einmal Trost in dem finden, was ich tief in meinem Inneren weiß, nämlich, dass ich eine außergewöhnliche Karriere hingelegt habe, und was als Nächstes kommt, das finde ich heraus, wenn ich so weit bin. Und ich freue mich auf ein bisschen Freizeit. Seit Jahrzehnten sehne ich mich nach einem schönen Garten; vielleicht ist es jetzt an der Zeit, mir etwas Land zu kaufen.

### Klären, Mustererkennen, Neuformulieren. Beispiel 6

Mensch, diesen Teil kapiere ich überhaupt nicht. Klären. Ja, was denn? Meine Gedanken? Wie kann ich sie klären, wenn sie doch zu mir gehören? Wo soll ich mit ihnen hin? Das ergibt doch keinen

Sinn. Wahrscheinlich mache ich das auch gar nicht richtig. Ich will es auch gar nicht machen. Wenn ich das recht verstehe, geht es darum, sich seinen schlimmsten Ängsten zu stellen. In den Spiegel zu schauen und sich die Wahrheit zu sagen. Will ich das wirklich? Will ich das überhaupt wissen? Und was bringt es, wenn ich es weiß? Weiß ich es nicht sowieso schon?

**Muster des Überlebens-Ichs:** Wie soll ich an einem Tag ein Muster erkennen? Vielleicht frage ich mich das nochmal an Tag 7? Ich glaube, das Gefühl hier ist Widerstand. Verwirrung. Ich bin ganz durcheinander. Vielleicht ist das ja eine generelle Tendenz in meinem Leben.

**Neuformulierung durch das Beobachtende Ich:** Ich muss einfach vertrauen. Vertraue dem Prozess, so heißt es doch.

## Klären, Mustererkennen, Neuformulieren. Beispiel 7

Wozu soll ich überhaupt aufstehen, wenn sich der neue Tag doch wieder genauso beschissen anfühlt? Ich muss mich der Wahrheit in meinem Leben stellen und mir immer wieder bewusst machen, dass John nicht mehr da ist. Weg, weg, weg. Und er kommt nie wieder. Wie um alles in der Welt soll man das neu formulieren? Wie damit fertigwerden? Was soll das Ganze? Ist das Leben nicht schon schwer genug? Meinen Tag mit noch mehr Arbeit vollzustopfen, hilft kein bisschen. Ich bin sauer auf diesen Prozess. Ich bin sauer auf dieses Buch. Ich bin sauer, dass ich noch da bin. Ich will vor allem davonlaufen. Einfach für immer aus meinem Leben verschwinden. John würde mich jetzt auslachen. Er würde den Kopf schütteln und gleichzeitig lachen. Er hat in allem etwas Lustiges entdeckt. Sogar darin. Ich weiß, dass es noch früh am Morgen ist, und dass ich nirgendwo besser aufgehoben bin, solange es draußen noch so dunkel ist. Ich stehe jeden Tag so früh auf. Ich wünschte, ich könnte einfach ausschlafen, denn normalerweise schlafe ich erst gegen 2 Uhr morgens ein. Mein Arzt sagt, dass ich Schlaftabletten brauche und keine Angst vor ihnen haben soll. Ich will die blöden Tabletten nicht. Ich habe noch nie in meinem ganzen Leben Tabletten genommen, und fange jetzt ganz bestimmt nicht damit an. Ich bin so einsam.

**Muster des Überlebens-Ichs:** Das Leben ist hart, und ich kann nicht einmal schlafen. Ich traue meinem Arzt nicht. Ich glaube auch nicht, dass das besser wird.

**Neuformulierung durch das Beobachtende Ich:** Den Morgen habe ich immer geliebt; ich weiß, dass ich wieder lernen werde, ihn zu lieben.

## Kaffeepause

Ich weiß noch, wie es war, als ich dieses Klären zum ersten Mal in einer Gruppe zum Wiedereinstieg ins Leben miterlebt habe. Ich hatte die Gruppe gebeten, einander im Kurs von ihren Klärungen zu erzählen. Es war, als ob ihre verdeckte und verdrängte innere Welt zum ersten Mal herausgelassen worden wäre.

Dieses dreistufige Gedankenstapeln hebt die Verdrängung auf. Es bringt das, was das Überlebens-Ich in deinem Inneren erzählt, in seiner ganzen Pracht zum Vorschein und löst die Scham- und Schuldgefühle auf, die du normalerweise hast und die der Grund dafür sind, dass du nie darüber sprichst.

Nach einiger Zeit kennst du nicht einmal mehr deine eigene Wahrheit. Die Erinnerung an diese Wahrheit ist längst vergessen. Da das Gehirn Gedanken, mit denen du dich nicht oft beschäftigst, auch nicht favorisiert, werden sie aufgegeben. Eines Tages erinnerst du dich nicht einmal mehr an deine Vorlieben und Abneigungen; unbewusst hast du diejenigen des Kollektivs (deiner gesellschaftlichen Gruppen, deiner Familie oder deiner Kolleginnen und Kollegen) kopiert und für dich übernommen. Aber wenn du ein kollektives Klären miterlebst, wo es äußere Zeugen für deine inneren Gedanken gibt, erfährst du nicht nur Bestätigung für dein Empfinden, sondern deine inneren Gedanken werden dir auch gespiegelt. Du erinnerst dich wieder daran, wer du wirklich bist und was du wirklich magst und was nicht. Das ist besser als Therapie. Es ist ein freundlicher Spiegel, der vor dir erscheint und dir alle Teile deines Ursprünglichen Ichs zeigt, die bereits aufgegeben worden waren.

Da nur du dieses Buch liest, bekommen du und ich natürlich gerade als einzige mit, was du gerade erlebst. Aber die beste Zeugin, den besten Zeugen hast du in dir. Inzwischen weißt du es ja: Es ist dein Beobachtendes Ich, das dir hilft, dir jeden Gedanken und jede Erinnerung wieder ins Gedächtnis zu rufen. Darum lade es auf den nächsten paar Seiten zu uns ein, damit es dir helfen kann, neu zu formulieren, was schon unbeachtet geblieben ist, seit wir beide denken können.

## Tipps fürs Gedankenstapeln

Da du dich nun darauf vorbereitest, in die Praxis des Gedankenstapelns einzusteigen, wollen wir uns ein paar Tipps ansehen, die dir dabei helfen können. Lege sie dir als Gedächtnisstütze griffbereit, wenn du merkst, dass dein Überlebens-Ich Widerstände aufbaut. Du kannst dir diese Liste sogar kopieren und sie in dein Tagebuch legen oder auf deinem Smartphone abspeichern, damit du sie schnell zur Hand hast, wenn du das Gefühl hast, dass das Überlebens-Ich deine soeben neu formulierten Gedanken kapern will.

- **Vertraue dem Prozess:** Halte an der Gewissheit fest, dass du dich in die richtige Richtung entwickelst. Wenn du deine äußere Welt anpasst, um sie mit den inneren Veränderungen, die durch diese Übungen entstehen, in Einklang zu bringen, wirst du vielleicht merken, dass andere dir bei deinen neuen Entscheidungen und Gewohnheiten Schwierigkeiten machen. Nimm dich in acht vor Zweiflern und halte an deiner positiven neuen Richtung fest.

- **Hinterfrage deine Vergangenheit:** Hinterfrage alles, was du dir in deiner Zeit im Warteraum gewünscht hast, denn einige deiner früheren Ziele oder Träume könnten vom Überlebens-Ich stammen. Was du jetzt vom Leben möchtest, ist höchstwahrscheinlich nicht mehr dasselbe wie früher. Trau dich, selbst deine attraktivsten und bisher erstrebenswertesten Träume zu hinterfragen. Dahinter versteckt sich oft das Überlebens-Ich.

- **Glaube an deine Fähigkeiten:** Du hast Fähigkeiten, Fertigkeiten und Begabungen, die du seit deiner Kindheit tief in dir vergraben hast. Sobald du mit dem Wiedereinstiegsprozess ins Leben beginnst, musst du sie wiederentdecken. Wenn du meinst, dass an dir nichts Besonderes ist, dann mache dir klar, dass dieser Gedanke aus einem auf dem Überlebens-Ich beruhenden Narrativ stammt und auf einem Unsichtbaren Verlust beruht. Gedanken wie *Du hast nichts zu bieten* oder *Du bist nichts Besonderes* sind Einflüsterungen des Überlebens-Ichs und gehören zu deinen Bewältigungsmechanismen; sie sollen eine mögliche weitere Ablehnung oder erneute Verluste verhindern.

- **Achte auf die Sprache:** Du wirst hartnäckig darauf bestehen müssen, die Sprache des Beobachtenden Ichs zu verwenden, um Lösungen für Probleme zu finden, die früher unlösbar schienen. Es gibt alternative Möglichkeiten, die tieferen, ungelösten und unverarbeiteten Teile von dir zum Ausdruck zu bringen, die bisher nicht mitgeteilt werden durften. Der Wiedereinstieg ins Leben gibt dir auf deiner Reise aus dem Warteraum eine Sprache der Neuanfänge an die Hand. Sobald du das Neuformulieren lernst, wird dein Beobachtendes Ich eine lösungsorientierte Sprache entwickeln.

- **Das Märchen ist wahr:** Deine Vorstellung vom Glück hat Hand und Fuß, und du hast es verdient, egal, wie groß die Herausforderung erscheint. Schreibe diesen neuen Glaubenssatz in dein Smartphone, Tagebuch oder Notizbuch und trage ihn nach Möglichkeit immer bei dir. Immer, wenn du dich fragst, ob du ein gutes Leben überhaupt verdient hast, lies ihn dir mehrmals durch.

- **Kein Klammern:** Wenn es an der Zeit ist, die alten Verhaltensweisen und Routinen loszulassen, kann es sein, dass du versuchst, sie dir zu bewahren und an einigen Dingen festzuhalten, die dir anscheinend gute Dienste geleistet haben. Zum Beispiel das Bedürfnis, von deiner Chefin gemocht zu werden und ihren Äußerungen zuzustimmen, damit du bei der nächsten Geschäftsreise oder Beförderungsrunde zum Zuge kommst. Vielleicht hältst du auch an deiner Rolle als lockerer Typ fest, denn da dich bei der Arbeit offenbar alle mögen, erscheint dies als Vorteil (Gedanken des Überlebens-Ichs). Du hast Angst, „die Dinge beim Namen zu nennen", da dein Überlebens-Ich dir eingeredet hat, dass du dich unbeliebt machst oder nicht berücksichtigt wirst, wenn du deine Meinung sagst. Wenn das passiert, dann lenke deine Gedanken auf die Begegnungen, nach denen du dich jetzt sehnst. Denke nicht weiter an die Erfahrungen, die du in deinem Warteraum gebraucht hast, etwa das Gefühl, bei der Arbeit verbale Bestätigung zu bekommen. Dieses Umschalten erfordert Übung, aber wir haben die notwendigen Instrumente, damit es gelingen kann.

- **Höre in dich hinein:** Dort gibt es immer Antworten, und dein Beobachtendes Ich gibt sie dir. Schließlich wirst du lernen, wie du mithilfe des Gedankenstapelns darauf zugreifen kannst. Das Beobachtende Ich hat jeden Aspekt deiner Identität, den du vielleicht vergessen hast, niedergeschrieben, aufgezeichnet und sich eingeprägt. Vertraue darauf.

- **Mache langsamer:** Und zu guter Letzt musst du erst langsam werden, bevor du schnell werden kannst. Es besteht keine Eile, auch wenn es sich so anfühlt. Geduld und beständige Arbeit sind gefragt, ganz gleich, wie viele Tage oder gar Monate länger du deshalb für deine Übung brauchst. Entscheidend ist, dass du diese Reise mit Leichtigkeit, Beständigkeit und Vertrauen zu dir selbst beginnst.

- **Werde einfach:** Setze einen Gedanken auf den anderen. Wie Bauklötze.
- **Sei gewissenhaft:** Du musst gewissenhaft sein und die Hausaufgabe im Gedankenstapeln in deinen Tagesablauf einbauen. Jeden Tag deine Gedanken aufzuschreiben, erscheint zunächst wahrscheinlich nicht als realistisches Ziel. Aber ich möchte dich etwas fragen: Duschst du an den meisten Tagen? Putzt du dir die Zähne? Das ist im Grunde dasselbe, nur dass du anstatt die Zähne zu putzen oder die Wohnung sauber zu machen, die gewohnheitsmäßigen Überlebensmechanismen, die dein Gehirn dir nach den Unsichtbaren Verlusten in deinem Leben beschert hat, aus deinem Denken klärst. Wenn wir das nicht tun, wird der Aufenthalt im Warteraum zu einem Dauerzustand.

Ich weiß, dass du das kannst. Lass uns Stapel für Stapel deinen Weg in ein neues Leben bauen.

········································································

## Hausaufgabe: Dreistufiges Gedankenstapeln

Wie ich in diesem Kapitel bereits erwähnt habe, entsteht ein Stapel Lage um Lage (Klären, Mustererkennen, Neuformulieren). Der Gedankenstapel beginnt mit einem Klären, einem Entdecken der Muster des Überlebens-Ichs und einem Neuformulieren durch das Beobachtende Ich. Später (in Kapitel 5) füge ich noch Programme hinzu. Dann wird die Veränderung allmählich spürbar, unmittelbar vor der Wiederentdeckung und dem Wiedereinstieg ins Leben.

### Einen Zeitplan festlegen
Wenn du am Morgen fünf Minuten flexible Zeit finden kannst, dann nimm dir fest vor, diese Zeit fürs Klären und Gedankenstapeln zu nutzen. Wenn die Mittagszeit für dich besser ist, dann trage diese als regelmäßigen Termin in deinen Kalender ein. Bezeichne den Eintrag als „Zeit für mein Ursprüngliches Ich" oder wähle ein

anderes Wort, das ein Ich-Erleben signalisiert. Das könnten zum Beispiel die Begriffe „Zeit für die Wahrheit" oder „Zeit für den Wiedereinstieg ins Leben" sein. Welche Bezeichnung du auch wählst, solange du zu diesem fünfminütigen Termin erscheinst, ist alles in Ordnung. Und natürlich musst du es nicht bei fünf Minuten belassen. 15 Minuten sind sogar noch besser, weil du dann Zeit für ein gründliches Klären hast, das mehr Transparenz in deine Gedanken bringt. Aber wenn fünf Minuten alles sind, was dein Überlebens-Ich dir zugesteht, dann reichen sie auch.

Achte darauf, dass du noch einmal durchliest, was du geschrieben hast, und die zweifelnden oder angsterfüllten Gedanken entdeckst. Dann nutze die Weisheit deines Beobachtendes Ichs und formuliere sie neu. Denke nicht zu viel über diesen Teil nach; vertraue auf das, was dir einfällt. Öffne dein Tagebuch, setze dich bequem hin und sorge dafür, dass ein Glas Wasser (oder eine Tasse Kaffee oder Tee) bereitsteht, dann lass die Gedanken strömen. Verwende die Vorlage fürs Gedankenstapeln und die untenstehenden Anregungen und schreibe deinen Gedankenstapel folgendermaßen auf:

1. **Klären:** Lass deine Gedanken fließen, ganz ohne Filter oder Überarbeitung:
   - *Heute geht es mir …*

2. **Mustererkennen:** Entdecke das übergeordnete Gefühl in der Klärung. Welches Gefühl, welcher Gedanke, welche Empfindung wiederholt sich?
   - *Ich habe Angst vor …*
   - *Ich mache mir Sorgen wegen …*
   - *Ich habe den Eindruck, dass …*

3. **Neuformulieren:** Schreibe das Muster mithilfe der Weisheit deines Beobachtenden Ichs und seiner Erinnerungen an dein Ursprüngliches Ich um:
   - *Auch wenn ich mir Sorgen mache wegen …*

## Hausaufgabe: Belohnung fürs Gedankenstapeln

Nach jeder täglichen Gedankenstapel-Übung ist es entscheidend wichtig, dass du dein Gehirn für die viele Arbeit belohnst. Mit der Zeit und der Gewohnheit kann sich zwar bereits allein die Erfahrung des Gedankenstapelns gut anfühlen, aber das reicht nicht. Letztendlich wirst du spüren, wie viel Freiheit es dir gibt, deinen Tag neu zu strukturieren und dein inneres wie äußeres Umfeld besser im Griff zu haben, aber am Anfang empfindest du das nicht so. Deshalb musst du am Ende jedes Gedankenstapelns eine kleine Belohnung draufsetzen. Die Einführung einer Belohnung an diesem Punkt des Wiedereinstiegsprozesses ins Leben ahmt einen handlungsorientierten Schritt nach (ein risikoarmes Programm), der dich aus dem Warteraum herausführt. Für das Überlebens-Ich stellt das allerdings immer eine Bedrohung dar. Entscheide dich für etwas ganz Einfaches, zum Beispiel einen neuen Schreibstift, oder verwöhne dich am Ende der ersten Woche des täglichen Gedankenstapelns mit einem neuen Kaffeebecher.

Bei manchen Menschen reden die Gedanken ihres Überlebens-Ichs diese zusätzliche Belohnung klein, weil sie glauben, das sei zu einfach oder sie bräuchten sie nicht. Denke immer daran, dass sie sehr wohl notwendig ist, und zwar mehr als du ahnst. Du musst das Gedankenstapeln mit einem Belohnungserlebnis verknüpfen, damit du dabeibleibst, denn die Prämisse dieser Übung ist ja gerade, die Gedanken deines Überlebens-Ichs neu zu formulieren. Außerdem muss die Belohnung nicht unbedingt Geld kosten; sie kann auch daraus bestehen, dass du dir Zeit für etwas gönnst, wofür du bisher keine Zeit zu haben glaubtest (Überlebens-Ich). Wenn du dir erlaubst, einen Film anzuschauen, obwohl eigentlich andere Arbeit auf dich wartet, einfach deshalb, weil du dein Gedankenstapeln gemacht hast, kann das ein Erlebnis sein, das dein Gehirn neu verdrahtet. Im Grunde lehrt es dich, dass dieser Prozess dir automatisch etwas gibt, worüber du dich freuen kannst.

III

# HANDLUNGSPHASE

## RAUS AUS DEM WARTERAUM DURCH DEN EINSATZ VON PROGRAMMEN

*Was du dir jetzt für dich wünschst,*
*ist nicht dasselbe wie das, was du dir früher für dich gewünscht hast.*
*Hinterfrage alles, was du je gewollt hast.*
*Ein erfülltes Leben ist dein Geburtsrecht.*

### Handlungsphase
Übergang von der Abwehrphase inneren Verarbeitens (Klären, Mustererkennen, Neuformulieren) über die Handlungsstufe des Erlebens (Programme einsetzen) zum Verlassen des Warteraums.

### Lektion
Wie wir durch aktives Handeln im richtigen Leben den Warteraum verlassen können, und zwar auf messbare und lebensverändernde Weise.

# KAPITEL 5

# DER AUSWEG AUS DEM WARTERAUM

Bis hierhin haben wir es geschafft, unseren Gedanken zu lauschen, diese Gedanken zu Papier zu bringen, die Denkmuster unseres Überlebens-Ichs zu entdecken und sie dann neu zu formulieren. Als nächstes wollen wir uns auf diese Neuformulierungen konzentrieren und sie realisierbar machen. Endlich werden wir das Ergebnis dessen erleben, worauf wir uns vorbereitet haben. Im Grunde lassen wir die Hausaufgaben zum Wiedereinstieg ins Leben lebendig werden. Und das bedeutet, du stehst kurz davor, zum allerersten Mal aus dem Warteraum herauszugehen.

Um so weit zu kommen, mussten wir dieses ganze Gedankenstapeln, das Aufdecken Unsichtbarer Verluste und die tägliche Praxis aus Klären, Musterentdecken und Neuformulieren auf uns nehmen. Im Warteraum ist es spät in der Nacht, das Überlebens-Ich ist endlich eingeschlafen, und auf dem Weg zur Tür hinaus nutzen wir das Gedankenstapeln als Taschenlampe. Versuche nicht, ohne sie hinauszugehen. Aus dem Warteraum kommst du zwar wahrscheinlich auch ohne Gedankenstapeln heraus, aber dann schlägst du die falsche Richtung ein.

Nehmen wir zum Beispiel Mia. Die klassische Geigerin, die schon Geige spielt, seit sie denken kann, hatte durch ihr Talent und ihren Fleiß, der ihr nicht leichtfiel, schon früh Erfolg. In ihrer frühen Kindheit zwang ihr Vater sie und ihren Bruder, jeden Tag stundenlang zu üben. Erst am Wochenende durften sie mit ihren Freunden oder auch nur miteinander spielen. Ihr Unsichtbarer Verlust bestand darin, dass spontanes Spielen untersagt wurde, wo doch ihr Ursprüngliches Ich stundenlang mit ihrem Bruder im Garten hätte spielen können. Oft schimpfte ihr Vater mit ihr, weil sie draußen „Zeit verschwendete". Mia wuchs mit einem Vater auf, dessen Überlebens-Ich ihm einredete, seine Kinder müssten fleißiger üben als alle anderen, damit ihnen die Kämpfe, die er selbst hatte durchstehen müssen, auf jeden Fall erspart blieben.

Obwohl Mia heute über 40 ist und nicht mehr bei ihrem Vater lebt, hatte sie immer starke Schuldgefühle, wenn sie eine Einladung annahm, ohne dass sie an dem betreffenden Tag bereits geübt hatte. Sobald ihr klar wurde, was ihr Unsichtbarer Verlust war, nahm sie sich gar nicht erst die Zeit fürs Gedankenstapeln, sondern entschied sich gleich für ein Programm (einen Handlungsschritt). Sie tat, was sie für logisch richtig hielt. Sie beschloss, nicht mehr unter der Woche, sondern nur noch am Wochenende Geige zu üben. Durch die Veränderung hatte sie unter der Woche mehr Freiheit für spontane Entschlüsse. Allerdings führte das schon bald zu einer zusätzlichen Belastung in ihrer Ehe, da sie weniger Zeit für ihren Mann hatte. Außerdem stellte sie ihre tägliche Übung im Gedankenstapeln komplett ein – und fand sich unversehens im Warteraum wieder, weil sie ihre spontanen Programme aufgab, um die Beziehung zu ihrem Mann zu retten. Sie redete sich ein, dass sie es ja eigentlich gar nicht nötig hatte, spontan zu sein. Mia war nicht klar, dass damit in Wirklichkeit ihr Überlebens-Ich die Rettung ihrer Ehe als Ausrede benutzte, um ihre Spontaneität zu unterbinden und sie wieder in den Warteraum zu bringen.

Es liegt eine enorme Kraft darin, das Überlebens-Ich zu erkennen – den angstgetriebenen inneren Betreuer. Je besser wir unsere auf dem Überlebens-Ich beruhende Rolle erkennen und je genauer wir sie beim Klären identifizieren können, desto leichter wird es, mithilfe der Sprache des Beobachtenden Ichs und des Aufblühenden Ichs Stapel um Stapel zu den richtigen Programmen zu finden. Dadurch, dass wir unserem Gedankenstapel die Ebene der Programme hinzufügen, bahnen wir uns aktiv unseren Ausweg aus dem Warteraum.

Der Übergang von einem Leben, das dich schützen soll, zu einem Leben, das dir Erfüllung bringen soll, ist ein mutiger Akt.

Deshalb müssen wir den Prozess in gezielte Schritte unterteilen, damit du nicht tapfer sein musst, um ganz zu werden. Du musst einfach nur weiterlesen.

Ich verstehe, dass es dir wie eine Überforderung vorkommen kann, dein Leben zu ändern. Aber ein Neuanfang muss kein großes Projekt sein. Um den Ausweg aus dem Warteraum der Verluste zu beschreiten, musst du nur ein paar einfache Entscheidungen treffen, ohne viel darüber nachzudenken.

Wenn du dich aus dem Denken des Überlebens-Ichs lösen sollst, könnte sich das zunächst wie eine Bedrohung für dein Sicherheitsnetz anfühlen. Es könnte sogar den Anschein haben, als würdest du aufgefordert, aus einem fahrenden Zug zu springen. Das ist der Grund dafür, dass ein einziger riesengroßer Schritt bei den meisten Menschen nicht funktioniert. Es ist der Grund dafür, dass wir noch länger im Warteraum bleiben. Und es ist der Grund dafür, dass du im Schleichgang hinauskriechen und dir den Anschein geben musst, als würdest du herumtrödeln – denn wenn das Überlebens-Ich auch nur die leiseste Veränderung im Denken bemerkt, versucht es, dir Angst einzujagen, indem es den alten Kummer in deinem Inneren verstärkt, damit du an Ort und Stelle bleibst.

Aus diesem Grund gehen wir es langsam an, damit wir das Überlebens-Ich nicht mit der Nase darauf stoßen, dass sich Veränderungen anbahnen. Stelle dir diesen handlungsorientierten Teil des Wiedereinstiegsprozesses ins Leben als kleine Fluchten vor: Du schleichst auf Zehenspitzen aus dem Warteraum, ohne das Überlebens-Ich aufzuschrecken, das dir Angst und Furcht einjagen und dich letztendlich davon abhalten würde zu gehen.

Die Handlung, die zum Verlassen des Warteraums führt, wird als *Programm* bezeichnet. Sie ist wie eine Affäre. In vieler Hinsicht hast du eine Affäre mit dem Leben. Was du unternimmst, um einen Warteraum zu verlassen, entwickelt sich aus der Neuformulierung, die du im letzten Kapitel vorgenommen hast. Wenn du ehrlich zu dir warst, löst die Handlung, für die du dich auf dieser nächsten Programmebene entscheidest, ein gutes Gefühl aus. Dadurch erhöht sich dein

Dopaminspiegel, und der Angstreaktion durch dein Überlebens-Ich wird entgegengewirkt. In diesem positiven Raum kannst du das Leben ein paar kostbare Sekunden, ja Minuten lang anders erfahren und erhältst einen ersten Einblick, wie es ist, wenn du das Narrativ durch ein Neuformulieren der alten Geschichte veränderst. Schließlich erlebst du, dass sich dein Blickwinkel neu verschiebt. Die Handlung sollte nicht nur leicht und richtig sein, sondern auch beruhigend auf dein Nervensystem wirken. Im Grunde musst du deine Umgebung und dein Sicherheitsempfinden im Griff haben, und zugleich deiner Neuformulierung treu bleiben können.

## Beispiel für ein Programm

Auch wenn du dein altes Leben hinter dir lässt, möchtest du doch nicht das Gefühl haben, dass du allzu weit weg vom Vertrauten bist. Hier ein Beispiel, wie das aussehen könnte:

- Sagen wir einmal, bei deinem Klären heute Morgen ging es darum, dass du dir Sorgen machst, weil deine Kinder immer nur mitbekommen, wie du dich abstrampelst, aber nie, dass du fröhlich bist.
- Dein Muster ist, dass du dir offenbar immer Gedanken darüber machst, wie deine Kinder dich wahrnehmen und deshalb dann Schritte auf der Grundlage dessen unternimmst, was sie deiner Meinung nach brauchen.
- Deine Neuformulierung hat dir wieder in Erinnerung gerufen, dass du immer die Freundin warst, die alle aufgemuntert und ihre Umgebung zum Lachen gebracht hat.
- Dein Programm könnte sein, an einem Abend mitten unter der Schulwoche mit einer Freundin auszugehen, falls deine Kinder zum Beispiel schon Jugendliche sind. Anstatt zu Hause zu bleiben und dich ständig um sie zu kümmern, kümmerst du dich an einem Abend pro Woche um dich. Du machst dir

weniger Gedanken darum, wie du auf sie wirkst, sondern mehr darum, wie es dir geht.

Egal, wofür du dich entscheidest, es sollte sich gut anfühlen, aber auch eine kleine Herausforderung sein. Dieses feine Gleichgewicht gilt es zu finden. Dein Überlebens-Ich sagt dir vielleicht, dass du keine Zeit hast, einen Film anzusehen oder eine Freundin zu besuchen. Mit hoher Wahrscheinlichkeit sitzen dir an dem Tag bei der Arbeit viele Termine im Nacken. Du wirst deine Überlebensroutine durchbrechen müssen, um dieses einfache, aber wirkungsvolle Programm bejahen zu können.

Am Anfang ist so ein Programm ein Schritt mit geringem Risiko und hoher Rendite. Wenn du zum ersten Mal einen Wiedereinstiegsprozess ins Leben durchläufst oder wenn du nach einer schwierigen Zeit wieder ins Leben einsteigst, fange immer mit den Programmen mit dem geringsten Risiko an.

## Warum es wichtig ist, langsam anzufangen

Die Programme nach einem Unsichtbaren Verlust sind kleine Schritte auf ein Gefühl der Freiheit zu. Es sind schlicht und einfach Pflastersteine, die den Weg zu einem erneuerten Daseinsempfinden ebnen, das zuvor auf der Strecke geblieben war. Es sind geplante, kontrollierte Konfrontationen mit Situationen, die normalerweise Angst und Furcht auslösen. Dieses langsame Vorgehen ist für den Prozess sehr wichtig. Das liegt daran, dass du eine Form kognitiver Verzerrung der Zukunft erlebst, die hauptsächlich von der Amygdala gesteuert wird. Dieser erbsengroße Teil deines Gehirns ist dafür zuständig, Erfahrungen in deiner Vergangenheit aufzuspüren, die durch Angst ausgelöst worden sind. Wenn die Amygdala aufgrund von Geschehnissen in der Vergangenheit vorhersieht, dass ein Ereignis negativ ausgehen könnte, unterdrückt sie die Ausschüttung von Dopamin, sodass du, solltest du etwas in dieser Richtung vorhaben, den möglichen Lohn dieses in der Zukunft liegenden Ereignisses nicht erkennen kannst. In ihrem Bemühen, dich zu schützen, nimmt sie dir die Fähigkeit, die Freude und den Lohn des Ganzen zu erkennen, und damit im Grunde auch die Motivation, entsprechend zu handeln. So sorgt sie dafür, dass du auf dem Weg aus dem Warteraum heraus wie angewurzelt stehen bleibst.

Wenn du dich aber auf diese beruhigende und kontrollierte neue Erfahrung einlässt, verwendet dein Gehirn eine Form der Kommunikation, die als elektrischer Impuls bezeichnet wird. Dadurch erzeugt es ein neues Muster aus Neuronen, die sich zum ersten Mal miteinander verbinden. Das bringt dich in Kontakt mit einem neuen Gedanken zu dieser neuen Erfahrung. Dieser neue Gedanke kann in etwa lauten: *„Na, das war doch gar nicht so schlimm, oder? Vielleicht mache ich das Ganze nächste Woche noch einmal.“*

Die Wissenschaft spricht vom „Feuern“ von Neuronen; ich nenne es *Programme*. Je öfter du sie einsetzt, desto mehr verstärkst du das neue Leben, das neue Denken. Zugleich musst du dabei aber gegen einen langfristig niedrigen Dopaminspiegel angehen, der auf die über Jahre hinweg gleichbleibende unverarbeitete Reaktion auf deine Unsichtbaren Verluste zurückzuführen ist. Dieser niedrige Dopaminspiegel sorgt leider zuverlässig für eine sofortige Angstreaktion, sobald du wieder versuchst mutig zu sein (und sei es auch nur ein kleines bisschen). Immer wenn du etwas Neuartiges unternehmen willst, wird die Angstreaktion vielfältige Sabotageversuche starten.

Zum Beispiel könnte sich dein Überlebens-Ich geradezu zwanghaft darauf fokussieren, welche Auswirkungen diese Programme auf die Menschen in deinem Leben haben, die zu ihrer eigenen Sicherheit auf dich angewiesen sind, ganz gleich, ob das tatsächlich so ist oder nicht. Vielleicht hast du Verantwortung für viele Angestellte. Eine große Familie, die auf dein Gehalt angewiesen ist. Eine Partnerin oder einen Partner, die nicht ohne deine ständige Hilfe leben können; und du machst dir Sorgen, dass sie es nicht verkraften, wenn du etwas veränderst. Älter werdende Eltern brauchen deine Aufmerksamkeit. Kleine Kinder brauchen deine Gute-Nacht-Geschichten zum Einschlafen. Ich wage zu sagen, ignoriere diese Sorgen vorerst; das ist lediglich, was wir die *langfristige Schwarzmalerei* des Überlebens-Ichs nennen. Sie hält dich davon ab, an Veränderung zu denken, und ist der Grund, warum wir klein anfangen. Denke daran, dass große Dinge bescheidene Anfänge haben können.

Keine großen Sprünge für dich und mich – aber Programme? Ja.

Lass dir versichern, du kannst auch aus den ältesten und verwinkeltsten Warteräumen ein völlig neues Leben aufbauen. Aber Wiederaufbau und Integration deiner Selbstwahrnehmung und deiner Ganzheit sind ein komplexer und komplizierter Akt. Wie kannst du die Bruchstücke deines Ichs dazu bringen, sich so zu verhalten, dass sie sich integrieren und dein Ursprüngliches Ich wiederherstellen können? Mit anderen Worten, wie kommst du davon los, alles als einen Akt des Überlebens zu betrachten?

## Die Kunst der Programmentwicklung

Mit deinem ersten gezielt einzusetzenden Programm wirst du ringen müssen. Dein Freiheitsgefühl lässt sich nicht so leicht zum Ausdruck bringen und in Worte fassen, denn es ist vom Überlebens-Ich gekapert und über Monate, Jahre oder bei manchen Menschen sogar Jahrzehnte versteckt worden. Das Programm zu finden, das die Tür öffnen oder auch nur einige Schlösser aufschließen kann, kann dir so vorkommen, als wäre es das Schwerste, was es gibt, und du könntest glauben, dass du Rückschritte machst.

Doch das muss so sein. Entmutigung und das Gefühl der Niederlage gehören zur Erfahrung des Wiedereinstiegs ins Leben dazu. Ich habe es kaum einmal erlebt, dass dieser Prozess ohne das Hin und Her oder die Enttäuschung durch gelegentlich falsche

Programme verlaufen wäre. Oder durch Programme, die richtig sind, aber nach hinten losgehen und Resultate erbringen, die du so nicht beabsichtigt hattest. Wenn du ein Programm einsetzt und erste Einblicke in den Wiedereinstieg ins Leben gewinnst, kann das Gefühl entstehen, dass du wieder in den Warteraum musst. Lass dir versichern, dass das in Ordnung ist.

Dies wird eine Reise, deshalb denke immer daran, dass es einige Zeit dauern kann, bis deine Programme wirklich auf der Neuformulierung durch dein Beobachtendes Ich aufbauen. Häufig kann es sein, dass dein Programm von deinem Überlegens-Ich stammt, ohne dass du das überhaupt merkst. Das gehört zum Prozess dazu, und wir lernen allein durch Versuch und Irrtum. Hier kommen ein paar wichtige Richtlinien, damit du das Programm findest, das dir wirklich zu einem Ausweg aus dem Warteraum verhelfen kann:

## Sei konkret

In allererster Linie müssen Programme konkret sein. Das Überlebens-Ich wird versuchen, dich davon zu überzeugen, so wenig wie möglich oder eigentlich praktisch gar nichts zu tun. Die Programme müssen konkret sein, damit du dich dir selbst verpflichtet fühlst. Konkret genug ist zum Beispiel der Kauf eines Outfits (leichtes Programm, ein schwierigerer und größerer Schritt folgt später), das du bei der Weihnachtsfeier (schwierigeres Programm) Ende der Woche tragen willst. Aber sage dir nicht bloß, dass du etwas zum Anziehen für die Feier finden willst, denn diese Formulierung motiviert dich nicht, etwas Neues auszusuchen, etwas, das zu deinem neuen Leben außerhalb des Warteraums passt und auf das du dich als Belohnung freuen kannst. Es ist so viel mehr als bloß ein Outfit – es ist dein vorsichtiges Aufschließen der Warteraumtür.

## Mache es praktisch umsetzbar

Dein Programm muss etwas sein, das du in die Tat umsetzen kannst, nichts, was du nur in Erwägung ziehst. Es ist ein Unterschied, ob es sich um ein auf Handlung beruhendes Programm oder um den bloßen *Gedanken* an ein Programm handelt. Das klingt vielleicht selbstverständlich, aber ich habe festgestellt, dass das Überlebens-Ich uns auszutricksen versucht. Dann denken wir, wir hätten etwas in die Tat umgesetzt, aber in Wirklichkeit haben wir bloß über die *Idee* zu einer Tat nachgedacht. Wenn du also das Programm aufschreibst, dann ist es mit diesem Aufschreiben noch lange nicht umgesetzt. Oder mit Drandenken. Oder damit, es tun zu wollen. Oder mit der Absicht, es zu tun. Du musst es wirklich *machen*.

### Mache es machbar

Deine Aktion muss leicht und realistisch durchführbar sein. Etwas zu planen, wofür du auf andere Menschen, äußere Umstände oder das Wetter angewiesen bist, oder sogar etwas, das sich aufgrund der Umstände unmöglich umsetzen lässt, funktioniert nicht. Deine Programme müssen leicht anwendbar sein.

### Mache es zeitnah

Sei dir darüber im Klaren, wann du das Programm umsetzt. Zeit und Ort sind ausschlaggebend, damit du dich selbst zur Rechenschaft ziehen kannst.

# Die Schwierigkeitsskala für Programme

Zu guter Letzt benutze die Schwierigkeitsskala für Programme, damit du im Rahmen bleibst und dein Überlebens-Ich nicht aktivierst. Sie ist leicht anwendbar und sorgt dafür, dass deine Programme durchweg machbar und erreichbar bleiben.

### Die passende Schwierigkeitsstufe ermitteln

Die Skala reicht von 0 bis 10, wobei 0 die einfachste und 10 die schwierigste Stufe ist. Die Skala hat drei Schwierigkeitsgrade: 0–3 Einfaches Programm, 4–6 Mittleres Programm und 7–10 Anspruchsvolles Programm.

So bestimmst du die Stufe für jedes Programm:

- **0–3 Einfaches Programm:** Ein einfaches Programm liegt vor, wenn das Überlebens-Ich nicht aktiv versucht, deine Meinung dazu zu ändern. Du verspürst eher Vorfreude als Angst und bist nicht versucht, die Durchführung des Programms hinauszuzögern oder auf später zu verschieben. Du kannst die Erkenntnisse und Überzeugungen deines Beobachtenden Ichs gut hören, da sie nicht so stark vom Überlebens-Ich überlagert werden. Und selbst wenn das passiert, kannst du sie leicht neu formulieren und auf die Vorteile des Programms für dein Leben vertrauen.

- **4–6 Mittleres Programm:** Bei einem mittleren Programm spürst du, dass du deine Komfortzone definitiv verlässt, aber es erscheint noch vollständig beherrschbar. Du bist auf die Herausforderung vorbereitet, da du deine Übungen im Gedankenstapeln machen kannst und dich mit jedem Nachdenken über das Programm und seine Folgen stärker fühlst. Die Werkzeuge, die du erlernst, sind so konzipiert, dass das Programm für deinen Lebensweg nicht nur geeignet, sondern auch machbar ist.

- **7–10 Anspruchsvolles Programm:** Ein solches Programm kommt dir definitiv schwer vor, und du bezweifelst, dass du es durchziehen kannst. Deshalb solltest du erst daran denken, wenn du mindestens seit ein paar Wochen auf der Reise zum Wiedereinstieg ins Leben bist und dir das tägliche Gedankenstapeln zur Gewohnheit geworden ist. Wenn du so weit aus deiner Komfortzone heraustrittst, wird definitiv der Schutzmechanismus des Überlebens-Ichs ausgelöst. Aber wenn du gut vorbereitet bist, kannst du deine Angst überwinden und erfolgreich neu formulieren.

### Die Anwendung der Skala

- Bleibe zunächst im Bereich zwischen 0 und 3. Sobald du eine Reihe erfolgreicher Programme hast (zwei oder drei genügen), gehe zur mittleren Stufe über.
- Sobald du hier ein paar Programme erfolgreich umgesetzt hast und seit einiger Zeit konsequent jeden Tag eine Gedankenstapel-Übung machst, fühlst du dich vielleicht bereit, es probehalber einmal mit einem anspruchsvollen Programm zu versuchen. Wenn dem so ist, dann nur zu!
- Wenn du so weit bist, empfehle ich dir, ein anspruchsvolles Programm einzusetzen, dann für ein paar Tage zu einem mittleren Programm überzugehen und anschließend wieder ein anspruchsvolles Programm anzugehen.

### Schrittweise vorgehen

Hier kommt ein Beispiel für ein schrittweises Vorgehen auf der Schwierigkeitsskala der Programme. Nehmen wir einmal an, es fällt dir schon seit der Kindheit schwer, deinem Bruder gesunde Grenzen zu setzen. Als Kind hattest du immer das Gefühl, dass dein Bruder dich vor deinen Freunden schlecht gemacht hat, und heute macht er dasselbe vor deiner Frau und deinen Kindern. Aber er ist der lustige Onkel, und deine Kinder lieben ihn. Du hast deinen Unsichtbaren Verlust erforscht; er besteht in der Vernachlässigung durch deine Mutter, die sich nie für dich eingesetzt hat. Wenn du wütend wurdest, hat sie immer nur gesagt, *das hat er nicht so gemeint* oder *du weißt doch, dass dein Bruder dich liebhat*. Dann zog dein Bruder dich jedes Mal auf, weil du hilfesuchend zu eurer Mutter gerannt bist. Du hast an deinen Neuformulierungen gearbeitet, besonders daran, dich als einen Menschen zu betrachten, der Aufmerksamkeit und Bestätigung verdient hat.

Du beschließt, dass dein erstes Programm ein Gespräch mit deiner Frau sein soll, bei dem du ihr sagst, wie es dir mit deinem Bruder geht. Deine Frau war immer auf deiner Seite, aber weil du das Vertrauen verloren hast, dass das überhaupt irgendjemanden interessieren könnte, hast du dich ihr gegenüber nie wirklich geöffnet. Auch sie liebt deinen Bruder und weiß, dass er im Laufe der Jahre viel Gutes für die Familie getan hat. Aber eines Abends beschließt du, mit einem leichten Programm zu starten, und stellst deiner Frau einfach eine Frage in Bezug auf das Verhalten deines Bruders ihr gegenüber. Weiter nichts. Die Frage kommt an und führt zu einem wenige Minuten dauernden Gespräch über ihre Beziehung zu ihrem Schwager.

Am nächsten Abend schließt du an dieses Gespräch an, aber jetzt bringst du zur Sprache, dass dir das Verhalten deines Bruders dir gegenüber zu schaffen macht. Du erklärst deiner Frau, dass es für alle anderen vielleicht belanglos wirkt, seine indirekten Bemerkungen über seinen Beruf oder seine Lebensentscheidungen für dich aber verletzend sind. Das ist ein mittleres Programm. Dich verletzlich zu zeigen, ist etwas, das du um jeden Preis vermeidest, sogar gegenüber deiner Frau. Zu deiner Überraschung reagiert deine Frau positiv und ist dankbar, dass du ihr das anvertraust. Deshalb entschließt du dich zu weiteren mittleren Programmen und sprichst mit ihr über weitere Momente, in denen du verletzt warst. Auch in anderen Bereichen deines Lebens wagst du dich an leichte oder mittlere Programme. Nach ein paar tollen Wochen mit erfolgreichen Gedankenstapeln führen deine Neuformulierungen dich zu einem Programm, das anspruchsvoll wird. Du weißt, dass du so weit bist, nach all den Jahren mit deiner Mutter darüber zu sprechen. Das ist ein anspruchsvolles Programm mit hohem Risiko. Doch mit der Unterstützung deiner Frau und ihrem Vertrauen zu dir hast du genug Selbstsicherheit, um dieses Gespräch zu führen. Das Ergebnis ist an diesem Punkt nicht so wichtig wie die Tatsache, dass du das für dein Ursprüngliches Ich getan hast, denn es ist jemand, der Gefühle stark empfindet und darüber sprechen muss.

## Unterstützende und nicht unterstützende Programmarten

Zu den größten Sorgen bei der Entscheidung für ein Programm gehörte im Laufe der Jahre immer wieder die Frage, wie man den Unterschied erkennen kann zwischen einem Programm, das einen aus dem Warteraum *herausführt*, und einem Programm, das einen *darin festhält*. Deshalb wollen wir definieren, welche Programme unterstützend sind und welche nicht.

### Programme für den Wiedereinstieg ins Leben (Programme, die dich aus dem Warteraum herausführen)

Sechs unterschiedliche Arten unterstützender Programme stehen zur Auswahl. Das sind: Beruhigende, Belohnende, Vertrauensstärkende, Verbindende, Bestätigende und Liebevolle Programme.

- **Beruhigend:** Wie ich bereits gesagt habe, müssen Programme am Anfang beruhigend und stärkend sein. Bei den ersten paar Programmen musst du dich gut und innerlich ruhig fühlen. Dies ist Voraussetzung dafür, dass dein Überlebenshirn nicht merkt, dass du versuchst, dein Leben zu ändern. Bevor du also einen intensiven Fitnesskurs belegst, könntest du beispielsweise versuchen, einen kurzen Spaziergang in deinen Tagesablauf einzubauen.
- **Belohnend:** Es muss sich wie ein Gewinn anfühlen, wie eine Erfahrung, auf die du dich freuen kannst, zumindest am Anfang. Ohne dieses Element funktionieren die Programme nicht und du kannst deine Reise zum Wiedereinstieg ins Leben nicht fortsetzen. Du musst dir kluge und einfache Möglichkeiten überlegen, wie du den Lohn des Programms deiner Wahl sofort spüren kannst. Schließe also zum Beispiel an dein Programm eine Belohnung in Form eines Besuchs in deinem Lieblingscafé an. Sie muss Spaß machen und ganz einfach umzusetzen sein.

- **Vertrauensstärkend:** Programme dieser Art arbeiten am Aufbau von Vertrauen zu dir selbst und anderen. Dabei sprichst du beispielsweise mit einer Freundin über etwas, worin du ein bisschen verletzlich bist, und vertraust dir selbst, dass dieser Entschluss richtig war.
- **Verbindend:** Dieser Programmtyp hilft dir bei den Themen Nähe, Offenheit und Verbundenheit mit den Menschen in deinem Leben. Dabei hörst du zum Beispiel deinem Vater zu, wenn er eine alte Geschichte aus seiner Zeit beim Militär erzählt. Du lässt dich stärker auf ihn ein und stellst Fragen über diese Zeit.
- **Bestätigend:** Wenn du bei einer Entscheidung, die du treffen musst, Bestätigung brauchst, schließe an eine Erfahrung an, die dir hilft, eine Richtung, in die du dich bewegen willst, mit größerer Selbstsicherheit einzuschlagen. Besonders wenn du in Zweifeln deines Überlebens-Ichs ertrinkst. Wenn du dich zum Beispiel entscheiden musst, ob du wegfahren und einen Freund besuchen oder zu Hause bleiben und ein Arbeitsprojekt abschließen sollst, dann wähle ein Programm, das dir hilft, dich in Richtung der Entscheidung zu bewegen, vor der du am meisten Angst hast, denn das ist wahrscheinlich genau die, die dich voranbringt. Sprich mit einer Kollegin, die dir helfen kann, realistisch einzuschätzen, wie viel Zeit du wirklich für dieses Projekt brauchst. Ist es wirklich nötig, die Reise zu verschieben? Oder nutzt du den Abgabetermin des Projekts lediglich als Ausrede, damit du dich nicht aus deiner Komfortzone herausbewegen musst? Mit anderen Worten, schlucke die Angst nicht herunter, lass sie raus, sprich mit den richtigen Leuten darüber.
- **Liebevoll:** Programme, die dir helfen, Liebe zu empfinden. Öfter mit deinem Hund auf dem Boden herumzutollen und alberne Sachen zu machen, könnte genau das richtige Programm sein, besonders am Anfang dieses Prozesses.

## Programmarten, die auf dem Überlebens-Ich beruhen (Programme, die dich im Warteraum festhalten)

Hüte dich vor den folgenden vier nicht unterstützenden, auf dem Überlebens-Ich beruhenden Programmen – sie sind heimtückisch! Dabei handelt es sich um Passiv-aggressive, Selbstdeprivierende (Wegnehmende), Selbstschützende und Recycelte Programme. Oft tarnen sie sich als unterstützende Programme, aber wenn du genau aufpasst, kannst du erkennen, dass du aus einer auf dem Überlebens-Ich beruhenden Angst heraus handelst. Zum Beispiel weißt du vielleicht bereits seit Längerem, dass du mit deinem Bruder ehrlich über euer Elternhaus sprechen musst. Es muss bald verkauft werden, um die Schulden abzubezahlen. Du möchtest auf dieses Gespräch mit deinem Bruder vorbereitet sein, also beginnst du, ein wenig zu recherchieren, um einen Makler zu finden und den richtigen Preis für das Haus zu ermitteln. Leider findest du im Internet ein paar Immobilienpreise aus der Umgebung und rufst dann mit diesen Zahlen deinen Bruder an, ohne dich genauer mit dem Markt zu beschäftigen. Wenn du bessere Belege für die Zahlen gehabt hättest – anstatt lediglich ein paar oberflächliche Suchergebnisse – wäre das Gespräch über die Suche nach einem Makler mehr in deinem Sinne verlaufen und es wäre leichter gewesen, mit deinem Bruder die nächsten Schritte auszuhandeln. Du hast auf eine Äußerung von ihm reagiert und die Sache überstürzt.

- **Passiv-aggressiv:** Du wählst ein Programm, bei dem du dich in einem schwierigen Gespräch nicht zu Wort meldest, sondern stumm bleibst. In meinen Kursen stelle ich oft fest, dass einige Teilnehmende ein Programm erstellen, das in etwa so aussieht: *Wenn so etwas wieder passiert, werde ich mich deswegen einfach nicht beschweren, sondern in Geduld üben.* Sie glauben (Überlebens-Ich), dass Stillschweigen das richtige Programm für sie ist. Dabei ist das ein passiv-aggressives Programm, das auf dem Überlebens-Ich beruht. Ein besseres Programm wäre es hier, Weisheiten aus deinen Umformulierungen zu nutzen, um in einem schwierigen Gespräch deine Gedanken zum Ausdruck zu bringen. Anstatt das Gespräch gar nicht erst zu führen (was ein nicht unterstützendes Programm ist), führe das Gespräch so, wie es deinen Gefühlen entspricht, ohne Rücksicht darauf, wie die Reaktion der anderen ausfällt. Den Mut zu finden, deine Wahrheit zu sagen, selbst wenn du befürchtest, dass du missverstanden wirst, ist ein entscheidender Schritt auf deiner Reise zum Wiedereinstieg ins Leben.

- **Selbstdeprivierend oder wegnehmend:** Nicht unterstützende, auf dem Überlebens-Ich beruhende Programme dieses Typs sind recht verbreitet. Ich beobachte, wie Teilnehmende sich auf eine Art und Weise ans Abnehmen machen, bei der sie sich sehr Vieles wegnehmen. So konzentrieren sich solche Maßnahmen zum Beispiel auf einen Mangel an etwas. Sie fokussieren auf strenge Disziplin. Zum Beispiel: *Ich esse die ganze Woche keinen Zucker und keine Kohlehydrate.* Stattdessen könnte dein Programm lauten: *Heute entscheide ich mich nach dem Essen einmal für die Heidelbeeren, die wir im Kühlschrank haben, anstatt für ein Stück Käsekuchen und schaue mal, wie es mir danach geht. Die sehen so aus, als könnten sie gut schmecken. Heidelbeeren mag ich ja eigentlich schon immer.*
- **Selbstschützend:** Ein Programm, bei dem wir beschließen, mit jemandem nicht über unsere Gefühle zu sprechen, kann manchmal richtig erscheinen. Häufig aber handelt es sich dabei um ein Programm, das uns erlaubt, unsere Verwundbarkeit zu umgehen.
- **Recycelt:** Dabei verwendest du eine Handlungsweise wieder, die du irgendwann in deinem Leben schon einmal angewandt hast. Du schließt also zum Beispiel an etwas an, was du schon einmal getan hast. Du nimmst eine alte Routine wieder auf und stehst etwa jeden Morgen eine halbe Stunde früher auf, um dein Lieblingsbuch zu lesen. Für dieses Programm gibt es keinerlei Grund. Es ist nicht mit einem Gedankenstapeln, einem Unsichtbaren Verlust oder einer Neuformulierung

verbunden. Wie du inzwischen weißt, führen dein Gedankenstapeln und dein Neuformulieren letztendlich zu einem
anderen Programm. Das Überlebens-Ich vermeidet neue Programme, indem es uns weismacht, ein altes wirke ganz
genauso gut.

**Beispiel für Joans Hin und Her zwischen nicht unterstützenden und unterstützenden Programmen**

Ich möchte dir Joan vorstellen. Joan macht es zu schaffen, wenn
ihre Töchter mit ihrem Vater unterwegs sind und es sich gut gehen
lassen – ohne sie. Bei ihrer Klärung spricht sie darüber, dass der
Vater der Kinder die Scheidung eingereicht hat. Aber sie wissen
nicht, dass sie früher schon einmal von ihm belogen wurden, und
das lässt ihr keine Ruhe. Joan möchte ihren Kindern sagen, dass ihr
Vater nicht so toll ist, wie sie meinen. Sie fragt sich, ob sie das
wirklich tun soll, sagt sich aber auch, dass es nicht richtig ist, dass
sie das nicht wissen.

Nun ein Beispiel aus Joans Tagebuch. Sie schrieb den Eintrag, als
sie versuchte den Unterschied zwischen einem Programm aus
ihrem primitiven Gehirn und einem Programm aus einem höher
funktionierenden Bereich zu verstehen, in dem das Beobachtende
Ich wohnt. Joan macht gerade nach 25 Jahren Ehe eine Scheidung
von ihrem Mann durch. Ihr werdender Ex-Mann hat immer noch
ein sehr enges Verhältnis zu ihren drei Töchtern, und sie verbringen so viel Zeit miteinander, dass Joan dies für übertriebene
„Bindungszeit" hält.

**Morgendliches Klären:** Heute Nacht bin ich mindestens viermal
aufgewacht und habe daran gedacht, was ich heute alles erledigen
muss. Habe auch über das Gespräch mit meinen Töchtern nach-
gegrübelt. Diese Fragen und Bedenken gingen mir heute Morgen
immer noch durch den Kopf. Beim Aufwachen war klar, dass ich
meinen Kindern alles über die Faxen ihres Vaters sagen will. Sie
müssen wissen, wer ihr Vater wirklich ist, aber ich habe mich für

Programme entschieden, ohne wirklich auf meine Neuformulierung zu achten. Doch in dem Moment, in dem ich die Programme aufschrieb, fiel mir wieder ein, dass sich letzte Woche etwas verändert hat: Mir ist klar geworden, dass ich lernen muss, die Kontrolle über alle in dieser Familie loszulassen. Dass mich das nicht glücklich macht.

Wie kann ich meinen Kindern von ihrem Vater erzählen, ohne dass dabei ihre Beziehung zu ihm in die Brüche geht? Ich wünschte, sie wüssten, wer er wirklich ist. Hat sie ja auch angelogen. Ich muss sie vor ihm schützen. Aber er ist ihr Vater.

**Passiv-aggressives Programm (nicht unterstützend):** Vielleicht nur eine Anspielung darauf fallen lassen, was er so macht, ohne ins Detail zu gehen. So wissen sie, dass sie auf seine Lügen gefasst sein müssen und können sich daher schützen.

**Vertrauensstärkendes Programm (unterstützend):** Meine Kinder fragen, was sie über ihren Vater wissen möchten. Mir ihre Antworten anhören, ohne ihnen ins Wort zu fallen.

## Beispiel für die Entwicklung von Peters Programm

Erinnerst du dich noch an Peters Geschichte aus der Einleitung? Seit er seinen Krebs überstanden hatte, hatte er sein nagendes Bedürfnis, den Warteraum zu verlassen, selbst unterbunden. Er wollte in einen Job wechseln, der seinem Ursprünglichen Ich entsprach, das sich schon zeigen wollte, seit er mit seiner Sterblichkeit konfrontiert worden war. Sein Ursprüngliches Ich hatte um ein anderes Tempo und neue Tagesabläufe gebeten, aber Peters Überlebens-Ich verdrängte immer wieder die Gedanken des Beobachtenden Ichs und die Versuche des Aufblühenden Ichs und zwang ihn so, langsam wieder zu seinem altbekannten Leben vor der Diagnose zurückzukehren, wodurch er sich noch mehr im Warteraum verschanzte.

Wie könnte er schließlich den Ort verlassen, der dafür gesorgt hatte, dass er am Leben geblieben war? Er konnte nicht erkennen, dass seine Lebensweise nicht so sicher war, wie er glaubte, weil sich das Gedankenmuster des Überlebens-Ichs um die Sorge drehte, W*as, wenn ich wieder krank werde?* Das war eine berechtigte Sorge und ein Gedankenmuster, das sich nicht so einfach umformulieren ließ. Immer mehr auf dem Überlebens-Ich beruhendes Denken kam hinzu: *Wenn das nochmal passiert, wer wäre dann da und würde mir helfen, das finanziell zu überstehen?*

Dieser Teil war der schwierigste; denn die Argumente, die sein Überlebens-Ich vorbrachte, waren stichhaltig. Peter dachte an das Risiko (die langfristige Schwarzmalerei des Überlebens-Ichs), das mit einem Teilzeitstudium verbunden wäre, mit dem Ziel, eines Tages eine eigene Privatpraxis zu führen. Und je weiter er sich von seinem Traum entfernte, desto schneller schlich sich sein Überlebens-Ich wieder in seine Gedanken ein.

Ein perfektes Programm für Peter ist eines, das ihm unter dem Aspekt seiner guten Prognose und seiner finanziellen Freiheit Sicherheit und Ruhe in Bezug auf seine Entscheidung zum Berufswechsel vermittelt. Wie kann Peter mit ein oder zwei Programmen gewährleisten, dass für all das gesorgt ist?

Peter muss sein Selbstvertrauen bei Entscheidungen stärken und sich wieder bewusst machen (Beobachtendes Ich), dass er stets verantwortungsbewusst gehandelt hat. Peter schafft nun Raum für ein Programm, das ihm in Bezug auf sein neues Streben nach einem sinnerfüllteren Leben innere Ruhe garantieren kann. Beim Entwickeln seines Programms schauen wir uns noch einmal die Liste im Abschnitt „Die Kunst der Programmentwicklung" an, über die wir an früherer Stelle in diesem Kapitel gesprochen haben (konkret, umsetzbar, machbar, zeitnah) und planen jeden einzelnen Punkt. Zudem schauen wir uns die Liste der unterstützenden Programme für den Wiedereinstieg ins Leben an (beruhigend, belohnend, vertrauensstärkend, verbindend, bestätigend, liebevoll) und wählen nur die aus, die in diesem Fall am besten passen. Denn es müssen nicht in jedem Programm alle Punkte vertreten sein, wenn sie nicht relevant sind. Folgendes kommt dabei heraus:

- **Konkret:** Peter kann ein Gespräch mit einem guten Freund über seinen Entschluss zum erneuten Studium planen – mit jemandem, dem Peter vertraut, und der ihn schon lange kennt. In vielerlei Hinsicht zieht er damit ein zusätzliches Beobachtendes Ich hinzu (seinen Freund), das ihm vor Augen halten kann, dass er die Wahrheit bereits kennt.
- **Umsetzbar:** Das Treffen mit dem Freund muss fest vereinbart und im Kalender eingetragen werden, damit es greifbar wird. Außerdem muss Peter sicherstellen, dass er seine Bedenken und seine Unentschlossenheit in Bezug auf die Wahl seines künftigen Berufs zur Sprache bringt, wenn er sich mit seinem Freund trifft. Mit einem bloßen Treffen ist es natürlich nicht getan.
- **Machbar:** Dieses Treffen ist einfach zu realisieren. Eine kurze Autofahrt zu seinem Freund oder ein Telefonat.
- **Zeitnah:** Das Treffen muss in den nächsten paar Tagen stattfinden.
- **Belohnend:** Ein offenes Gespräch mit seinem Freund tut gut – mit jemandem, der ihn achtet und gut kennt. Es ist eine Erleichterung, über seine Hoffnungen und Ängste im Zusammenhang mit seinem nächsten beruflichen Schritt sprechen zu können, besonders da er so lange immer nur an das „Was wäre, wenn" seines Überlebens-Ichs gedacht hat.
- **Beruhigend:** Die Maßnahme hat auch mit einem Gefühl innerer Ruhe zu tun, denn das Treffen findet in einem Restaurant statt, das er gerne mag, das eine ruhige Atmosphäre und eine wunderschöne Aussicht hat. Ganz allgemein ist der Ort für den beruhigenden Teil der Maßnahme wichtig. Das Treffen in einem näher gelegenen Lokal abzuhalten, wo der Geräuschpegel hoch ist, wäre keine gute Idee gewesen.

# Wenn ein Programm für dich zu schwierig ist, gestalte es neu

Selbst wenn wir uns an die Vorlage zur Entwicklung des perfekten Programms halten, haben wir hinterher manchmal das Gefühl, sogar noch tiefer im Warteraum zu stecken als vorher. Möglicherweise sind die Programme zu schwer für dich – vielleicht erzeugen sie zu viel Angst und triggern das Überlebens-Ich. Stelle dir diese Fragen, damit du sicher sein kannst, dass du den richtigen Schwierigkeitsgrad wählst. Der Begriff risikoarm kann bei jedem Menschen einen anderen Schwierigkeitsgrad bedeuten.

Wie sicher bist du zum Beispiel, dass dein Programm für dich machbar ist? Ein Programm bis zum Wert von 5 ist in Ordnung, alles über 5 solltest du hingegen vielleicht noch einmal überdenken: Mache es entweder leichter durchführbar oder ändere das Programm komplett. Denke immer daran, dass es nicht schwer sein muss, dein Leben zum Besseren zu verändern.

### Joes Geschichte

Joe ist fast 40 Jahre alt, und obwohl er ein großes internationales Team leitet und vor einer kleinen Gruppe seiner Mitarbeitenden sprechen kann, sind unstrukturierte gesellschaftliche Anlässe für ihn beängstigend. Bei Zusammenkünften ohne festes Programm isoliert er sich oft und geht früh. Diese Angst verspürt er sogar bei Menschen, die er gut kennt.

Da Joes Mutter und Schwester beide Alkoholikerinnen sind, hat er vor etwa zehn Jahren beschlossen, überhaupt keinen Alkohol mehr zu trinken. Das hat er erfolgreich durchgehalten. Doch seither fällt ihm kein Grund mehr ein, weshalb er in Restaurants oder Bars gehen sollte – da er nicht trinkt, kann er keinen Sinn darin erkennen. Joe sagt oft, er könne nicht gut mit Leuten und sei aufbrausend. Seit einer Freundin auf dem College hat er keine feste Beziehung mehr gehabt. Wenn er darauf angesprochen wird, antwortet er mit einem nervösen Lachen und witzelt, er sei zu schwierig für die Liebe.

Nach Joes Meinung besteht sein Unsichtbarer Verlust darin, dass sein Vater seine Mutter wegen einer anderen Frau verlassen hat und dass er, Joe, das Gefühl hatte, die meiste Zeit bei seiner Mutter bleiben zu müssen. Er ist wütend auf seinen Vater, weil er ihn und seine Mutter verlassen hat, aber bei seinen täglichen Klärungen schreibt er oft, dass seine Mutter ihn seit einem halben Jahr nicht mehr angerufen hat und dass immer er derjenige ist, der anrufen muss. Er betont, dass sie bei jedem Anruf über irgendetwas Albernes lacht, als ob alles in schönster Ordnung wäre. Seine Mutter hat wieder geheiratet und lebt im Ausland. Bei seinen Klärungen sagt er Dinge wie: „Für manche", womit er sie meint, „ist es in Ordnung, es sich einfach gutgehen zu lassen."

Wenn er und ich seine Klärungen durchgehen, fällt uns seine Wut auf seine Mutter sehr viel mehr auf als die auf seinen Vater, obwohl er schon früh erwähnt hat, dass sein Vater derjenige ist, der ihn verlassen hat. Allmählich erkennen wir, dass sein Unsichtbarer Verlust von seiner Mutter herrührt, und zwar möglicherweise schon früher, bevor seine Eltern sich scheiden ließen. Aber fürs Erste genügt das, damit er weitermachen sowie Muster, Neuformulierung und Programme finden kann.

Das Denkmuster seines Überlebens-Ichs in seinen Klärungen zeigt eine passive Wut auf seine Mutter, da er sich häufig über ihr Leben lustig macht. Er ist zwar nicht direkt wütend auf sie, aber verbittert über ihre Lebensentscheidungen. Die Gedankenschleife in seinem Kopf sagt, dass sein Leben schwer und ihres leicht ist. Er muss viel arbeiten, während sie nicht viel tut. Für ihn ist es verantwortungslos, so zu leben wie sie. Sein Überlebensmuster besteht darin, sich verantwortungsbewusst zu verhalten und hart zu arbeiten, denn wenn er das nicht leistet, wird er verlassen.

Deshalb verlässt er stattdessen alle anderen, insbesondere in Situationen des gesellschaftlichen Miteinanders und der Nähe. Bei seiner Neuformulierung muss es an dieser Stelle um das Loslassen seiner starren Tagesordnung gehen. Vielleicht sogar um ein Bemühen, sich mit anderen auszutauschen. Aber natürlich so, dass es nicht zu riskant ist, damit sein Überlebens-Ich nicht in Alarmstimmung versetzt wird.

Sein Programm könnte etwas so Einfaches sein, wie jemanden bei einem gesellschaftlichen Anlass zu fragen, wie es ihm oder ihr geht – und so lange zu bleiben, dass er die Antwort noch hören kann.

Joe machte sich gleich am darauffolgenden Tag an die Arbeit an diesem Programm, denn da stand wegen eines Projekts ein Treffen mit ein paar Kollegen an. Für das Ende des Meetings hatte er ein „kleines Programm" eingeplant, das persönlichen Kontakt ermöglichen sollte. Er wollte einfach einen Kollegen nach seinen Kindern fragen. Er glaubte, dass er das ohne Probleme schaffen könnte. Aber als der Moment kam, brachte er es nicht fertig. Er ging, kaum dass das Meeting zu Ende war. Für Joe war das Programm mehr als nur ein kleiner Schritt nach vorn. In der Theorie klang es leicht, aber in der Praxis war es zu beängstigend. Joes Programm hätte einfacher sein sollen und vielleicht hätte er die „Smalltalk-Frage" per E-Mail oder SMS stellen können.

In Joes Beispiel könnte ein erfolgreich neugestaltetes Programm folgendermaßen aussehen:

- **Konkret:** Anstatt am Ende eines Meetings Smalltalk zu machen, antwortet Joe auf eine E-Mail und fügt am Ende eine Frage nach dem Sohn des Kollegen an, da er gehört hat, dass sein Sohn an seiner Highschool im Basketball-Finale steht. Diesen Satz schreibt Joe sich vorher auf.
- **Umsetzbar:** Das Programm gilt als umgesetzt, wenn die E-Mail abgeschickt ist.
- **Machbar:** Es ist ein risikoarmes Programm und leicht umsetzbar, weil es in eine E-Mail eingebettet wird.
- **Zeitnah:** Er beschließt, dem Kollegen diese E-Mail am nächsten Tag bis zur Mittagszeit zu senden. Nicht zu spät am Tag und nicht zu früh.

- **Beruhigend:** Er könnte sich dafür entscheiden, die Mail in der Pause von seinem Smartphone aus zu senden. Wenn es für ihn aber beruhigender wäre, sie vom Schreibtisch aus zu senden, wäre das auch in Ordnung.
- **Verbindend:** Wenn er von seinem Kollegen eine Antwort erhält, überlegt er sich eine weitere E-Mail, in der er mit ein paar Worten darauf eingeht, was sein Kollege über das Spiel erzählt hat. So entstünde eine erste kleine Verbindung, die dann eine weitere Frage und einen längeren Austausch zulässt.

## Programme mit geringem und mit hohem Risiko haben beide ihren Wert

Zwar musste Joe seine Programme am Anfang neugestalten, um sie leichter zu machen, doch seine Arbeit mit den Gedankenstapeln öffnete schließlich eine Tür zu einem Programm mit höherem Risiko, bei dem er seine Kollegen zu sich nach Hause zum Essen einlud. Die Verbindung zwischen Joes Beziehung zu seinen Eltern und dem Programm, Leute zu sich zum Essen einzuladen, besteht darin, dass er sich zum ersten Mal seit seiner Collegezeit zugestand, Struktur und Verantwortung loszulassen und mit anderen Menschen ein paar fröhliche Stunden zu erleben. Das alles in dem Vertrauen darauf, dass er nicht verlassen werden würde, so wie sein Vater seinem Empfinden nach seine Mutter verlassen hatte (die sich in der Erinnerung seines Überlebens-Ichs in unverantwortlicher Weise zu viele fröhliche Stunden herausnahm).

Joe erkannte, dass er sich vor weiteren Verletzungen geschützt hatte, die entstehen könnten, wenn er seine Verantwortung nicht ernst nehmen würde. Er musste Gründe und Möglichkeiten finden, damit zurechtzukommen, wie es mit seinen Eltern geendet hatte, und gleichzeitig am Aufbau neuer Beziehungen außerhalb des Berufsalltags arbeiten. Dazu würde er eine Weile brauchen, und so arbeitete er ein paar Wochen an seinen Smalltalk-Fähigkeiten und daran, bei gesellschaftlichen Anlässen immer länger zu bleiben. Mit der Zeit lernte er seine Kolleginnen und Kollegen besser kennen, und das Essenseinladungs-Programm wurde weniger beängstigend. Er sagte sogar, er sei schon ganz gespannt, wie allen sein Zuhause gefallen würde. Joe sammelte Antiquitäten und schaute insgeheim ständig Fernsehsendungen über Renovierungen. Seine Kolleginnen und Kollegen erfuhren das erst, als sie seine Wohnung betraten. Das Essen verlief gut, und alle schwärmten von seinen schön gestalteten Räumen.

Weitere Programme fallen ihm nun immer leichter. Bei seinen Klärungen und beim Neuformulieren kommt sein Wunsch nach einer Partnerin zunehmend deutlicher zum Ausdruck, auch wenn sein Überlebens-Ich ihm immer wieder sagt, er handele sich damit nur Ärger ein. Joe formuliert neu, indem er sich auf Erinnerungen an Beispiele dafür konzentriert, dass sein Vater ihn liebt.

Sich an anspruchsvolle Programme heranzuwagen, kann zwar sehr wertvoll sein, aber du solltest auch bedenken, dass risikoarme Programme manchmal die deutlichste Veränderung bewirken können, gerade weil sie Leichtigkeit und Ruhe in dein Leben bringen. Dich selbst mit solchen Programmen zu belohnen, kann den Lauf deines Lebens auf die überraschendste Art und Weise ändern.

## Kaffeepause

Vögel sind *mutig*. Nicht weil sie zu hoch fliegen, sondern weil sie *zu nah heran* fliegen. Zu nah an unsere Häuser und an uns. Vor Kurzem kamen sehr viele Vögel ganz nah an meine Fenster. Sie fliegen an, bleiben ein paar Sekunden und *fliegen wieder weg*.

Mir wurde klar, dass das bei Vögeln wahrscheinlich Mut bedeutet. Ein paar Sekunden treten sie ganz nahe an die Klippe heran, und kehren dann wieder zurück auf sicheres Terrain, das bei ihnen der Himmel ist. Daraus habe ich gelernt, dass Mut bei allen anders aussieht. Im Mut spiegeln sich bei jedem einzelnen Menschen die vielen Facetten seiner individuellen Geschichte. Er ist so einzigartig wie unsere DNA.

Für dich könnte Mut heute vielleicht bedeuten, dass du rausgehst und tief durchatmest. Für jemand anderen könnte Mut bedeuten, auf die SMS einer alten Freundin zu antworten, die sich nach Jahren des Schweigens wieder gemeldet hat. Mut könnte bedeuten, ein Kleid anzuziehen, das du zuletzt bei einem Essen mit der Person getragen hast, die du geliebt und verloren hast. Er könnte bedeuten, zum ersten Mal seit deiner Kindheit wieder Klavier zu spielen. Mut heißt nicht immer, sich auf ein großes Wagnis einzulassen, sondern er kann ein stiller Schritt auf die andere Seite deiner ganz persönlichen Angst sein.

Dein Mut muss nicht mit dem Mut anderer verglichen werden. Was für dich mutig ist, könnte für jemand anderen ein Spaziergang sein. Deshalb solltest du aber nie denken, dass du nicht mutig bist. Du bist mutig, wenn du beschließt zu duschen, nachdem du tagelang nicht die Kraft dazu hattest. Wenn du auf eine E-Mail antwortest, die seit Wochen in deinem Posteingang wartet. Wenn du morgens aufstehst, obwohl du weißt, dass es ein schwerer Tag werden wird, und trotzdem aus dem Bett steigst. Wenn du dir ein altes Foto ansiehst, obwohl es dir das Herz bricht.

Für jemanden, der jeden Tag ständig Schmerzen hat, bedeutet Mut vielleicht einfach, die Augen zu öffnen, einzuatmen und sich zum nächsten Atemzug zu entschließen, ganz gleich, wie schwer der vorherige war.

Manchmal bedeutet Mut die Fähigkeit, in deinen Schmerz hineinzugehen und drei Sekunden darin zu verweilen, bevor du wieder aussteigst. Diese drei Sekunden machen dich mutig. Vergiss das nie; heute nicht, morgen nicht und auch an keinem anderen Tag.

## Dein Programm planen

Bevor du dich nun an deine eigene Übung machst, hier noch ein paar abschließende Tipps, die du beachten solltest:

- **Denke nicht zu viel darüber nach:** Wenn du überlegst, welchen ersten Schritt du aus dem Warteraum machen möchtest, ist es nur natürlich, dass du zu viel darüber nachdenkst. Die Stimme des Überlebens-Ichs wird versuchen, den Ausstieg so lange wie möglich hinauszuzögern. Sie bringt dich dazu, die Entscheidungen anzuzweifeln, die du treffen möchtest. Sie wird sie in Frage stellen, selbst wenn es sich dabei um einen risikolosen Schritt handelt.
- **Mache Pausen:** Je gewagter das Programm, desto länger solltest du danach im Warteraum bleiben, zumindest am Anfang. Du musst dich ausruhen, klären, neuformulieren und alles langsam angehen lassen, bevor du dich an ein weiteres Programm wagst. Du musst wissen, dass dies ein lebenslanger Prozess ist und nicht ein schneller, energischer Versuch, dein Leben zu ändern. Es ist eine Daseinsform.
- **Suche Chancen, nicht Gefahren:** Du bist es gewohnt, tagein, tagaus Gefahren für dein Überlebens-Ich aufzuspüren. Dein Denkprozess versucht normalerweise, dich vor der Grausamkeit der Welt zu bewahren. Wenn beispielsweise jemand nett zu dir ist, fragst du dich, was er oder sie von dir will. Dem Guten, das dir begegnet, traust du nicht. Unter der Führung des Überlebens-Ichs bist du nur noch darauf fokussiert, allem auszuweichen, was auf dich zukommst, anstatt nach den Chancen Ausschau zu halten, die das Leben dir bietet. Vielleicht hältst du sogar alles und jeden für eine Bedrohung, da sich dein Gehirn angewöhnt hat, sich ständig angegriffen zu fühlen, als ob der Verlust immer noch stattfinden würde. Du musst versuchen, an die Chancen anzuschließen, anstatt sie zu meiden wie die Pest. Nähe. Aufrichtigkeit. Emotionale

Transparenz. Das sind nicht die Verhaltensmerkmale des Überlebens-Ichs. Aber es sind menschliche Verhaltensmerkmale.

- **Gestalte es nicht zielorientiert:** Ein Programm sollte nie wie ein Ziel wirken, sondern vielmehr wie der Ausdruck einer Liebesaffäre mit dir selbst. Es ist ein ständiger Akt der Selbstliebe. Wenn du dich mit dem Ausdruck deines Ursprünglichen Ichs verbindest, verschwinden die Wände des Warteraums für den Bruchteil einer Sekunde, aber immerhin lange genug, dass dir das im Gedächtnis bleibt.

## Alarm: Die Voreingenommenheit des Überlebens-Ichs schlägt zu

Sobald du mit den Programmen beginnst und dich länger außerhalb des Warteraums aufhältst, merkst du wahrscheinlich, dass das Überlebens-Ich versucht, dir Dinge ins Gedächtnis zu rufen, über die du dir Sorgen machen solltest. Vielleicht tritt bei deinen Klärungen plötzlich vermehrt Angst auf. Achte sorgfältig auf unvermittelt auftretende alte und neue Muster des Überlebens-Ichs, denn sehr viele Ängste sind weniger begründet als du vielleicht meinst.

Jetzt merkst du, dass das Überlebsens-Ich ein ziemlicher Lügner ist.

Das kann allerdings schwer zu entdecken sein, da die zum Überlebens-Ich gehörenden Schaltkreise in deinem Gehirn sehr exakt und sachlich wirken können. Doch die Erinnerung, die sie heraufbeschwören, um uns vom Verlassen des Warteraums abzuhalten, ist häufig ungenau. Laut Professorin Elizabeth F. Loftus von der *University of California* in Irvine existieren unsere Erinnerungen nicht in Form einer mentalen Bibliothek[4]. Sie sind keine wörtliche Wiedergabe früherer Ereignisse. Loftus zufolge werden sie rekonstruiert und nicht wiedergegeben. Sie sind nicht fix oder in Stein gemeißelt. Nun überlege einmal, was das für uns und unsere Klärungen bedeutet. Wenn das Überlebens-Ich dir einzureden versucht, dass du nicht wie geplant mit deinem neuen Date Essen gehen solltest, versucht es, dich durch die Erinnerung an ein, sagen wir einmal, gescheitertes Date vor etlichen Jahren umzustimmen. Aber die Erinnerung an dieses Date ist nicht 100%-ig korrekt. Vielleicht besagt sie, dass der Typ sich danach nie wieder bei dir gemeldet hat und du tief verletzt warst. In Wahrheit aber hat er zwar vielleicht tatsächlich nicht mehr angerufen, aber es hat dir gar nicht so viel ausgemacht.

Das Überlebens-Ich vermischt möglicherweise verschiedene Erinnerungen. In Wahrheit hattest du womöglich ein Dutzend erste Dates und nur eines war verletzend. Aber dein Überlebens-Ich redet dir ein, dass erste Dates für dich immer schmerzlich enden. Vergiss nicht, dass das Heilmittel dagegen Klären heißt. Formuliere neu, als ginge es um dein Leben. Und wähle ein Programm, das dich deinem Herzenswunsch, was immer er sei, einen Schritt näherbringt. Du wirst wieder ganz sein. Du wirst dich daran erinnern, dass dich nicht alles verletzt hat. Und wieder einmal kannst du dem Timing deines Wiedereinstiegs ins Leben vertrauen.

......................................................................

## Hausaufgabenvorbereitung mithilfe des Gedankenstapelns: Der erste Ausstieg aus dem Warteraum

Nimm einen deiner Gedankenstapel aus der Hausaufgabe in Kapitel 4 und entwirf auf dieser Grundlage dein erstes risikoarmes, ruhiges und belohnendes Programm. Verwende dazu die Anleitung am Anfang dieses Kapitels unter der Überschrift „Die Kunst der Programmentwicklung" (konkret, umsetzbar, machbar, zeitnah) und die anschließende Liste der Programme zum Wiedereinstieg ins Leben (beruhigend, belohnend, vertrauensstärkend, verbindend, bestätigend, liebevoll). Achte darauf, dass du den Neugestaltungsprozess befolgst, falls du am Ende feststellst, dass du doch mit einem hohen Risiko begonnen hast. Du musst dafür sorgen, dass dein Programm eine risikoarme Aktion im Sinne einer deiner Neuformulierungen ist, nach denen du dich richten willst. Entscheide dich für ein Programm, bei dem du weißt, dass du es umsetzen kannst. Bei diesem ersten Programm musst du nicht mutig sein. Dafür bleibt später noch reichlich Zeit.

### Bettys Hausaufgabe: Ihr Gedankenstapel zum Wiedereinstieg ins Leben

Wenn du Schwierigkeiten mit dieser Übung hast, findest du hier ein Beispiel, das dir den Einstieg erleichtern kann. Betty meldete sich zum Kurs für den Wiedereinstieg ins Leben an, weil sie nach ihrem Ausscheiden aus dem Schuldienst das Gefühl hatte festzustecken.

**Klären:** In den letzten paar Wochen und seit meinem letzten Tag in der Schule wache ich regelmäßig gegen 5 Uhr morgens mit starkem Herzklopfen auf. Manchmal ist mir, als hätte ich einen Herzinfarkt. Ich habe mit meiner Ärztin darüber gesprochen und sie hat ein EKG gemacht, aber es ist nichts dabei herausgekommen. Sie sagte, es sei der Stress durch das Unbekannte. Diese Reaktion erlebe sie bei vielen Patientinnen und Patienten nach der Pensionierung. Wenn das Herzklopfen kommt, fühle ich mich so einsam und verängstigt. Ich habe Angst, dass ich sterben könnte und niemand etwas davon mitbekommt. Immer wieder einmal geht es mir auch ganz gut, und manchmal habe ich sogar ein paar Stunden, in denen ich diese schreckliche Angst nicht spüre. Als ich verreist bin und meine Freundin besucht habe, um mal etwas anderes zu machen, hat sich das so angefühlt, als wäre das das richtige Programm. Und das war es auch, aber die lange Reise hat mich überfordert, weil ich die ganze Zeit unter Menschen sein musste, und das war schwer. Ich bin an meine Grenzen gekommen. Ich bin müde und habe das Gefühl, dass eine Erkältung im Anzug ist. Vielleicht ist es COVID. Ich weiß nicht, was ich mir dabei gedacht habe, in solchen Zeiten dorthin zu fahren.

Jetzt bin ich mit dem ganzen Papierkram für meinen Buchhalter im Rückstand. Gleich morgen früh habe ich einen Termin bei ihm, und ich bin so wütend auf mich, dass ich das nicht vor meiner Abreise erledigt habe. Diese Programme überfordern mich einfach. Meine Träume vom Ruhestand erfüllen sich nicht. Ich habe mir immer vorgestellt, dass ich dann ausgiebig in der Welt herumreise. Ganz bestimmt habe ich mich nicht als schwach, überfordert und verängstigt gesehen. Ich glaube, ich habe mein abenteuerlustiges Ich verloren. Früher hatte ich vor nichts Angst. Ich wünschte, ich hätte jemand, dem ich das alles erzählen könnte, jemand, der mich von früher kennt und noch als die lebenslustige Frau in Erinnerung hat, die nie eine Atempause brauchte.

**Muster:** Das Überlebens-Ich hat übernommen und mir gesagt, dass ich meine Freundin nicht hätte besuchen sollen; das kriege ich jetzt die ganze Zeit zu hören, immer und immer wieder. Ich muss es langsamer angehen lassen und darf nach meiner Pensionierung nicht noch einen Gang zulegen Ich muss an meine Gesundheit denken, und außerdem habe ich niemanden, der sich um mich kümmert, wenn mir etwas passiert. Ich muss meine Grenzen respektieren. Ich bin nicht mehr jung und gesund.

**Neuformulierung:** Ich habe mir eine Tasse Kaffee gemacht und auf den Sonnenaufgang gewartet, den ich vom oberen Schlafzimmer aus sehen kann. Das Beobachtende Ich mag dieses Fleckchen, deshalb bin ich dorthin gegangen, um meinem verrückten Überlebens-Ich einen neuen Rahmen zu geben. Beim Kaffeetrinken ging es mir sogar körperlich besser. Ich konnte ein bisschen besser atmen, und dann fiel mir wieder ein, dass ich mich um meinen Papierkram kümmern muss.

Bei Papierkram bin ich eigentlich schnell, und die Aufschieberitis kommt daher, dass mein Überlebens-Ich meine neuen Abenteuer sabotieren will. Ich wurde etwas ruhiger und begann, ein Programm für den Papierkram zu entwickeln, inklusive Belohnung, wenn er erledigt war, sowie ein Programm für meine Yoga-Stunde, die mir in letzter Zeit so wichtig ist. Meine Neuformulierung lautet: Ich kann gesund und stark sein, wenn ich darauf achte, dass ich mich bewege und langsamer atme. Alles wird leichter, wenn ich daran denke, für mich zu sorgen. Dann nehmen die praktischen Dinge nur noch wenig Zeit in Anspruch.

**Programm:** Wenn ich meine Programme für meine Gesundheit und das Praktische erledigt habe, gehe ich meine Nachbarin besuchen. Sie ist so humorvoll und bringt mich immer zum Lachen. Sie erinnert mich an mich selbst vor meiner Brustkrebsdiagnose und -behandlung vor fünf Jahren. Ich muss mich so oft wie möglich mit Menschen umgeben, die mich zum Lachen bringen.

Betty musste sich um ihre Programme für ihre Gesundheit und den Papierkram kümmern, damit ihre Gedanken sich weiter herauswagen und sich Erlebnissen zuwenden konnten, die ihr ein Gefühl der Freiheit schenken. Und wie du gemerkt hast: Sobald eine erste Neuformulierung in Gang kommt, ergeben sich automatisch weitere. Der Gedanken-Schaltkreis, der aufgrund der Neuformulierung entsteht, kann weitere Neuformulierungen nach sich ziehen.

........................................................................

## Hausaufgabe: Vierstufiges Gedankenstapeln

Jetzt wird dein Stapel höher. Du musst nicht nur laufend deine Klärungen machen, das Muster in ihnen entdecken und sie bis zum Umfallen neuformulieren, sondern auch konkrete Maßnahmen für ein neues Leben ergreifen. Wir fangen erst gar nicht damit an, uns Ziele zu setzen oder Träume zu formulieren. Die würden sehr wahrscheinlich vom Überlebens-Ich kommen und dich nicht zu dem neuen Leben führen, das du dir ersehnst. Stattdessen geht es bei diesem Schritt darum, den Stapel mithilfe des Programms zum Leben zu erwecken, Gewohnheiten und neuronale Schaltkreise aufzubauen, indem wir von der primitiven zur exekutiven Funktionsweise übergehen.

Wenn du täglich etwas Unsichtbares klärst, die Erzählung des Überlebens-Ichs entdeckst und neuformulierst, kannst du dafür sorgen, dass du aus dem Warteraum draußen bleibst und dein inneres Narrativ selbst in der Hand hast. Dein Tag wird absichtsvoller und strukturierter, da du aus den Erzählungen deines Beobachtenden Ichs und deines Aufblühenden Ichs heraus handelst anstatt unbewusst durch das Überlebens-Ich zu agieren.

Beginne oder beende den Tag mit dem vierstufigen Gedankenstapeln in deinem Tagebuch. Das muss noch nicht einmal 15 Minuten dauern. Wobei mehr natürlich immer gut ist. Mache folgende Übungen täglich:

1. Klären
2. Mustererkennen
3. Neuformulieren
4. Programm entwickeln

IV

# ABWEICHUNGSPHASE

## ERSTE NEUE WEGE – ÜBERGANG DURCH DAS BEOBACHTENDE ICH

*Nicht den Verlust musst du überwinden, sondern die Art und Weise wie du dich durch ihn hindurchsteuerst.*

### Abweichungsphase

Bereitschaft, als Außenseiterin, Unruhestifter und Rebellin angesehen zu werden und deine hart erkämpften Sicherheitsnetze loszulassen.

### Lektion

Du wirst Reue empfinden und wütend auf dich und andere sein, da du entdeckst, wer du bist, was du wirklich verloren hast, wie viel du geopfert hast und was an dir verloren ging, weil du diesen Teil von dir freiwillig hergegeben hast.

# KAPITEL 6

# DIE WEGGABELUNG

Je eher du anfängst, Ja zu dem Ursprünglichen Ich zu sagen, das langsam wieder zum Vorschein kommt, desto mehr empfindest du auf lange Sicht *inneren Frieden*. Diese nächste Phase wird sich rebellisch anfühlen, denn nun ist es endlich an der Zeit dafür zu sorgen, dass das Überlebens-Ich die Stimme des Beobachtenden Ichs nicht ständig und ohne Rücksicht auf Verluste infrage stellt. Es spielt keine Rolle, wie sehr du dir selbst abhandengekommen warst, ja noch nicht einmal, was du durchgemacht hast. Jetzt zählt, was du tun willst, um voranzukommen. Wie lange ist es her, dass du auf dich geachtet oder bei der Frage, was du brauchst, auf deinen eigenen Rat gehört hast? Es ist an der Zeit, sich der Stimme des Überlebens-Ichs entgegenzustellen und es von seinem Platz als dein täglicher Begleiter, der dir weismacht, du hättest keine Wahl, zu verweisen. Wenn du dir die Erlaubnis gibst, dein Ursprüngliches Ich, den wahrhaftigsten Teil von dir, zum Ausdruck zu bringen, kann etwas Wunderbares geschehen.

In diesem Kapitel möchte ich dir bewusst machen, dass du in der Lage bist, ein wirklich gutes Leben zu führen und endlich wieder zu dem Ich zurückzufinden, das ganz ist. Aber dazu müssen wir uns die alte Einstellung des Aufblühenden Ichs, die wir einst hatten, erneut aneignen. In der Abweichungsphase wirst du lernen müssen, dem Überlebens-Ich Beine zu machen. Der Wiedereinstieg ins Leben belohnt Menschen, die dranbleiben, die wagemutig und abenteuerlustig sind und sich selbst verwirklichen wollen. Wenn du an diesem Punkt des Wiedereinstiegs ins Leben angekommen bist, kannst du nicht mehr auf die Stimme des Überlebens-Ichs hören, die dir sagt, du sollst deine Entscheidungen an dem ausrichten, was andere von dir wollen oder erwarten. Das ist wahrscheinlich die Gewohnheit, die am schwersten zu durchbrechen ist. Vor allem, wenn dein Warteraum zum Beispiel aus der Angst besteht, deine Familie zu enttäuschen. Überraschenderweise halten wir an dem fest, was wir geschaffen haben, an durchschnittlichem Erfolg und mittelmäßiger Zufriedenheit, denn wenn wir loslassen, befürchten wir, diesen Status des „gut genug" nie wieder erreichen zu können. Die Vorstellung, noch einmal ganz von vorne anzufangen, meiden wir um jeden Preis. Sogar wenn der Punkt, an dem wir heute stehen, nicht gut ist, verharren wir dort. Für sehr viele Menschen ist es leichter, bei etwas zu bleiben, das alle anderen für akzeptabel und passend erachten, als noch einmal neu anzufangen.

Sehen wir auch folgender Tatsache ins Auge: Wenn du dein Leben lang anderen gegeben und nie um etwas gebeten hast, was du selbst brauchst, dann erkennst du jetzt, dass dir niemand hilft, wenn du nicht sagst, dass du Hilfe brauchst (ein mutiges Programm mit höherem Risiko). Wenn du dir nicht ein Megaphon schnappst (ein Programm, das dem Aufblühenden Ich Spaß machen würde), auf den Küchentisch steigst und *Helft mir* schreist, hört es keiner. Dein Umfeld wurde darauf konditioniert zu glauben, dass du nie Hilfe brauchst. Du kannst beschließen, diese Konditionierung aufzuheben. Du brauchst Hilfe. Das ist so, das war so und das wird immer so sein. Besonders jetzt, da du dabei bist, ein paar Entscheidungen in deinem Leben zu ändern; du darfst es dir anders überlegen, wie dein Leben weiter verlaufen soll. Schließlich bist du nicht hier, um deine Eltern, deine Verwandten und deine Freundinnen und Freunde glücklich zu machen. Das wollen wir gemeinsam verlernen.

Aber der Begriff *People Pleasing* für die Haltung, es allen rechtmachen zu wollen, definiert nicht eindeutig, was für ein schmerzhafter Gang zwischen deinem Warteraum und deinem Leben liegt. Das Opfer, das damit verbunden ist, wird dadurch nicht deutlich. Wenn die erste Absicht darin besteht, es jemand anderem recht zu machen, weil du Schuldgefühle hast oder unangebrachtes Mitgefühl empfindest, löschst du damit das Ursprüngliche Ich in vieler Hinsicht noch weiter aus. *People Pleasing* macht andere blind für deine Existenz, deshalb reagieren sie jetzt möglicherweise spürbar auf deine Entscheidungen, die du neuerdings auf der Grundlage deines Ursprünglichen Ichs triffst. Zum Überleben war es notwendig, es den Menschen recht zu machen und Ja zu sagen, wenn du eigentlich Nein sagen wolltest. Wenn du dich also zum Beispiel zu einer Geschäftsreise bereiterklärt hast, obwohl du dazu gesundheitlich zu angeschlagen warst. Du hast den Druck gespürt, ins Flugzeug zu steigen, auch wenn du eigentlich gar nicht du selbst warst. Du wolltest keine Umstände machen, deshalb hast du einfach weiter entgegen deinem körperlichen und seelischen Wohlbefinden gehandelt. Dein Überlebens-Ich hat dir sogar eingeredet, das würde alles schon wieder werden. Nach ein paar Tagen ging es dir sogar tatsächlich besser, aber du hast jede Minute gehasst. Ein Videocall mit dem Kunden statt eines persönlichen Gesprächs hätte es auch getan. Dafür hättest du dich nicht verbiegen müssen.

Wenn du diese scheinbar kleinen Opfer deutlich ansprichst, wird dir das helfen, auch die größeren Dinge, die du aufgegeben hast, zur Sprache zu bringen. Unsichtbarer Verlust ist ein Schatten, der sich über alles legt: Dein Beobachtendes Ich enthüllt den Schatten; dein Aufblühendes Ich wartet nur darauf, mit alledem Spaß zu haben, was du bisher verpasst hast; aber erst das Abweichen von deinem bisherigen Verhalten macht dich wieder zu einem ganzen Menschen.

Deine Programme helfen dir bereits, länger außerhalb des Warteraums zu bleiben. Diese nächste Ebene erfordert einen mutigen Schritt, der – wenn er aufgrund der anspruchsvollen Programme mit höherem Risiko nicht gelingt – deine ersten Schritte aus dem Warteraum heraus wieder zunichtemachen könnte. Vor allem, wenn du die neuen Routinen, die du mit deinem täglichen Gedankenstapeln eingeführt hast, erst noch konsequent einhalten musst.

# Der Übergang

Dieser Teil deiner Reise ist das Herzstück des Wiedereinstiegs ins Leben. Hier wird die Veränderung Realität. In diesem Teil des Prozesses macht sich die vom Bisherigen abweichende Persönlichkeit bemerkbar. Er ist ein natürlicher Bestandteil des kontinuierlichen Wiedereinstiegs ins Leben, aber er ist chaotisch und wird für jede Menge Ärger sorgen. An dieser Stelle musst du deiner jahrelangen Selbstaufopferung ins Gesicht sehen. Du hast die schweren Päckchen anderer getragen, auch wenn du sie nicht immer hättest tragen sollen. Du hast es gemacht, um größere Chancen auf Zugehörigkeit zu haben. Du musstest die Welt um dich herum überstehen, und das hast du auf die dir bestmögliche Art und Weise getan.

Jetzt, in der Abweichungsphase, wirst du reichlich Fehler machen. Der Mensch, zu dem du gerade wirst, fühlt sich unvollkommen an. Du wirst Reue empfinden und wütend auf dich und andere sein, da du entdeckst, wer du bist, was du wirklich verloren hast, wie viel du geopfert hast und was an dir verloren ging, weil du diesen Teil von dir freiwillig hergegeben hast. Dieser Prozess ist nicht schmerzlos, denn du wirst mitansehen, wie du zwischen dem neuen Leben und dem Leben im Warteraum hin und her pendelst. Das ist so, wie wenn man zwei Beziehungen gleichzeitig hat. Du hast das Gefühl, beide zu betrügen. Du bleibst beim alten Leben, weil du noch Bindungen daran hast und es richtig gut kennst. Doch du steigst auch ins neue ein, noch voller Unsicherheit und Zweifel und Scheu, mit beiden Beinen hineinzuspringen.

## Das vorübergehend abweichende Ich

Sobald die neuen Programme für dich vermehrt zur Routine geworden sind, fördern sie neue, dauerhafte Gewohnheiten. Vielleicht hast du zum Beispiel angefangen, bei den wöchentlichen Gesprächen mit einer Freundin deine Meinung zu äußern, anstatt den Mund zu halten. Möglicherweise gefällt ihr nicht, was du zu sagen hast, aber du erlebst auch, dass ihre Reaktion nicht so schlimm ausfällt, wie du es dir vorgestellt hast. Oder dir wird umgekehrt klar, dass ihre Reaktion auf deine Äußerungen nicht das ist, was du dir für die Zukunft wünschst, und du überlegst, ob du diese Freundschaft in deinem Leben noch brauchst. So oder so schlägst du ein neues Kapitel für dich auf, in dem du dich in deiner Wahrheit zeigst. Wenn du weiterhin deine Meinung sagst, erschaffst du damit ein wiederholtes Verhalten und machst es gerade dadurch zu etwas, wofür dein Gehirn sich nicht mehr bewusst entscheiden muss. Du erlebst, dass du den Mund aufmachst, die Dinge beim Namen nennst und für das kämpfst, was du dir von deinen Beziehungen erhoffst, ohne dass du dich bewusst für dieses Verhalten entscheiden müsstest.

In diesem Kapitel geht es um die chaotische Übergangsphase, in der deine beiden Leben (das Leben im Warteraum und das neu entdeckte Leben) ineinander übergehen. Mit anderen Worten, du musst das Überlebens-Ich rausschmeißen, damit du die Dienste deines Gehirns für neue Gewohnheiten nutzen kannst. Tatsächlich geht es darum, zur Fahrerin oder zum Fahrer deines Autos zu werden, aber dazu musst du es zuerst einmal kapern. Deshalb wirkst du auf andere auch verändert, doch eigentlich geht es darum, dass du dein Ich zurückbekommst. Du erhältst den Teil von dir wieder, der schon immer für dich gedacht war.

Diese Phase ist die unsicherste im ganzen Wiedereinstiegsprozess ins Leben, aber sie liegt auch näher an dem Durchbruch, auf den du schon die ganze Zeit wartest. Wenn du lernst, dieser Phase zu vertrauen, wirst du der Versuchung widerstehen können, jetzt aufzugeben. Und glaube mir, die Versuchung wird kommen! Du bist drauf und dran, entweder ein Mensch zu werden, wie du deines Wissens noch nie einer warst (bei Verlust des Ursprünglichen Ichs in sehr früher Kindheit), oder aber der Mensch, den du vor vielen Jahren aufgeben musstest, um Schmerz und Leid zu vermeiden. Dein Bewusstsein für das, was geschehen ist und für das

Glück, das du verpasst hast, verwandelt dein Überlebens-Ich in eine wütende Bestie. Du wirst vor ihm davonlaufen und neue Fehler machen und das Falsche sagen.

In den ersten Jahren meiner Kurse zum Wiedereinstieg ins Leben habe ich nur die heroischen Elemente dieser Phase wahrgenommen. Ich konnte nicht erkennen, dass das Überlebens-Ich aggressiv wird, wenn man das alte Leben hinter sich lässt. In dieser Abweichungsphase – zwischen einem aggressiver werdenden Überlebens-Ich und einer Außenwelt, in der deine Freunde deine Entscheidungen infrage stellen – sieht alles schlimmer aus als es in Wirklichkeit ist. Es ist hart, wenn einige Menschen in deinem Leben sich nicht mit dir über dieses neue Kapitel in deinem Leben freuen. Leider werden manche Freunde nicht mitkommen, andere zum Glück aber schon. Dein Überlebens-Ich wird versuchen, dich davor zu schützen, indem es dich anfleht, mit diesem *irren Gerede* aufzuhören. Aber lass dir von ihm nichts vormachen.

Deine Familie und deine Freundinnen und Freunde brauchen vielleicht etwas Zuspruch von dir, wenn du dich auf Lebenserfahrungen einlässt, die sie überraschen. Sie beobachten, wie du dich von Ereignissen zurückziehst, an denen du bisher immer zuverlässig teilgenommen hast. Zum Beispiel hast du das sonntägliche Essen bei Oma nie ausgelassen, aber jetzt gehst du eigene Verpflichtungen ein und schaffst es nicht mehr, jeden Sonntag zu ihr zu kommen. Du verfügst in einer Art und Weise über deine Zeit und dein Geld, die sie vielleicht nicht gutheißen. Du verreist öfter. Deine Konstanten ändern sich.

Gleichzeitig arbeitest du intensiv daran, immer weiter und länger aus dem Warteraum herauszukommen, und du überzeugst deine Familie und deine Freundinnen und Freunde, dich zu begleiten, denn du brauchst Menschen, die deine Reise miterleben. Ich höre, wie du sie beruhigen oder dich möglicherweise verabschieden musst. Ich sehe, wie sehr du dir wünschst, dass sie an deiner Seite sind. In letzter Zeit hast du es schwer.

## Der Wille, im Wiedereinstiegsmodus zu bleiben

Wenn du zum ersten Mal an diesen Punkt kommst, wirst du erleben, wie es sich anfühlt, gegen Erwartungen zu rebellieren – wie ich oben bereits erwähnt habe. Ganz bestimmt hast du den Willen dazu, und du weißt, dass sich dein Leben in diese Richtung bewegen soll, aber deine erste Interaktion mit dieser Welt der Möglichkeiten bringt auch neue Unsichtbare Verluste mit sich. Du bist hier und voller Tatendrang, aber du kannst nur so und so viel verarbeiten und bist nur bereit, so und so viel zu erkennen.

Denke daran, du musst immer nur bereit sein, einen einzigen Unsichtbaren Verlust auf einmal anzuschauen; die anderen können warten. Wird erst einmal einer der wichtigsten Unsichtbaren Verluste aufgedeckt, reicht das schon aus, damit du an Ressourcen und Unterstützung herankommst.

In diesem Teil des Wiedereinstiegs ins Leben lernst du eine völlig andere Art der Lebensführung kennen. Zum ersten Mal überlegst du, Risiken einzugehen, die zu einem erfüllten Leben führen. Was, wenn das tatsächlich stimmt? Was, wenn du in dieser Phase, in der du länger außerhalb des Warteraums bleibst, mit Menschen in Kontakt kommst und dich mit ihnen austauschst, die den Weg zu einem Leben gefunden haben, das durch eigene Entscheidungen und nicht durch die Reaktion auf Verlust und Angst gestaltet wird? Solche Leute lieben ihre Arbeit, ihre Beziehungen und ihre Entscheidungen, und das zeigt sich darin, wie sie sich im Gespräch verhalten. Sie sind ehrlich in ihren Antworten und versuchen nicht zu beeindrucken. Wenn sie mit dir beim Essen sitzen, sind sie präsent und schauen nicht ständig auf ihr Smartphone. Sie sind bereit, für ihre Sehnsüchte Risiken einzugehen, indem sie sich nach ihren eigenen Programmen richten, mit denen sie das bereits Erreichte wieder aufs Spiel setzen. Aber das fällt ihnen nicht mehr schwer, denn ein Programm auf anspruchsvollem Niveau kann leicht umzusetzen sein, wenn du übst und dir das Gedankenstapeln zur Routine machst. Es ist die Bereitschaft, länger außerhalb des

Warteraums zu bleiben, indem du Gedanken stapelst und die Programme dadurch würdigst, dass du sie lebenspraktisch umsetzt.

Der Stapel, den du als Bestandteil deiner Hausaufgabe jeden Tag erstellst, enthält den Schlüssel zu einem Programm, das sich für dich rundum richtig anfühlt, egal, ob es anspruchsvoll ist oder nicht. Das Programm ist bei jedem Menschen einzigartig, weil auch Klärung, Überlebensmuster, Neuformulierung und Beobachtendes Ich sich von Mensch zu Mensch nicht vergleichen lassen, und daher individuell zugeschnittene Programme erforderlich sind.

Du wirst jeden Moment deines neuen Kapitels mit dem Leben vergleichen, das du hinter dir gelassen hast. Dein Gehirn ist es gewohnt, die alten Daten zu verarbeiten, um deine Alltagsrealität zu verstehen, und so will es auch die neu hereinkommende Geschichte begreifen. Deine neue Entstehungsgeschichte.

Die Ideen, Bilder, Gedanken und Überzeugungen, die du heute hast (sogar nach der Abweichungsphase) gehören zu einem Leben, das nicht mehr ganz da ist. Du lebst vielleicht noch in derselben Wohnung, bist mit demselben Menschen verheiratet, hast denselben Job – aber *du* bist anders. Die Veränderung, die du gerade in dir erlebt hast, wird sich mit der Zeit ganz allmählich auf das äußere Erscheinungsbild deines Lebens auswirken, im Moment jedoch kann sie für die neue Identität, die sich gerade entwickeln will, verwirrend sein. Die automatischen Vergleiche erfolgen durch das Überlebens-Ich. Es vergleicht das, was bisher immer so war, mit dem, wie es jetzt in jedem wachen Augenblick ist. Das passiert automatisch.

In einem ungewohnten neuen Leben sucht das Überlebens-Ich das Gewohnte. Kann es das nicht finden, verwirft es dieses neue Leben als falsch. Aber denke daran, neu ist nicht falsch; das Neue darf mit dem Alten nicht verglichen werden. Es muss begrüßt, gestreichelt und angelächelt werden. Das neue Leben darf man nicht durch die Brille des alten betrachten. Das wäre gerade so, als würde man eine Lesebrille tragen, die nicht vergrößert.

## Kaffeepause

Hast du gewusst, dass dein Herz brechen kann, auch wenn du versuchst, das Richtige zu tun, indem du dein Leben änderst?

Wenn du den Job wechselst, in eine andere Stadt ziehst, deine Lebensweise zum Besseren veränderst, steigt die Wahrscheinlichkeit, dass die Menschen, die dir am nächsten stehen, dich ablehnen und schlecht behandeln.

Es wird dir sinnlos erscheinen.

Manches bekommst du wieder hin, aber anderes geht buchstäblich in die Brüche.

In die Brüche geht ausgerechnet das, bei dem du nie damit gerechnet hättest, deshalb hältst du daran fest, während du dein Leben zum Positiven veränderst.

Wenn diese Dinge und Menschen wegbrechen und nicht mehr dein bedingungsloses Fundament bilden, geht es dir möglicherweise zunächst schlechter als am Anfang.

Aber ganz gleich, welcher grundlegende Teil deines Lebens zerbricht, sei dir bewusst, dass er mit deinem Neuanfang nicht zurechtgekommen wäre.

Er sollte nie dazugehören.

Er sollte nie mitkommen.

*Ich weiß.*

Es ist schwer vorstellbar, dass bestimmte Menschen oder Teile deines früheren Lebens nicht in dein neues Kapitel passen sollten. Das schlägt dir gewaltig auf den Magen.

Das hast du nicht kommen sehen. Wirklich nicht.

Du hättest es allerdings auch gar nicht kommen sehen können. Denn in dem Leben, aus dem du dich nun verabschiedest, warst du ein anderer Mensch.

Dieses Ich konnte nur sehen, was sich ihm innerhalb dieses Lebens gezeigt hat.

Als du angefangen hast, dieses Leben auseinanderzunehmen, damit du dich aufmachen konntest zu deinem neuen Ziel, hat sich auch dein Blickfeld erneuert. Auf einmal konntest du sehen, was du vorher übersehen hattest.

Das kaum Begreifliche daran ist, dass das, was du jetzt siehst, nicht neu ist; du hast es nur vorher nicht sehen können.

Aber es wird dir trotzdem das Herz brechen als wäre es ein brandneuer Verlust.

Du wirst deswegen weinen. Und das musst du auch.

Dann wirst du loslassen müssen.

Damit du es an dein neues Ziel schaffst. Jemand hat mir einmal gesagt: Tue alles, was sein muss, damit du da durchkommst.

## Das Programm mit höherem Risiko

Jetzt sind wir an einem Punkt angelangt, an dem du allmählich den Mut, die Motivation und das neu entdeckte Bedürfnis hast, mehr zu riskieren. Die gute Nachricht ist: Je weiter du dich vom Warteraum entfernst, desto eher leitet das Aufblühende Ich die Reise. Wenn Beobachtendes Ich und Aufblühendes Ich zusammenarbeiten, kann ihre Kraft das Überlebens-Ich aus der Bahn werfen, zumindest vorübergehend. Derzeit versucht das Überlebens-Ich, dich dazu zu überreden, *mit diesem Wahnsinn Schluss zu machen, bevor du noch mehr verletzt wirst*. Wenn dein Gehirn versucht, dich von einer erwarteten Gefahr abzuhalten, dann vermittelt dir die Andeutung dieser Gefahr das Gefühl, sie sei tatsächlich da, und deshalb verspürst du Angst. Hast du das gewusst? Dasselbe gilt für Schmerz. Das Ganze hat einen Namen: Man spricht vom *Nocebo-Effekt*. Im Grunde reicht die Andeutung auf Schmerz aus, damit du das Gefühl hast, Schmerzen zu haben. Es kann sein, dass du dann glaubst, der Schmerz, den du empfindest, sei echt. Deshalb rechne damit. Sei darauf gefasst. Kläre es. Du klärst deine Trauer über dein altes Leben und du fragst dich, ob die Angst und der Schmerz, die du jetzt empfindest, nur eine Erwartung oder Realität sind. Mutig versuchst du, die alte Einstellung sowie Gewohnheiten, die auf dem Überlebens-Ich beruhen und noch aus dem Warteraum stammen, abzulegen.

Dieser nächste Schritt erfordert ein Programm mit höherem Risiko, sodass du länger außerhalb des Warteraums bleiben kannst, damit die einsetzenden Veränderungen tatsächlich eintreten können. Die Zeit außerhalb des Warteraums bringt dich dem Aufblühenden Ich immer näher, und deshalb schreitet das Abweichende Ich ein, um zu gewährleisten, dass du auch tatsächlich dort ankommst. Das risikoreichere Programm muss im Rahmen des vierstufigen Gedankenstapelns geplant werden, damit es auf den Ausdruck des Ursprünglichen Ichs und nicht des Überlebens-Ichs abzielt.

### Marias Geschichte

Maria kam vor ein paar Jahren in den Kurs, weil sie sich beruflich neu orientieren wollte. Bei den meisten Menschen, die viel Unsichtbaren Verlust erlitten haben, klingt das Bedürfnis nach Veränderung ganz ähnlich wie bei Maria.

In letzter Zeit ging es ihr körperlich nicht gut. Sie hatte keinen Partner und keine Kinder und war nie verheiratet gewesen. Aber sie hatte sich eine ansehnliche Karriere als Medizinerin aufgebaut und nun endlich den beruflichen Aufstieg erreicht, den sie sich immer gewünscht hatte.

In den letzten Jahren hatte Maria sonntagabends, wenn sie sich auf die neue Woche vorbereitete, sehr starke Ängste ausgestanden. Sie war ein organisierter und detailverliebter Mensch. In der Grundschule hatte sie direktes und indirektes Mobbing erlebt. Sie hatte eine Möglichkeit finden müssen, sich vor weiteren Verlusten zu schützen.

Sie merkte, dass richtig gute Schulnoten ihr gewisse Vorteile verschafften und dass sie dadurch von einigen Lehrerinnen und Lehrern, die das Mobbing mitbekamen, dem sie ausgesetzt war, beschützt wurde. Zu Hause musste sie feststellen, dass ihre Eltern nicht glaubten, dass sie in Bezug auf das Mobbing die Wahrheit sagte, obwohl sie mehrmals versuchte, es ihnen zu erklären. Und dabei war sie zunächst kein Kind, das alles für sich behielt. Sie erzählte offen, was in der Schule vor sich ging, aber irgendwann gab sie die Versuche auf, ihre Eltern davon überzeugen zu wollen, dass sich zum Beispiel beim Mittagessen niemand neben sie setzte und dass ihr immer die Schuld an Dingen zugeschoben wurde, die sie überhaupt nicht getan hatte. Irgendwann vertraute Maria ihren Eltern nicht mehr, und in der Schule bestand ihre Überlebensmethode darin, dass sie fleißig lernte, um ihre Lehrerinnen und Lehrer zu beeindrucken.

Es funktionierte. Maria fand damit nicht nur eine Möglichkeit, einen Draht zu ihren Lehrerinnen und Lehrern zu entwickeln und Bestätigung von ihnen zu bekommen, sondern sie wurde auch von ihren Mitschülerinnen akzeptiert, etwa wenn sie für Theateraufführungen, Konzerte oder Rechtschreibwettbewerbe ausgewählt wurde. Natürlich mochten sie deshalb nicht alle, aber sie bekam genug Aufmerksamkeit und „Liebe", um sich nicht unterkriegen zu lassen.

Doch mit den Jahren hatte Maria zunehmend das Gefühl, dass niemand sie um ihrer selbst willen mochte. Ohne ihre Erfolge und Auszeichnungen hätte sie keine Freunde, glaubte sie. Dann würden die Leute sie endlich so sehen, wie sie wirklich war – ihrer Meinung nach ein Mensch, dessen Bekanntschaft sich nicht lohnt.

Wegen dieser Gefühle waren alle ihre beruflichen Entscheidungen von dem Bedürfnis getrieben, akzeptiert und gesehen zu werden. Ein Leben lang war sie vor Ablehnung davongelaufen, aber der Preis, den sie dafür bezahlen musste, war ein verhasster Beruf – das hatte sie noch niemandem eingestanden, noch nicht einmal sich selbst. Wie hätte sie das auch können? Sie konnte ja noch nicht einmal verstehen, dass ihr Leben auf dem Bedürfnis nach Selbstschutz aufgebaut war.

In dem Moment kam sie in meinen Kurs. Maria war endlich an einem Punkt angelangt, an dem sie so nicht mehr weitermachen konnte. Mithilfe der anderen Kursteilnehmenden fand sie Anschluss an ein Leben, das ihr zunehmend besser gefiel. Sie lernte Menschen kennen, die sich nicht für ihren Beruf und ihre Erfolge interessierten. Diese Freundschaften begannen mit einem neuen Hobby, und auf dieser Interessensgrundlage knüpfte sie neue Kontakte. Maria begeisterte sich für Innenarchitektur und sah gern Fernsehsendungen, in denen Wohnungen grundlegend umgestaltet wurden. Und weil sie so detailverliebt war und alles gerne aufschrieb, legte sie unzählige Ordner, Dateien und Archive mit Tipps und Tools fürs kostengünstige Renovieren an.

Bei einem ihrer Programme ging es darum, Kontakt zu jemandem aufzunehmen, den sie auf einer Dating-Seite kennengelernt hatte. Sie verabredete sich mit ihm auf einen schnellen Kaffee, aber mehr wurde nicht daraus. Bei diesem Treffen erzählte ihr der Mann, er sei Mitglied einer Facebook-Gruppe für Menschen, die nebenbei Häuser umkrempelten. Nach einer kurzen Suche fand sie problemlos die Gruppe und trat ihr bei.

An jenem Abend las sie stundenlang alte Posts, in denen Menschen berichteten, wie sie angefangen hatten. Maria hatte etwas Geld gespart und beschloss, einmal zu schauen, ob sie das Haus, das sie seit zehn Jahren besaß, neugestalten und möglicherweise verkaufen könnte. Sie nahm sich vor, das einfach zum Spaß zu machen.

Zu diesem Zeitpunkt hatte Maria täglich Klärungen gemacht und ausführliche Beiträge darüber in der Gruppe geschrieben. Vieles konnte sie neuformulieren und ihre Muster klar und deutlich erkennen. Sie gelangte zu der Erkenntnis, dass alledem ihr Erfolgsstreben zugrunde lag, und es leuchtete ihr ein, warum sie im Warteraum war und diese Gefühle hatte.

Wenn so etwas passiert, entsteht immer eine gewisse Euphorie. Endlich haben wir es herausgefunden. Schritt für Schritt ihre Unsichtbaren Verluste und den Verlauf ihres Lebens mit den Augen ihres Beobachtenden Ichs zu sehen, gab ihr viel Klarheit. Das Teilzeit-Hobby-Programm war nicht unüberwindbar anspruchsvoll.

Das Überlebens-Ich machte es ihr durchaus schwer, stellte infrage, worauf sie ihre Zeit verschwendete, zweifelte an ihrer Entscheidung und redete ihr ein, in ihren Kreisen an der Uni würde man sie auslachen.

Es war ein typischer Versuch des Überlebens-Ichs, Maria weiter gefangen zu halten. Er hat nicht funktioniert. Jeden Abend und am Wochenende arbeitete Maria nun an ihrem Haus. Sie engagierte sogar einen Handwerker, der ihr bei den größeren Arbeiten half. Ihr wurde klar, dass sie eine umfassende Schritt-für-Schritt-Anleitung für eine kleine Renovierung entwickelt hatte. Als sie in der Gruppe einige ihrer Vorher-Nachher-Bilder teilte, interessierten sich viele Mitglieder für ihre Gestaltungstipps.

Mit der Zeit wurden die Angstzustände am Sonntagabend immer schlimmer, und es war offensichtlich, dass sie dadurch ausgelöst wurden, dass sie sich von ihrem neu entdeckten Hobby lösen und wieder ihren beruflichen Pflichten nachgehen musste.

Sie wusste, sie musste einen Ausweg finden, aber wie? Es schien nahezu unmöglich. Doch der Job, der ihr einst so wichtig gewesen war, wurde zu ihrem größten Schrecken. Ihr Überlebens-Ich redete ihr ein, wenn sie sich nicht schleunigst wieder darauf konzentrierte, würde sie allen Respekt verlieren, den sie sich bei ihren Kolleginnen und Kollegen erworben hatte. Sie bekam Alpträume und entwickelte eine Depression.

Ihre erste Erfahrung mit dem Wiedereinstieg ins Leben war nun der Grund für ihre Depression. Sie wurde wütend auf sich, dass sie überhaupt damit angefangen hatte. Warum hatte sie das Beste, was sie in ihrem Leben hatte, vermasseln müssen? Ihr Job war das Einzige, worauf sie sich verlassen konnte. Was hatte sie sich dabei nur gedacht?

Damals verstand Maria nicht, dass sie sich mit ihrem Ja zu ihrem wahren Ich, zu eben jenem Teil von ihr, der anderen womöglich merkwürdig oder problematisch vorkommt, zum ersten Mal selbst anerkannt hatte. Zum ersten Mal ließ sie ohne Angst vor Ablehnung zu, dass sich ihr wahres Wesen zeigte. Und schließlich wurde sie nun zum ersten Mal als die akzeptiert, die sie war, ganz unabhängig von der medizinischen Welt.

Sie stand an genau demselben Punkt, an dem du jetzt stehst. Sie hatte den Warteraum immer wieder für kurze Spaziergänge verlassen und dabei bemerkt, dass die Programme bei einem dieser Spaziergänge länger wirkten. Diese Programme erfüllten sie mit tiefer Freude. So etwas hatte sie bisher noch nie erlebt oder sie hatte es vergessen.

In einigen Bereichen ihres Lebens blühte Maria auf, in anderen überlebte sie gerade so. Der Kontrast löste mehr Probleme aus als vorher. Aber für das, was als Nächstes geschehen muss, ist dieser Kontrast notwendig. Das abweichende Ich kann nur im Zustand der Rebellion existieren. Ist es erst einmal eine Zeit lang da, hilft dir dieses rebellische Ich, wieder in ein Leben einzusteigen, bei dem du, sobald du es lang genug führst, das Gefühl hast, dass es harmonisch mit der Person übereinstimmt, die du eigentlich bist. Dann können die Bruchstücke des Ichs zusammenkommen und ein Ganzes bilden. Und nur das ganze Ich kann dauerhafter in einem Zustand des Wiedereinstiegs ins Leben bleiben.

Maria nutzte die Instrumente des Wiedereinstiegsprozesses ins Leben und kam mit Gedankenstapeln durch ihre schwierigste Zeit. Sie klärte und formulierte neu. Und schon bald war sie an einem Punkt angelangt, an dem sie ihren Job kündigen konnte.

Das tat sie so wie alles andere auch, mit Liebe zum Detail und unter Berücksichtigung aller Abschnitte dieser Reise, die sie nun abschließen wollte, um ihr neues Leben zu beginnen. Jeden einzelnen Schritt unternahm sie mit den Elementen des Beobachtenden Ichs, das ihr genügend Bodenhaftung vermittelte, damit sie ihren Rückzugsprozess aus dem alten Beruf verlangsamen konnte, ohne dass dies so schmerzvoll würde, dass sie etwas überstürzen musste. Sie inspirierte sogar jemanden in ihrer Praxis dazu, ebenfalls mit dem Prozess des Wiedereinstiegs ins Leben zu beginnen.

Maria verkaufte ihr Haus, und mit dem daraus erzielten Geld begann sie Kundinnen und Kunden anzunehmen, die es mit ihren

Häusern genauso machen wollten. Maria erstellte keinen Businessplan und plante nicht weiter als die ersten paar Monate. Sie hatte gelernt, dass jede Woche in diesem neuen Kapitel so viele Veränderungen mit sich bringen würde, dass sie wahrscheinlich nicht allzu weit vorausplanen könnte. Außerdem brauchte sie das auch gar nicht mehr. Sie genoss ihr Leben. Ja, sie arbeitete viel, aber so hatte sie es sich ausgesucht. Sie gewann sogar ein paar Wettbewerbe und erzielte dadurch ein Zusatzeinkommen, mit dem sie ein Ferienhaus kaufen und renovieren konnte. Marias Leben war so, wie sie es sich wünschte.

Natürlich zeigt Marias Beispiel dir nicht die ätzenden Phasen, in denen sie den Kurs beinahe abgebrochen und alles beim Alten belassen hätte. Stelle dir vor, du würdest alle Bereiche deines Lebens ändern, die für dich nicht stimmen. Das Chaos kann sich katastrophal anfühlen. Man muss sich unbedingt darüber im Klaren sein, dass der Versuch eines Richtungswechsels, selbst auf der Ebene des kleinsten variablen Programms, selbst bei geringstem Risiko, für solche Turbulenzen sorgt. Aber auch wenn du die Richtung deines Lebens auf geordnete und scheinbar stabile Art und Weise beeinflusst, bringt das mit hoher Wahrscheinlichkeit Unordnung in deine Beziehungen und in deine Arbeit. Ein winziges Programm könnte dein ganzes Leben auf den Kopf stellen.

Es könnte ein Gespräch mit deinem Chef über deinen Wunsch sein, ein Projekt zu leiten. Du glaubst, das Risiko liege bei fünf Prozent, doch du warst noch nie der Mensch, der über so etwas gesprochen hat. Du hast nie daran gedacht, laut auszusprechen, dass du mehr Verantwortung übernehmen möchtest. Aber der unerwartete Moment gegen Ende eines Videocalls, in dem du deinem Chef sagst, dass du dich an einem Projekt beteiligen möchtest, könnte alles ändern. Es könnte deinen Chef auf die Idee bringen, dich wegen eines Projekts, das du nicht einmal für besonders wichtig gehalten hast, in ein anderes Bundesland oder sogar ins Ausland zu versetzen. Dabei hast du doch bloß ein Programm umgesetzt. Hast beim Wiedereinstieg ins Leben deine Hausaufgaben gemacht. Und unvermittelt hat sich das Programm verändert und dich länger als erwartet aus dem Warteraum geführt – und jetzt möchtest du am liebsten wieder dorthin zurückrennen.

Stell dir vor, dieses Projekt erfordert, dass du in ein Land ziehst, in dem du noch nie warst. Sagen wir, du findest dich in Costa Rica oder Norwegen wieder, arbeitest in Vollzeit und schließt neue Freundschaften. Eine kleine Veränderung in deiner Selbstwahrnehmung, die dir ermöglicht hat, deinem Chef zu sagen, was du wirklich willst, kann dazu führen, dass du irgendwo an einem fremden Ort in einer Wohnung sitzt, zu Tode erschrocken, aber möglicherweise offen für dieses neue Gefühl. Ein Gefühl, dass du noch nie gehabt hast. Ein kleines Programm kann die Tür zu zehn neuen Programmen aufstoßen, die du nicht einmal angestoßen hast. Ich weiß, dass das beängstigend sein kann, und genau hier wird das Überlebens-Ich versuchen, dir reinzureden. Aber jetzt bist du darauf vorbereitet.

Du machst einen kurzen Gedankenstapel:

**Klären:** Ich hätte das nicht tun sollen. Was für ein Fehler! Ich wünschte, ich könnte es ungeschehen machen, und alles wäre wieder wie vorher. Warum habe ich all das Gute vermasselt, das ich schon erreicht hatte? Mir wird schon schlecht, wenn ich nur daran denke.

**Muster:** Ich habe Angst vor künftigen Ereignissen, die mir völlig fremd sind, und ich halte mich selbst davon ab, die Initiative zu ergreifen.

**Neuformulierung:** Es ist deine Entscheidung, ob du die Stelle im Ausland annimmst; du hast es in der Hand, und im Moment bist du hier, zu Hause, und musst dir um nichts Sorgen machen.

**Programm:** Stelle Fragen in Bezug auf den Umzug und finde mehr darüber heraus. Wende dich vielleicht an deine Kollegin, die letztes

Jahr dasselbe gemacht hat. Ganz gleich, was du tust, achte darauf, dass du langsam, umsichtig und mit allen Mitteln vorgehst, die dir seit Kapitel 5 über das Entwickeln deiner Programme und das vierstufige Gedankenstapeln zur Verfügung stehen.

So kannst du ganz einfach verhindern, dass du wieder in den Warteraum gesperrt wirst.

## Dem Weg des abweichenden Verhaltens folgen

Endlich trittst du durch ein Tor, das dir ein neues Leben zeigt. Das Gedankenstapeln, das du kontinuierlich machst, wird zu dem Ratgeber, den du immer gebraucht hast und der dich umsichtig leitet. Die Programme werden zu Pflastersteinen, die dir den verborgenen Weg zum Wiedereinstieg ins Leben zeigen.

Dorthin, wo das Aufblühende Ich treuherzig weilt, wo es spielen und Spaß haben will; wo das Beobachtende Ich wohnt, zeitlos und stets bereit, dich an deine Wahrheit zu erinnern; und wo sich das Überlebens-Ich endlich in Wartestellung befindet. Das Warten hat sich endgültig auf das Überlebens-Ich verlagert. Jetzt ist es der Teil, der in dem vermaledeiten Warteraum bleibt.

Alle diese Teile kommen nun zusammen und bringen dich zu deinem Ursprünglichen Ich.

Wie du dir vorstellen kannst, kann es einem Tsunami gleichkommen, wenn du diese ganze chaotische Energie aufnehmen, eindämmen und im Innersten deines Ichs erden musst. Aber wir werden tun, was wir nur können, um das Chaos zu minimieren, wenn du dir nun deinen Weg bahnst. Denke daran, dass das Chaos nur vorübergehend ist, während du einige beschützerische Elemente aus deinem Leben entfernst. Das Überlebens-Ich versucht, dich an sich zu reißen, indem es dir sagt, für rebellische Akte sei keine Zeit. Dein Beobachtendes Ich schreitet ein.

*Zeit. In diesem Teil der Reise gibt es keine Zeit.*
*Halte die Wanduhren an. Verstecke die Armbanduhren.*

Du verlagerst deinen Fokus auf das Heute. Echter Wiedereinstieg ins Leben versetzt dich in die Gegenwart, ohne dass du bessere Einblicke in die Zukunft gewinnen oder über die Vergangenheit nachgrübeln wolltest, als du angeblich glücklicher warst. Es ist eher ein Gefühl, ein Daseinszustand. Du löst dich sowohl von der Vergangenheit als auch von der Zukunft und versuchst, das Heute zu verstehen, zu verarbeiten und dich darauf einzulassen.

Wie sieht das aus? Ich zeige es dir.

- Du bist nie auf Diät, sondern isst, wenn du Hunger hast.
- Du nimmst keine Arbeitsstelle an, nur weil sie dir eine gesicherte Zukunft verspricht.
- Du glaubst nicht an alte, auf dem Überlebens-Ich beruhende Narrative wie beispielsweise *Ohne Fleiß kein Preis*.
- Du vertraust auf die Entfaltung deiner Entscheidungen.
- Du führst ein Leben, aus dem du nie ausbrechen willst, sondern in dem du dich stattdessen nach mehr Arbeit sehnst, weil sie dich lebendig macht.

Ja, es gibt praktische Aspekte im Leben, die eine gewisse Planung erfordern, und zum Teil wirst du dem Leben, das du dir aufbaust, bestimmte Strukturen geben müssen, aber letzten Endes werden deine täglichen Entscheidungen auf dem beruhen, was für dich wahr ist und was du dir wünschst. Die Uhr eines solchen Lebens zeigt dir immer dieselbe Zeit. Dann kann der Tag gar nicht lang genug sein.

Wenn eine solche Art zu leben möglich ist, sind Warteräume von kurzer Dauer und leicht aufzuschließen. Die Gedankenschleife des Überlebens-Ichs wird seltener und ist leichter zu entdecken und neu zu formulieren. Das Neuformulieren ist keine erzwungene Methode mehr, um das Beobachtende Ich hervorzulocken. Deine gesamte innere und äußere Welt wird grundlegend neu formuliert.

Ja, es ist möglich, ein völlig anderes Leben zu führen. Aber du wirst die Annahmen des Überlebens-Ichs verwerfen müssen, denn es wird versuchen dir einzureden: *Es ist nicht möglich, und selbst wenn, wäre das nichts für dich.* Doch dieses Leben ist nichts für das Überlebens-Ich, und deshalb versucht es so sehr, am Alten festzuhalten.

## Hausaufgabenvorbereitung: Zwischen-Gedankenstapel für einen Tag fürs Beobachtende Ich

Bei diesem Schritt beginnen wir, die eintretende Veränderung zu erkennen. Jetzt müssen wir sie zu fassen bekommen, damit das Gehirn sie leicht wiederholen kann. Kannst du über deinen Tag schreiben, wie du es beim Klären machst, aber aus der Perspektive deines Beobachtenden Ichs? Du musst über alles aus der Sicht dieses klugen Ichs sprechen, des Teils von dir, der sich keine Sorgen macht. Schreibe so lange, wie du kannst. Bleibe bei der Stimme des Beobachtenden Ichs, fast so, als würdest du eine lange Neuformulierung schreiben. Durch diesen Schritt werden dir die Neuformulierungen leichter fallen, und er hilft dir auch, deinen Alltag aus einer logischeren und rationaleren Perspektive zu sehen. Hier sind einige Anregungen, wie du aus der Sicht des Beobachtenden Ichs schreiben kannst:

- *Der heutige Tag hat mit einem Gefühl inneren Friedens begonnen, besonders als ich an … dachte.*
- *Heute war es bei der Arbeit gar nicht so schlimm, sogar als …*
- *Ich war bereit zu …*
- *Allmählich habe ich fast das Gefühl, dass …*

## Hausaufgabe Zwischen-Gedankenstapel: Klären aus der Sicht des Beobachtenden Ichs

Natürlich kannst du deine Klärungen nach wie vor mit den Gedanken des Überlebens-Ichs machen, wie du es normalerweise tun würdest, und dann das Muster, das du erkennst, neuformulieren (einfacher vierstufiger Gedankenstapel). Du kannst aber auch zu einem Zwischen-Gedankenstapel übergehen, bei dem du aus Sicht des Beobachtenden Ichs klärst, wenn du dich dafür stark genug fühlst. Wenn dein Klären vom Beobachtenden Ich kommt, geschieht das Neuformulieren automatisch – mit anderen Worten, du hast bereits neu formuliert; jetzt spricht nicht mehr die Stimme des Überlebens-Ichs. Wie im Abschnitt „Hausaufgabenvorbereitung" erklärt, beginnst du deine Klärung mit der Stimme des Beobachtenden Ichs. Verwende auch einige der oben angeführten Vorschläge. Da du von einem Klären mit dem Narrativ des Überlebens-Ichs zu einem Klären mit dem Narrativ des Beobachtenden Ichs übergegangen bist, entscheidest du dich dann für das nächste Programm, das für dich auf einer höheren Ebene angesiedelt ist und ein höheres Risiko birgt. Dieses Zwischen-Gedankenstapeln besteht lediglich aus zwei Stufen:

**Beispiel für ein Klären aus Sicht des Beobachtenden Ichs:** Bei der Arbeit war es heute gut. Es war nicht perfekt, aber es war doch so gut, dass mich alles weniger gestresst und ein bisschen mehr begeistert hat. Ich habe sogar mitten am Tag ein paar Minuten mit meiner Mutter telefoniert. Das hat sich als gute Entscheidung erwiesen. Sie wirkte nicht so müde wie normalerweise und hat sich bei mir sogar für den Anruf bedankt. Vielleicht muss ich mir doch nicht vornehmen, jeden Samstag mit ihr zu sprechen. Ich kann das jetzt lockerer angehen und sie vielleicht in einer Pause bei der Arbeit anrufen. Ihr hat es offenbar gefallen, und mir hat es gar nichts ausgemacht.

**Beispiel für ein Programm:** Jetzt, da ich meine Mutter nicht mehr mitten am Samstag anrufen muss, kann ich die Zeit nutzen und in das neue Museum für moderne Kunst gehen, das letztes Jahr hier eröffnet hat und in dem ich noch nicht war. Es ist toll, dass ich den Samstag jetzt ganz für mich habe.

# INTEGRATIONSPHASE

## ERINNERUNG AN DAS AUFBLÜHENDE ICH UND WIEDERANEIGNEN DES URSPRÜNGLICHEN ICHS

*Lass die Dinge los, die dich definiert haben.*

### Integrationsphase

Die drei Ichs integrieren (Überlebens-Ich, Beobachtendes Ich und Aufblühendes Ich), um sich das Ursprüngliche Ich wieder zu eigen zu machen.

### Lektion

Du schreibst Teile deiner Geschichte neu – die Teile, in denen du dein verspieltes Ich verloren hast, insbesondere den Teil, der im Narrativ des Überlebens-Ichs verloren ging. Du musst über die Erkenntnis trauern, dass du ein anderes Leben hättest führen können, wenn du die Wahrheit gekannt hättest, die du jetzt über dich beobachtest und begreifst.

# KAPITEL 7

# BEI DIR ANKOMMEN

Dieser letzte Schritt ist der Wiederentdeckung deines Aufblühenden Ichs gewidmet. Sie wird dazu führen, dass du dir dein Ursprüngliches Ich wieder zu eigen machen kannst, den Teil von dir, der ohne die Konditionierung des Überlebens-Ichs ist. So kommst du nach ziemlich langer Abwesenheit wieder bei dir an. Wir bewegen uns jetzt weg vom Abwehrmechanismus des Überlebens-Ichs und hin zum aufgeschlossenen und verspielten Zustand des Aufblühenden Ichs. Wir machen uns daran, es genauso zu aktivieren, wie wir das Beobachtende Ich aktiviert haben, indem wir nämlich das Verhalten des Überlebens-Ichs durch das des Aufblühenden Ichs ersetzen.

Das Aufblühende Ich ist der Persönlichkeitsanteil, der dem Spiel und dem ungehemmten Ausdruck von Gedanken am nächsten kommt. Wir werden versuchen, einige Erinnerungen des Aufblühenden Ichs aus früherer Zeit wiederzuerlangen. Sie wurden vom Überlebens-Ich eliminiert, denn es musste uns ja vor Erinnerungen daran bewahren, wie viel Spaß alles außerhalb des Warteraums gemacht hat. Und wenn du dich nicht daran erinnern kannst, wie sehr du in der frühen Kindheit aufgeblüht bist, kannst du Erinnerungen des Aufblühenden Ichs von Grund auf neu erschaffen. Diese Erinnerungen werden dich wieder mit der Beziehung zu dem Ich in Kontakt bringen, das glücklich war. Aufgrund dieser anfänglichen Abkopplung vom Aufblühenden Ich hast du keinen Zugang mehr zu einer direkten Kommunikation mit dem Ich, das Spaß haben und spielen konnte. Stattdessen warst du, wie du inzwischen weißt, im Gespräch mit deiner Angstreaktion, die deinen Austausch mit dem Aufblühendem Ich aus

Gründen des Selbstschutzes blockiert hat. Deshalb ist das Gedankenstapeln ein grundlegender Bestandteil deiner täglichen Reise: Dadurch, dass du das Narrativ selbst in die Hand nimmst und Aufblühendes und Beobachtendes Ich einbeziehst, kannst du deine verlorene Selbstwahrnehmung zurückgewinnen und zur wahren Autorin, zum wahren Autor der Geschichte deines Lebens werden.

Du schreibst die Teile deiner Geschichte um, in denen du dein verspieltes Ich verloren hast, den Teil der im Narrativ des Überlebens-Ichs verloren ging. Zu lange schon interpretierst du die Ereignisse deines Lebens durch den Filter von Angst und Überlebenskampf, selbst wenn du Spaß hattest. Sobald den Ereignissen in deinem Leben dieser Filter vorgeschaltet war, wurde seine Erzählung nur noch durch die Brille des Leidens anstatt des Aufblühens betrachtet. Du konntest mit deiner besten Freundin Essen gehen, aber du erlebst diesen Abend oder schilderst ihn aus der Erinnerung entweder als nichtssagend oder mit einem dunklen Unterton. Das ist eine Folge davon, dass du in deinem Leben durch die Brille des Überlebens-Ichs schaust und dich damit ständig weiter vom Aufblühenden Ich entfernst.

Jetzt, da wir bei diesem Schritt angelangt sind, wirst du merken, dass regelmäßig angewandtes Gedankenstapeln dich wieder ins Gespräch mit dem Ursprünglichen Ich bringt. Durch diese entscheidend wichtige Unterhaltung kannst du entdecken, dass das Leben außerhalb des Warteraums nicht so bedrohlich ist, wie du bisher gedacht hast. Dein Gehirn stellt nun endlich neue Verbindungen her, und diese neuen Verbindungen eröffnen dir neue Horizonte. Durch das Verständnis deiner Unsichtbaren Verluste, durch deine Neuformulierungen und Programme verändern sich deine Klärungen. Nun werden sie nicht mehr vom Überlebens-Ich geschrieben, sondern das Beobachtende Ich schreitet an früherer Stelle im Gedankenstapel ein. Es kann das Gespräch bereits jetzt beginnen und muss nicht mehr auf die Anregungen durch die Neuformulierungen warten.

Diese Veränderung ist Bestandteil der erstaunlichen Errettung deines Ursprünglichen Ichs. Deine Unsichtbaren Verluste hatten zur Folge, dass du auf die vermeintlichen Bedrohungen in deinem Leben so reagiert hast, als handele es sich um echte Bedrohungen, und dir nie die Frage erlaubt hast, ob diese Wahrnehmung überhaupt stimmte. Fast ist es, als hättest du in einem unterirdischen Bunker gelebt und würdest gerade erst ins Freie krabbeln. Die Wiederentdeckung der Außenwelt ist Tragödie und Wiederauferstehung des Ichs zugleich. Du musst über die Erkenntnis trauern, dass du ein anderes Leben hättest führen können, wenn du die Wahrheit gekannt hättest, die du jetzt über dich beobachtest und begreifst. Die gute Nachricht ist, dass du nach dieser anfänglichen Trauer über die verlorene Zeit immer weiter Schritt für Schritt den Weg entdeckst, der deiner ist, aber einfach nur geschlummert und die ganze Zeit geduldig auf dich gewartet hat. Wir werden auch weiterhin alle Hindernisse aus dem Weg räumen, um deine Reise dorthin abzusichern. Lass uns deshalb dafür sorgen, dass du das Aufblühende Ich und das Beobachtende Ich zuverlässig erkennen kannst, denn das Überlebens-Ich kann großes Geschick darin entwickeln, sich unbemerkt ins Gespräch einzuschleichen und dich an deine alten Unsichtbaren Verluste zu erinnern.

## Die Stimmen aller drei Ichs voneinander unterscheiden

An diesem Punkt im Prozess kannst du allmählich erkennen, wer dir gerade ins Ohr flüstert. Spricht da das Überlebens-Ich, das beobachtende Ich oder das Aufblühende Ich? Das Beobachtende Ich steht immer als Zeuge und neuformulierende Instanz zwischen Überlebens-Ich und Aufblühendem Ich. Das Beobachtende Ich ist auch Zeuge deines Gespürs für dein Ursprüngliches Ich. Wenn die Wahrnehmung dieses Ichs aus dem Bewusstsein schwindet, ist es als Zeuge in dir trotzdem noch vorhanden, ohne aber die Geschichte deines einen kostbaren Lebens aktiv umzuschreiben, umzustrukturieren und natürlich zu erzählen[5]. Es liegt an dir, diese Fähigkeit des Beobachtenden Ichs zu aktivieren.

Du erkennst jetzt auch, wie entscheidend wichtig ein aktualisiertes inneres Narrativ ist, wenn es darum geht, auf den Teil deines Gehirns zuzugreifen, der plant und überlegt. Ohne dieses aktualisierte Narrativ können die alten Gedanken des Überlebens-Ichs dich immer noch automatisch in eine Warteraum-Mentalität zurückwerfen. Solange du die tägliche Übung aufrechterhältst, kommst du dem Ziel immer näher, die Begrenzung deiner Fähigkeit, neu zu beginnen, zu beseitigen. Vielleicht kannst du sogar einen Teil des Schadens rückgängig machen, den dein Gehirn erlitten hat, als es seine höheren Funktionen während des langen Lebens im Warteraum, das es ertragen musste, „abgeschwächt" hat.

Doch wenn du an diesen Punkt kommst, dann sei dir bewusst, dass das Denken deines Überlebens-Ichs dort nicht fort ist; es ist nur nicht so laut und markant. Dein Aufblühendes Ich und dein Beobachtendes Ich beginnen, das Überlebens-Ich zu verdrängen. Sowie du auf dem Weg weiter voranschreitest, wirst du die Stimmen aller drei Ichs (Überlebens-Ich, Beobachtendes Ich und Aufblühendes Ich) immer besser voneinander unterscheiden können, sodass du sicher sein kannst, dass du dich für die richtige entscheidest, damit Rückgewinnung und Integration des Ursprünglichen Ichs möglich werden. Hier kommt der Schlüssel zum Erkennen des Unterschieds. Nutze diese drei Hinweise, wenn es dir schwerfällt, sie voneinander zu unterscheiden:

- Wenn wir auf die Stimme des Überlebens-Ichs hören, *fühlen wir uns erleichtert* (weil das Überlebens-Ich uns absichert).
- Wenn wir auf die Stimme des Beobachtenden Ichs hören, *fühlen wir uns weise und geliebt*.
- Wenn wir auf die Stimme des Aufblühenden Ichs hören, *fühlen wir uns erfüllt*.

Frage dich: Bist du erleichtert oder erfüllt? Verspürst du Liebe oder Anhänglichkeit? Fühlst du dich weise oder bist du im Zweifel? Behalte dies auf deiner weiteren Reise zur Integration deines Ursprünglichen Ichs immer im Hinterkopf. Die folgende Übung kannst du ausprobieren, um zwischen den drei Stimmen zu unterscheiden.

## Hausaufgabe: Ich-Stimmen stapeln

Wenn du in deinem Leben eine Entscheidung treffen musst und dich nicht recht entschließen kannst, dann mache dieses Stimmenstapeln. Achte darauf, was der Stapel aussagt. Die Übung geht schnell und zeigt uns die Wahrheit über eine Situation, in der wir uns im Konflikt befinden. Hier eine Vorlage für diese kurze, aber sehr lösungsorientierte Übung, die du sofort umsetzen kannst. Stelle eine Frage und versuche dir vorzustellen, wie jeder Persönlichkeitsanteil antwortet:

- Das Überlebens-Ich flößt immer Zweifel und Ängste ein, indem es sagt ...
- Das Beobachtende Ich erinnert dich immer an deine Weisheit und antwortet ...
- Das Aufblühende Ich möchte immer handeln, indem es ...
- Das Programm lässt immer das Ursprüngliche Ich wieder lebendig werden, indem es ...

Im Folgenden ein vereinfachtes Beispiel für einen Stimmenstapel in der Praxis. In dem Beispiel geht es darum, dass eine Beziehung möglicherweise beendet werden muss und du dich nicht entscheiden kannst, ob oder ob nicht:

**Überlebens-Ich:** Du denkst doch nicht im Ernst daran, diese Beziehung zu beenden? Hör auf zu übertreiben und dermaßen zu dramatisieren. Was passiert ist, ist nicht so schlimm, wie es bei dir klingt. Wo willst du jemand Neuen finden, der für dich sorgt? Wenn du gehst, stehst du allein da. Hör einfach auf mit dem Theater und nimm die Entschuldigung an. In Zukunft wird dieser Vorfall gar keine Rolle mehr spielen.

**Beobachtendes Ich:** Das hat sich falsch angefühlt, nicht wahr? Wie oft hat sich in deinem Leben etwas so falsch angefühlt? Das hast du bis jetzt nur zwei- oder dreimal erlebt. Es sieht ganz so aus, als würdest du an einem neuen Scheideweg stehen. Gerade ist etwas zu Ende gegangen. Lass es zu Ende gehen. Lass sie gehen.

**Aufblühendes Ich:** Es wurde aber auch Zeit. Ich bin froh, dass das passiert ist. Schreib die SMS oder ruf an und lass uns neue Wege gehen. Wer weiß, was dich erwartet? Ich wette, es wird toll. Ich kann es kaum erwarten, was als nächstes kommt.

**Programm:** Ruf an und beende die Beziehung. Wenn ein Anruf eine zu große Herausforderung ist, schreib eine SMS. Du entscheidest, wie das endet. Bleib auf dem Kurs des Aufblühenden Ichs. Es ist vorbei.

Jetzt, da du dich mithilfe des Stimmenstapelns bei schwierigen Entscheidungen zurechtfinden kannst – besonders, wenn du Zweifel hast – wollen wir weiter herausfinden, wie du dich ohne allzu viel Aufwand auf dein Aufblühendes Ich einstimmen kannst. Denn das Aufblühende Ich spielt beim Stimmenstapeln eine herausragende Rolle.

## Erinnerungen deines Aufblühenden Ichs wachrufen

Nicht, dass du in deinem Leben, so wie es jetzt ist, nicht lachst oder neue Erinnerungen schaffst, aber es fällt dir vielleicht schwerer, richtig darin aufzugehen. Du hast vergessen, wie zauberhaft es sein kann, sich an die Einzelheiten eines ganz normalen Tages zu erinnern. An die Routine scheinbarer Nichtigkeiten. An den Luxus. An die Spaziergänge. An die neuen Freundschaften an einem Sommertag am Meer. Ich wünschte, du müsstest nicht in die Vergangenheit blicken, um einen Vorgeschmack auf dein Aufblühendes Ich zu bekommen. Aber Erinnerungen an das Aufblühende Ich liegen nun einmal nicht einfach so herum und warten darauf, abgerufen zu werden. Wenn du eine Reihe Unsichtbarer Verluste erlebt hast, wird dir die Erinnerung an die sorglosen Tage in deinem Leben schwerfallen. Im Laufe meiner Tätigkeit als Trainerin für den Wiedereinstieg ins Leben habe ich gelernt, dass sich, wenn jemand jahre- oder sogar jahrzehntelang überleben und sich anpassen musste, die erfüllenden Erinnerungen förmlich auflösen. Fast so, als hätte es sie nie gegeben.

Ich kann dir viele Beispiele nennen, bei denen Menschen mir gesagt haben, sie könnten sich nicht daran erinnern, jemals einfach nur Spaß gehabt zu haben. Sie reden sich ein, dass sie nie glücklich waren, nicht einmal als unbeschwertes Kind mit drei oder vier Jahren. Möglicherweise sind ihre Erinnerungen an Unsichtbare Verluste früher angesiedelt, als sie tatsächlich erstmals passiert sind.

Dein auf dem Überlebens-Ich beruhendes Gehirn wird tun, was es nur kann, um dich zu der Erinnerung zu bringen, die dir vor Augen hält, wie du agieren musst, um neuen Schmerz, neuen Verlust, neuen Kummer zu vermeiden. Wie du inzwischen weißt, ist es dem Überlebens-Ich wichtig, dafür zu sorgen, dass du in Sicherheit bist.

Wir sind alle so gestrickt, dass Überleben für uns stets im Vordergrund steht, und deshalb werden wir uns immer gegen jede

Erinnerung wehren, die uns sagt, dass wir in einer guten und sicheren Welt leben. Das hat zur Folge, dass die Denkmuster des Aufblühenden Ichs unbeachtet liegen bleiben. Normalerweise sind wir nicht aufgefordert, uns an die guten Zeiten zu erinnern oder von schönen Dingen zu erzählen. Die Aufmerksamkeit ist sehr stark auf die schwierigen Erinnerungen gerichtet, während wir tapfer versuchen, unser Leben zusammenzuhalten. Es ist essenziell wichtig, dass wir uns Zeit nehmen und uns daran erinnern, wann und wobei wir als Kinder und Jugendliche aufgeblüht sind. Neurowissenschaftlichen Erkenntnissen zufolge müssen wir uns aktiv an unsere früheren Erlebnisse erinnern, um die Gegenwart aus der Perspektive des Beobachtenden Ichs zu verstehen. Der Psychologe Jeffrey Karpicke von der *Purdue University* sagt: „Mit jedem Abrufen einer Erinnerung wird diese in Zukunft leichter zugänglich[6]." Die Fähigkeit, auf die richtige Erinnerung zuzugreifen, trägt entscheidend dazu bei, wie dein Gehirn auch deine Zukunft gestaltet. Oder wie Trevor English sagt: „Wenn du Erinnerungen aufbaust, sagst du im Grunde dem Elektriker in deinem Gehirn, er soll da oben ein paar neue Leitungen verlegen. Wenn du dich an etwas erinnerst, ist das so, als würdest du den Lichtschalter betätigen und sehen, dass die Leitungen genauso funktionieren, wie sie sollen – das Licht geht an[7]." Deshalb müssen wir uns wieder dorthin begeben und das Licht einschalten. Die zahllosen Unsichtbaren Verluste in deinem Leben haben dazu geführt, dass du dich den Erinnerungen an Verletzendes zugewandt hast, um die mit diesen Erlebnissen verbundenen Gefahren nicht zu vergessen, damit du sie in Zukunft meiden kannst. Möglicherweise wurden die Erinnerungen an das Aufblühende Ich bei manchen Menschen ausgelöscht, da sie in einer Zukunft, die erfüllt ist von Trauer und dem Überleben von Trauer, keine so große Rolle spielen würden wie die Erinnerungen, mit deren Hilfe sie künftigen Verlust und Schmerz vermeiden könnten.

Um sich an einen Moment des Aufblühens in seiner Vergangenheit zu erinnern, sucht man ihn am besten und einfachsten in einer Zeit, in der das Gehirn beschlossen hat, einige Erinnerungen als bedeutungsvoll abzulegen. Mit anderen Worten, eine solche Erinnerung kann zu einem späteren Zeitpunkt im Leben als Erinnerung des Aufblühenden Ichs abgelegt werden, selbst wenn sie im Moment des eigentlichen Ereignisses gar nicht so „aufblühensmäßig" war. Dann beschließt du also beispielsweise im Nachhinein, dass ein Aufenthalt mit deiner Familie im Haus am See, als du fünf Jahre alt warst, eine besondere Zeit war, vor allem, wenn du kurz danach sehr zu kämpfen hattest. Deshalb erinnerst du dich an diese Zeit als unbeschwert und fröhlich, bevor dann überraschend eine schwere Zeit anbrach.

Du übersetzt diese Erinnerung und veränderst ihre Bedeutung, nachdem das Leben dir Lektionen erteilt hat. Du erinnerst dich nicht daran, wie es war, sondern daran, was es dir später bedeutet hat. Authentische Erinnerungen des Aufblühenden Ichs zu finden, die einfach nur Spaß machen, ohne dass ihnen nach einem Verlust nachträglich etwas Lohnendes übergestülpt wurde, ist von zentraler Bedeutung dafür, dass du dich aufrichtig an dein glückliches Dasein erinnern kannst. Jetzt, da du so viel darüber weißt, wie deine auf dem Überlebens-Ich beruhende Hirnmaschine dein Leben umorganisiert hat – nämlich so, dass etwas entweder erinnert wird, weil es ein lohnendes Element besitzt, oder nicht erinnert wird, weil es für dein Überleben irrelevant ist – musst du dir das Leben deines Ursprünglichen Ichs zurückholen.

Glaube ja nie, dass du nie Spaß hattest. Den hattest du garantiert. Du bist dafür geschaffen, Spaß zu haben. Es ist sozusagen deine Standardeinstellung. Das Narrativ des Überlebens-Ichs hat Geschichten erfunden, um dich zu zähmen. Es hat dich als leichtsinnig bezeichnet und dir die Tür vor der Nase zugeschlagen. Erinnern wir uns an die Geschichte so, wie sie im ersten Durchgang geschrieben wurde. Das Überlebens-Ich ist ein Ghostwriter; nie die Original-Stimme.

Bereit?

··········································································································

## Hausaufgabenvorbereitung: Die Brücke zur Vergangenheit deines Aufblühenden Ichs

Mit diesem Teil von dir möchte ich dich schon sehr lange wieder offiziell bekannt machen, aber ich musste Geduld haben, denn ich weiß, wenn das Aufblühende Ich zu früh hereinzukommen versucht, wird es von den fehlgeleiteten Gedanken des Überlebens-Ichs wieder rausgeworfen. Sobald das Aufblühende Ich sich deutlich zu zeigen beginnt, werden häufig Gedanken des Überlebens-Ichs aktiviert.

Weil du deine Programme umgesetzt hast, bist du nun bereit, den verträumten, lebenslustigen Teil von dir anzunehmen, den das Aufblühende Ich nun einmal darstellt. Weil du etwas Abstand zwischen dich und dein Überlebens-Ich gebracht hast, hast du genug gedanklichen Spielraum, um dich wieder mit diesem Teil von dir zu verbinden, der Lachen, Freude und Liebe kennt.

Eine Zeitreise in die Vergangenheit und die Erinnerung an dich und deine Gefühle in dieser Zeit aktivieren den Teil von dir, der weiß, wie Aufblühen, Lebendig- und Fröhlichsein gehen. Bei dieser Übung bitte ich dich, dich mit dem Optimisten, der Optimistin vertraut zu machen, die immer an all das Gute gedacht hat, das im Leben möglich ist. Diese glückliche Erinnerung aus deiner Kindheit oder Jugend wollen wir jetzt finden. Wir wollen sie uns mit folgender Visualisierungsübung ins Gedächtnis rufen.

### Rufe die Erinnerung deines Aufblühenden Ichs wach

Setze dich bequem hin und lege die Beine hoch, sodass du vollkommen entspannen kannst. Schließe die Augen und mache es dir gemütlich. Atme tief ein und sanft wieder aus. Atme auf diese Weise ein paarmal ruhig durch, dann lasse das Gewicht deines ganzen Körpers los, als ob du einschlafen wolltest. Lass die Schultern fallen. Lass los. Atme noch einmal ein und aus. Und nun beginnen wir den geführten Teil dieses Wachrufens der Erinnerungen deines Aufblühenden Ich.

Stell dir vor, du siehst direkt vor dir eine wunderschöne Brücke. Es könnte eine Brücke sein, die du schon kennst und über die du bereits gegangen bist, oder eine reine Fantasiebrücke. Diese Brücke wird dich im übertragenen Sinne zurückführen in eine Zeit in deiner Vergangenheit, in der du noch keinen größeren Schmerz oder Verlust erfahren hast. Du baust damit eine Verbindung zwischen dem Hier und Jetzt und der Vergangenheit auf, als du unbeschwert warst. Wenn du dich langsam auf den Weg über die Brücke machst, dann achte auf die Straßenlaternen rechts oder links, die sich einschalten, wenn du an ihnen vorübergehst. Auf deinem Weg zu der alten Erinnerung deines Aufblühenden Ichs werden sie immer heller. Du näherst dich einer Zeit in deinem Leben, als es dir einfach gut ging. Versetze dich in eine Erinnerung, als du glücklich warst und glücklich aussahst. Achte darauf, was du anhast. Wenn du es wahrgenommen hast, richte deine Aufmerksamkeit auf deine Umgebung. Vielleicht kommst du auf ein bekanntes Gebäude zu und gehst hinein. Kannst du dich an etwas Bestimmtes an den Wänden des Raums erinnern, in dem du dich befindest? Gibt es ein Kunstwerk oder eine Tapete, an die du dich erinnern kannst? Befinden sich Menschen in diesem Raum? Ist deine Mutter oder dein Vater da, vielleicht in einem bunten Pulli? Wenn du irgendwo im Freien und allein bist, halte Ausschau nach etwas Auffälligem. Irgendetwas, das deine Aufmerksamkeit auf sich zieht. Das könnte ein eindrucksvolles Gebäude, ein Fahrrad auf dem Gehweg oder etwas beliebiges anderes sein. Nun, da du dieses Eine in Erinnerung hast, wollen wir ein paar Sekunden dabei verweilen. Du bist in einer Zeit angekommen, als sich alles leicht und einfach angefühlt hat. Du warst vielleicht noch Kind oder Jugendliche/Jugendlicher. Erinnere dich an dein Lächeln, deine Herzenswünsche und deine Liebe zum Leben. Wenn du noch nicht da bist, gehe weiter in der Zeit zurück, so weit wie du musst, um diese Zeit zu finden.

Erinnere dich daran, dass du gelächelt hast, und wie sich das Leben in dieser Zeit ohne Verlust, Angst oder Schmerz angefühlt hat. Wie alt warst du? Was hast du gedacht?

Lasse zu, dass du dich an dein Ursprüngliches Ich in dieser Zeit erinnerst. Nimm dir ein paar Minuten Zeit und lebe in der Vergangenheit. Gibt es etwas an dir, das du ganz vergessen hattest? Was hat dir damals Spaß gemacht? Hast du gemalt oder Sport getrieben oder warst du einfach ein fröhliches Kind, das alle Menschen mitgenommen hat in seine Welt?

Das Ich, mit dem du dich jetzt wieder verbindest, ist dein Aufblühendes Ich – das träumt, abenteuerlustig ist und das Leben und die Menschen liebt. Das Herz des Aufblühenden Ichs ist voller Leidenschaft. Es möchte Liebe geben und empfangen. Hat diese Erinnerung dir etwas über dich wieder bewusstgemacht, was du schon völlig vergessen hattest? Wenn das Aufblühende Ich mit dir sprechen könnte, was würde es dir sagen?

Lausche auf die Gedanken, die damals da waren. Erinnere dich daran, was du getan hast, als du am glücklichsten warst. Bleibe so lange dort, wie du möchtest. Keine Eile.

Wenn du so weit bist, lade diesen erinnerten Teil von dir ein, mit dir über die Brücke in die Gegenwart zu kommen. Wenn du dich mit deinen neuen vergessenen Erinnerungen deines Aufblühenden Ichs auf den Rückweg machst, bringst du diesen Teil von dir mit. Nimm wahr, dass die Straßenlaternen noch heller werden, wenn du an ihnen vorüberkommst. Wenn du nun über die Brücke zurückgehst und die Wiesen auf der anderen Seite siehst, gehst du dann in einem anderen Rhythmus? Vielleicht sind deine Schritte ein wenig schneller, ohne deswegen gleich hastig zu sein. Du freust dich, dass du dich wieder so fühlen kannst, nachdem du dich so lange durch den Alltag geschleppt hast. Stelle dir vor, dass dein Aufblühendes Ich dich bei der Hand nimmt und am liebsten losrennen würde.

Wenn du wieder im gegenwärtigen Moment ankommst, spüre den Boden unter deinen Füßen, und bevor du die Augen öffnest, spüre in dich hinein und nimm wahr, wie du dich fühlst. Ist das

Gefühl in deinem Herzen anders als vorher? Kannst du erkennen, dass dieser Teil von dir immer da war und nur darauf gewartet hat, dass du dich wieder an ihn erinnerst, ihn anerkennst und wieder spürst?

Gönne dir einen Moment Zeit, um in deinen Gefühlen zu schwelgen. Wenn du so weit bist, öffne die Augen.

### Halte dein Erlebnis fest

Ich hoffe, dass du nun etwas anderes empfindest, entweder etwas Vergessenes oder etwas Neues. Lass uns hier innehalten und die Erinnerung aufschreiben, bevor sie erneut in Vergessenheit geraten kann.

- Woran hast du dich erinnert?
- Was war die größte Überraschung, als du bei der Erinnerung deines Aufblühenden Ichs angekommen bist?
- Hast du ein Gefühl verspürt, das du schon ganz vergessen hattest?
- Hat dich die Auswahl der Erinnerung überrascht? Wenn ja, inwiefern?
- Was haben die Straßenlaternen gemacht, als du an ihnen vorbeigegangen bist?
- Was passiert jedes Mal, wenn du die Erinnerung deines Aufblühenden Ichs wieder abrufst?
- Was für eine Brücke haben deine Gedanken für dich gebaut? Handelte es sich um eine Brücke, auf der du schon einmal warst?

### Wiederhole die Erinnerung

Je öfter du über diese Brücke gehst und Erinnerungen deines Aufblühenden Ichs abrufst, desto größer wird deine Bibliothek wiedergewonnener Erinnerungen deines Aufblühenden Ichs. Immer wenn dir danach ist, komme wieder auf diesen Gang über die Brücke zu der Erinnerung deines Aufblühenden Ichs zurück.

Wenn du angekommen bist, verweile ein wenig bei dieser Erinnerung. Und sobald du mit deinem Aufblühenden Ich vertraut bist, mache einen neuen Spaziergang über die Brücke zu einer neuen Erinnerung deines Aufblühenden Ichs. Mit der Zeit wirst du eine Erinnerung nach der anderen abrufen können.

.......................................................................................................................

## Hausaufgabenvorbereitung:
## Das Muster des Aufblühenden Ichs finden

Sobald du ein paar Erinnerungen deines Aufblühenden Ichs abrufen konntest, kannst du Ausschau nach dem Muster in ihnen halten. Sie existieren ganz genauso wie die Muster des Überlebens-Ichs. Auf die Muster des Überlebens-Ichs können wir leichter zugreifen, weil sie in unserem Leben so prägnant und automatisch präsent sind. Aber auch das Muster der Erinnerungen des Aufblühenden Ichs ist vorhanden; wir müssen uns nur ein bisschen mehr Mühe geben, es zu finden. Nehmen wir zum Beispiel einmal an, du hast in einer Erinnerung deines Aufblühenden Ichs gesehen, wie du einmal stundenlang mit deinem Vater beim Angeln warst. Oder beim Fahrradfahren mit deinen Freunden. Das Muster ist hier vielleicht das Bedürfnis nach Verbundenheit bei Unternehmungen in freier Natur. Oder dass du aufgeblüht bist, wenn du richtig lange draußen warst.

Dieses Muster ist von entscheidender Bedeutung für das Erkennen deines Ursprünglichen Ichs, des Ichs, das zum Schweigen gebracht werden musste, weil du damit beschäftigt warst, dein Leben zu überstehen. Sobald du dieses Muster findest, kannst du es für die Entwicklung deiner Programme verwenden und eine neue Erinnerung deines Aufblühenden Ichs schaffen, die dann zur neuen Grundlage für dein Leben wird. Wie man ein auf das Aufblühende Ich ausgerichtetes Programm entwickelt, werden wir uns an späterer Stelle in diesem Kapitel ansehen, jetzt wollen wir uns darauf konzentrieren, das Muster des Aufblühenden Ichs zu finden.

- Nimm Stift und Papier zur Hand und schreibe mindestens zwei Erinnerungen deines Aufblühenden Ichs nach Spaziergängen über die Brücke auf.
- Lies sie noch einmal durch und markiere die Ähnlichkeiten.
- Finde das Motiv, das Muster des Aufblühenden Ichs. Zum Beispiel, du wirkst immer glücklich, wenn du draußen bist.

In der nächsten Übung fügen wir einen weiteren Schritt hinzu und entwickeln das Programm.

## In der „Zone" des Aufblühenden Ichs

Vielleicht ist dir beim Abrufen der Erinnerungen des Aufblühenden Ichs aufgefallen, wie intensiv diese Erfahrungen waren. Sie fühlen sich so an, weil du, wenn du aufblühst, alles andere um dich herum vergisst. Es ist eine Art Hyperfokus. Das Aufblühende Ich kann sich gezielt auf Abenteuer und Entdeckungen konzentrieren und dadurch dein Gehirn beeinflussen, sogar wenn du dich für ein risikoarmes Programm mit ihm verbindest. Das Einzige, was dein Aufblühendes Ich bisher im Zaum gehalten hat, war die Gefangenschaft im Warteraum, wo es nichts zum Spielen hatte. Es gab nichts, womit es sich hätte beschäftigen können, denn für das kindliche Ich, das den ganzen Tag spielen wollte, war alles im Warteraum risikoarm. Erinnerst du dich daran, dass du als Kind scheinbar ewig im Garten hättest spielen können? Als du keine Vorstellung davon hattest, wie die Zeit vergeht, weil du völlig in dein Tun vertieft warst? Ein wenig davon wollen wir uns zurückholen, damit wir es in das ganze Ich integrieren können.

Denke daran, dass die Hyperfokus-Superkraft des Aufblühenden Ichs nicht ständig zum Einsatz kommen sollte, weil sie alle anderen Tätigkeiten in deinem Leben, die zwar weniger interessant, aber trotzdem wichtig sind, wie zum Beispiel deine Kinder zur Schule zu fahren, deine Rechnungen zu bezahlen und das berufliche Projekt abzuschließen, aus dem Weg fegt. Diese Aspekte gibt es auch im Leben außerhalb des Warteraums, und leider können wir sie nicht völlig ignorieren.

Deshalb müssen wir diese Kraft des Aufblühenden Ichs zügeln. Davor aber werden wir sie so stark machen wie nur irgend menschenmöglich – schließlich hat sie eine ganze Weile geschlafen. Wir wollen unsere Fähigkeit zum Aufblühen für einen längeren Zeitraum wiedergewinnen. Die Hyperfokus-Superkraft des Aufblühenden Ichs ist immer noch im Spiel, auch wenn du mit einem risikoarmen Programm beginnst, solange es sich dabei um etwas handelt, das dem kindlichen Aufblühenden Ich in dir Spaß macht.

Man kann es auch so sehen, dass das Überlebens-Ich dieselbe Fähigkeit zur Hyperfokussierung hat – nur liegt der Fokus dabei auf der Angst und nicht auf dem Spaß. Der Unterschied besteht darin, dass der Hyperfokus des Aufblühenden Ichs ein natürlicher Zustand ist, und da du damit geboren wirst, brauchst du ihn nicht zu aktivieren oder in irgendeiner Form auszulösen. Er ist einfach da. Sobald dein inneres Narrativ neu formuliert ist, konzentrierst du dich auf Spaß und Spiel und ganz bestimmt nicht auf Angst. Du drückst dich einfach aus. Du erschaffst einfach. Du bist einfach im Moment. Denke daran, dass der Hyperfokus des Aufblühenden Ichs auf der Gegenwart liegt. Das Überlebens-Ich leitet sich immer aus einem Verlust in der Vergangenheit ab, auch wenn es im gegenwärtigen Moment zu dir spricht. Für das Überlebens-Ich ist der Warteraum ein Zuhause, wo es seine Kräfte schnell wieder aufladen kann, weißt du. Deshalb müssen wir auch deinem Aufblühenden Ich ein Zuhause schaffen, damit es immer stärker werden kann. Sonst ist das ein unfairer Kampf.

## Renes Entdeckung ihres Aufblühenden Ichs

Rene war 50 Jahre alt und als Wirtschaftsprüferin in ihrer Familie die Hauptverdienerin. Schon als die Kinder noch klein waren, war bei ihrem Mann eine Form der Erblindung diagnostiziert worden, die zu einer dauerhaften Behinderung führen würde. Rene musste zur Ernährerin werden, sie war für die Finanzen der Familie zuständig und musste die Entscheidungen in Bezug auf die Familienurlaube treffen. Sie hatte schon einmal an meinen Kurs zum Wiedereinstieg ins Leben teilgenommen und viel dabei gewonnen, aber sie merkte, dass sie immer noch in den Warteraum des Unsichtbaren Verlusts ihrer Sicherheit ging.

Als ihr Mann einen Teil seiner Sehkraft verlor, machte sie sich Sorgen, ihre Familie könnte obdachlos werden. Das war natürlich eine Reaktion darauf, dass ihr Mann nicht mehr zum Lebensunterhalt beitragen konnte, aber es war auch eine Überlebensreaktion auf ihren Unsichtbaren Verlust, der dadurch entstanden war, dass ihr Vater in ihrer frühen Kindheit drei Jobs hatte, sodass sie ihn eigentlich nie sah und es kaum gemeinsame Zeit gab.

Immer wenn sie zu ihrem Vater ging, war er mit irgendetwas beschäftigt und sagte ihr, sie solle dankbar sein, dass er diese Jobs hatte, damit sie nicht obdachlos sein müsste. Wenn Rene ihn vermisste, wertete sie dieses Gefühl jedes Mal innerlich ab und sagte sich, er arbeite, damit sie ein Dach über dem Kopf hätte. Als Erwachsene machte sich Rene jetzt nicht nur Sorgen, dass sie nicht genug Einkommen für ihre Familie erwirtschaften könnte, sondern auch, dass ihre Kinder sie vielleicht ebenso sehr vermissten wie sie ihren Vater vermisst hatte. Deshalb gönnte sie sich nie Zeit für sich selbst, sondern achtete darauf, dass sie ihre gesamte Freizeit mit den Kindern verbrachte.

Renes Mann wurde Hausmann, denn auch mit seinem eingeschränkten Sehvermögen war er immer noch in der Lage, sich zu Hause um die Kinder zu kümmern. Wie früher ihr Vater sorgte Rene nun für den Lebensunterhalt ihrer Familie. Zusätzlich achtete sie darauf, dass die Kinder sich nicht vernachlässigt fühlten. Doch am Ende vernachlässigte sie dabei sich selbst. Sie gab sich immer noch nicht die Liebe und Aufmerksamkeit, die sie als Kind gebraucht hätte.

Doch sie verweigerte sie nicht nur sich selbst, sie ließ auch nicht zu, dass andere sie ihr gaben. Ihre Rolle in der Familie war die der Versorgerin, sowohl für ihren Mann als auch für ihre Kinder. Nie war sie diejenige, für die gesorgt wurde.

Renes wahrer Unsichtbarer Verlust war Selbstfürsorge. An dieser Stelle war sie am verwundbarsten. Sie wollte von niemandem zurückgewiesen werden und bat daher nie um das, was sie brauchte. Außerdem wollte sie nie anerkennen, dass ihr Bedürfnis, Aufmerksamkeit zu bekommen, ebenso wichtig war, wie ihr Bedürfnis, sie anderen zu schenken. Während einer Woche, in der wir uns in dem Kurs mit der Entdeckung des Aufblühenden Ichs beschäftigten, überraschte Rene uns alle damit, dass sie eine Reise nach Venedig für sich gebucht hatte.

Offenbar hatte sie diese Reise bereits dreimal gebucht, aber immer wieder storniert. Das Überlebens-Ich hatte sie davon überzeugt, dass das zu teuer und zu egoistisch wäre. Das Spannende ist, dass die Programme vor der Buchung dieser Reise sie dem Übergang vom Überlebens-Ich zum Beobachtenden Ich nicht nähergebracht hatten. Sie hatte also den Übergang zum Ursprünglichen Ich erlebt. Auch in der Übung zur Aktivierung des Beobachtenden Ichs war sie nie wirklich an ihre Weisheit herangekommen. Ihre Neuformulierungen blieben mechanisch, und bei ihren Klärungen ging sie nie zur Stimme des Beobachtenden Ichs über. Sie konnte nicht direkt aus ihrem Beobachtenden Ich heraus schreiben.

Aber dieses Mal entwarf sie kleine Programme zur Selbstfürsorge, die ihr Ruhe schenkten. Nach zehn Jahren ging sie zum ersten Mal wieder zur Massage. Am Wochenende blieb sie einen ganzen Vormittag im Bett. Die Kinder waren mittlerweile aus dem Haus und studierten. Aber sie wählte diese Programme zudem unter dem Aspekt aus, wonach sie sich sehnte. Im Unterschied zu früher, als sie sie danach ausgewählt hatte, was sie ihrer Meinung nach brauchte.

Als die Reise kurz bevorstand, entschied sie sich tatsächlich dafür zu fahren. Denn ihre täglichen Gedankenstapel-Übungen machten sie auf eine Veränderung aufmerksam, die besagte, dass sie ja ein Budget für ihre Selbstfürsorge einrichten könnte, genau wie sie es auch für Lebensmittel tat. Ihr Mann wollte lieber zu Hause bleiben; er war ohnehin noch nie ein besonderer Freund des Reisens gewesen. Rene musste sich ehrlich eingestehen, dass sie ihren Mann als Ausrede dafür benutzt hatte, nicht zu verreisen, obwohl er sie nie gebeten hatte, zu Hause zu bleiben, und ihr versichert hatte, dass er allein zurechtkommen würde. Wir wissen alle, dass damit ihr Überlebens-Ich dafür sorgte, dass sie nicht das Risiko einging, diese Reisen zu unternehmen.

Kaum war sie dort, entdeckte sie, dass die Sprache ihr so gut gefiel, dass sie auf der Reise so viel wie möglich lernen davon wollte. Nach ihrer Rückkehr beschloss sie, weiter zu lernen und fürs nächste Jahr wieder eine Reise zu planen. Planen konnte sie schließlich. Ihre Hyperfokussierung aufs Sprachenlernen erlaubte ihr, Pläne für weitere Reisen in ihrem Leben zu schmieden. Plötzlich fing sie an, sich anders zu kleiden. Für ihre Garderobe fand sie Gefallen an einer anderen Farbpalette, weg von dunklen Farben, hin zu dezenten Rosa- und Grüntönen.

Sie entdeckte, dass ihr Ursprüngliches Ich schon immer Kontakt und Kommunikation gesucht hatte, aber da ihr Vater ihr gegenüber dazu nicht in der Lage gewesen war, hatte sie sich mit Zahlen, Budgets und Verantwortlichkeiten umgeben, die dafür sorgten, dass sie stets den Kopf einzog. Ihr Ursprüngliches Ich war neugierig und hatte viele Fragen an ihren Vater, Fragen, die immer unbeantwortet blieben.

Endlich stieg Rene mit einer neuen Sprache und neuen Reiseabenteuern wieder in ihr Leben ein. Am Ende arbeitete sie für Unternehmen, die ihren Sitz in den USA hatten, aber internationale Niederlassungen besaßen, die Finanzdienstleistungen benötigten.

Sie nahm Italien in ihr Geschäftsfeld auf, und fürchtete sich nicht mehr davor, von ihren Reisen in ihr Leben im Warteraum zurückzukehren. Nach den Entdeckungen, die sie unterwegs machte, zog sie mit ihrem ganzen Leben aus dem Warteraum aus. Sie sagte: „Ich kann mir das nicht mehr ausreden. Ich möchte mich jetzt in jedem Bereich meines Lebens so fühlen."

## Ein auf das Aufblühende Ich fokussiertes Programm entwickeln

Endlich betrachtest du die Gegenwart als den wichtigsten Teil deines Lebens. Jetzt verstehst du, warum das Aufblühende Ich nur hier leben kann. Es ist nicht wie das Beobachtende Ich und das Überlebens-Ich. Sie können sich zeitlich vor- und zurückbewegen. Das Aufblühende Ich lebt nur in der Gegenwart. Je länger du hierbleibst, desto stärker wird es. Dazu musst du nichts weiter tun, als dich an das hyperfokussierte Aufblühende Ich anzuschließen und die Welle des Aufblühens zu reiten, solange du kannst.

Das ist der Moment, in dem du loslässt, ohne loslassen zu müssen. Es fühlt sich gut an. Endlich. Es ist besser als der Zustand, in dem du dich sonst immer befunden hast, mucksmäuschenstill und isoliert im Warteraum. Du verstehst jetzt besser, warum du die „Zone" deines Aufblühenden Ichs so lange verlassen musstest. Nachdem du deine Unsichtbaren Verluste anerkannt und dich an das Leben angeschlossen hast, das sie vor dir versteckt haben, bist du jetzt an einem Punkt, an dem du dich sicher fühlst, wenn du wieder aufblühst. Zunächst nur für ein paar kurze Augenblicke. Schauen wir einmal, wie das vor sich gehen kann.

Du stehst kurz vor einem größeren Schritt zum endgültigen Verlassen des Warteraums. Mit dem hochaufgeladenen und hyperfokussierten Programm des Aufblühenden Ichs kannst du die Tür endlich weit aufstoßen. Das ist möglich, weil deine Gedankenstapel sich stets für gute Kommunikationsfähigkeiten zwischen deinem Beobachtenden Ich und deinem Aufblühenden Ich einsetzen konntest, wenn du über deine bisherigen Programme entschieden hast. Jetzt kannst du dich endlich darauf verlassen, dass das Aufblühende Ich dich trägt – nicht nur bei kurzen Ausflügen aus dem Warteraum, sondern auch auf der längeren Reise nach draußen.

Das wollen wir nun noch etwas näher aufschlüsseln.

Du fängst mit dem Klären an, wie du es bei deinem täglichen Gedankenstapeln normalerweise auch machst. Aber heute beginnst du das Gedankenstapeln mit der Stimme des Aufblühenden Ichs. Wenn du in dich hineinhörst, merkst du, dass du dich auf ein Programm freust, über das du nachdenkst. Du bleibst dabei. Du schreibst so lange darüber, wie du musst. Wenn dein Überlebens-Ich sich einmischen will, erkennst du das mit deinem Beobachtenden Ich schnell und wirfst es raus, ohne dass du dazu die gesamten Neuformulierungen machen musst. Du beherrschst jetzt den Schritt „Entdeckung". Das ist das Resultat täglichen Klärens und Gedankenstapelns über mehrere Wochen hinweg. Die Programme haben dein Denken verändert und dich von einer Fixierung auf Sorgen zu einer Fokussierung aufs Spiel geführt. Das ist ein richtig starker Gedankenstapel.

Dein Gedankenstapel ist jetzt voll aufgeladen. Dieses Mal denkst du nicht mehr an das Risiko wie sonst immer. Du denkst daran, wie spielerisch dein Programm ist. Du wählst Zeit und Ort und machst dich dann daran, es umzusetzen. Davor aber musst du noch ein letztes Mal überprüfen, ob es das richtige Programm ist, damit der Hyperfokus des Aufblühenden Ichs ins Spiel kommen kann.

### Das Programm entwickeln

Wenn du dich beispielsweise an eine schöne Wanderung mit einer alten Freundin erinnert hast, bei der ihr im Freien übernachtet habt, dann frage dich, welcher Teil der Erinnerung am schönsten war und am meisten Spaß gemacht hat. Wenn es das eigentliche Wandern war, wie hat es sich angefühlt, ein paar Stunden lang zu wandern, wie hat dein Körper reagiert? Wenn es das Campen mit der Freundin und die Verbindung war, die damals zwischen euch entstanden ist, gibt es dann ein Programm, das dich in ein ähnliches Gefühl versetzen kann? Es muss nicht unbedingt Wandern oder Campen sein, aber etwas, das einem Abenteuer in dieser Art ähnelt. Genau darüber kannst du jetzt ein Stimmenstapeln machen. Da dein Überlebens-Ich versuchen wird, dieses Erschaffen einer Erinnerung des Aufblühenden Ichs zu sabotieren, musst du das Stimmenstapeln aktivieren (das Gespräch zwischen allen drei Ichs). Hier ein Beispiel:

**Überlebens-Ich:** Weißt du nicht mehr, wie du auf der Wanderung gestürzt bist und dich am Knöchel verletzt hast? Warum solltest du so etwas nochmal machen wollen?

**Beobachtendes Ich:** Ich erinnere mich an den Sturz, aber ich weiß auch noch, wie viel Spaß es gemacht hat, in dieser Nacht am Feuer zu campen. Ich hatte das Gefühl, dass die Sterne uns die ganze Nacht umworben haben. Tatsächlich ist das eine meiner liebsten Erinnerungen, und ich bin so froh, dass sie mir jetzt wieder einfällt.

**Aufblühendes Ich:** Komm, wir planen etwas Schönes, und wenn das nur heißt, dass wir bei Kerzenlicht auf der Terrasse sitzen, Musik hören und mit einer alten Freundin plaudern (risikoarmes Programm). Es ist schon viel zu lange her. Wenn ich draußen bin, habe ich das Gefühl, dass ich alles kann.

### Welches Verhalten des Überlebens-Ichs wird dadurch ersetzt?

Kommen wir noch einmal auf Renes Geschichte zurück. Das Programm ihres Aufblühenden Ichs war aus dem risikoarmen Programm erwachsen. Sobald sie genug Mut zu mehr Risiko aufbringen konnte, stieg sie ins Flugzeug nach Venedig. Das Gegenteil dieses Programms war das Warteraum-Verhalten, das ihr keinerlei freie Zeit fürs Reisen zugestand.

Das Aufblühende Ich ist immer hinter dem Überlebens-Ich verborgen. Die Dinge, gegen die wir uns am meisten wehren, sind normalerweise die, bei denen das Überlebens-Ich befürchtet, sie könnten uns aus dem Warteraum locken. Rene wusste, wenn sie reisen würde, würde ihr die Rückkehr in ihren Alltag so schwerfallen, dass sie sich das Reisen gar nicht erst zugestand. Deshalb suchen wir nach dem gegenteiligen Verhalten im Warteraum, und wenn wir es finden, wissen wir, dass wir auf dem richtigen Weg sind. Ja, das ist ein Programm mit hohem Risiko, aber du bist endlich so weit, dass du dein momentanes Leben für mehr spielerische Momente buchstäblich aufs Spiel setzen möchtest.

## Kaffeepause

Ich weiß, dass du auf den letzten Seiten intensiv an deinem Wiedereinstieg ins Leben gearbeitet hast. Hast du gemerkt, dass du in der letzten Zeit öfter die Beine hochlegst? Nicht nur für die Übung zur Erinnerung des Aufblühenden Ichs. Du wirkst entspannter. Deine Frisur ist vielleicht ein bisschen wilder, aber auf eine gute Art.

So hast du dich schon lange nicht mehr gefühlt. Es weht ein anderer Wind. Du wirkst leichter. Ich spüre eine andere Präsenz. Du scheinst mehr Zeit zu haben. Und denke immer daran, Glück ist etwas Persönliches. Es ist eine Reise, so einzigartig wie dein Aussehen. Was für eine Ehre, dass ich dich auf deiner Reise zum Wiedereinstieg ins Leben begleiten durfte. Ich erinnere mich noch deutlich an deine ersten Seiten mit mir, als das Überlebens-Ich die lauteste Stimme war und dein Leben geprägt hat. Außerdem hatte es die Schlüssel zum Warteraum fest in Besitz. Jetzt gehören die Schlüssel dem Aufblühenden Ich und dem Beobachtenden Ich. In unserer gemeinsamen Zeit habe ich viele Male beobachtet, dass du den Warteraum verlassen hast. Ich habe dich lachen und weinen sehen, beides zur gleichen Zeit. Ich habe gesehen, dass du auf diesen Seiten eine transformierende Reise zurückgelegt hast. Wir haben sehr viel miteinander geteilt, und du hast sehr viel geleistet, um hierher zu kommen.

Der Wiedereinstieg ins Leben ist nicht nur ein Prozess, er ist eine Lebensweise. Sobald du eine Runde abgeschlossen hast, ist es Zeit, in den Aufrechterhaltungsmodus überzugehen. Wenn du es mit einem Unsichtbaren Verlust zu tun hast, der in einer Freundschaft bei einem schwierigen Gespräch entsteht, kann es sogar sein, dass du den kompletten Wiedereinstiegsprozess ins Leben an einem einzigen Tag durchläufst.

Oder wenn du im Job eine Absage erhältst und beispielsweise bei einer Beförderung nicht berücksichtigt wirst. Mit anderen Worten, aktiviere nach einem Unsichtbaren Verlust regelmäßig einen Wiedereinstiegsprozess ins Leben, da das Überlebens-Ich in solchen Momenten das Narrativ ganz sicher übernehmen wird. Der Unterschied besteht jetzt allerdings darin, dass der Warteraum bei deinem Besuch eher ein Zufluchtsort als ein Versteck ist. Jetzt hast du die Kontrolle darüber, wie lange du drinbleibst.

Wir alle haben unsere ganz eigene, sonderbare Art, Glück zu erleben. Je mehr Unsichtbaren Verlust du erlebt hast, desto maßgeschneiderter muss dein Glück sein. Wir können die gleiche Ablehnung erlebt haben, die gleichen Demütigungsgeschichten, den gleichen großen Kummer. Wir können dieselben Orte aufsuchen, dieselben Wege gehen, dieselbe Aussicht betrachten. Aber unsere Glücksgefühle treten nicht im genau gleichen Moment ein wie bei allen anderen. Suche dein Glück nicht dort. Halte dich an das, was sich für dich persönlich gut anfühlt. Selbst wenn es eine halb gestrichene Wand in deiner Küche ist. Oder ein merkwürdig aussehender Stuhl mit fünf Beinen. Vielleicht sogar ein Teller Spaghetti ohne alles. An dieser Stelle definierst du, wie dein Wiedereinstieg ins Leben aussieht. Wie du inzwischen weißt, ist der Wiedereinstieg ins Leben nach einem Unsichtbaren Verlust nicht dasselbe wie nach anderen Verlusten. Es ist ein komplizierter und komplexer Prozess des Neudefinierens, was Glück für dich jetzt bedeutet. Was dich wirklich lebendig macht. Denke immer daran, dass diese Definition nicht statisch ist; sie verändert sich mit jeder Wiedereinstiegsreise ins Leben.

Wiedereinstieg ins Leben ist das Gefühl, tief durchzuatmen und die Lungen mit Sauerstoff zu füllen. Wiedereinstieg ins Leben ist ein langsamer Spaziergang am Meer. Er ist die Freude, morgens aufzuwachen. Oder die Fähigkeit, sich mitten an einem anstrengenden Tag Ruhe zu gönnen. Wiedereinstieg ins Leben ist häufig die Entscheidung, sich keine Sorgen um die Zukunft zu machen. Oder er ist einfach eine gute Freundin, die zum Abendessen kommt.

Wiedereinstieg ins Leben ist, mitten in der Nacht schwimmen zu gehen. Wiedereinstieg ins Leben ist, bei deinem Hund zu sitzen, wenn dein Partner oder deine Partnerin dich gerade verlassen hat. Er ist das Einfachste vom Einfachen und nie der kühnste Traum oder der größte Sprung. Und ohne Ruhe zwischendurch kannst du diese Wiedereinstiege in dein Leben nicht umsetzen. Es ist entscheidend wichtig, dass du dir zwischen all deinen lebensprallen Tagen Ruhe gönnst. Schauen wir uns also einmal an, wie ein *geplanter* Warteraum-Tag aussieht.

## Ein geplanter Warteraum-Tag

Wenn du nicht wieder in den Warteraum gehst, solange deine neuen neuronalen Pfade noch schwach sind, wirst du von deinem Überlebens-Ich ausgeschaltet, egal wie rebellisch du bist und wie sehr du dein Leben verändern willst. Wenn du zum Beispiel ständig Programme entwickelst und anwendest, ohne dir eine sichere Pause zu gönnen und wenn du dir nicht die Möglichkeit gibst, das Geschehen in einer Klärung zu verarbeiten sowie zu erkennen, wie das Überlebensgehirn versucht dich auszubremsen, hältst du nicht lange durch.

Stell dir vor, du wärst bei der Armee. Du bist auf dem Schlachtfeld und verlierst die Schlacht. Dein Beobachtendes Ich, das das Kommando hat, ruft zum Rückzug, damit sich alle neu formieren können, weil sie sonst samt und sonders ausgeschaltet werden. Das ist dasselbe. Du musst dich neu formieren, und es ist sehr klug, dies im Warteraum zu tun und ihn so zum Kampf gegen den größten Feind deines Lebens zu nutzen.

In gewissem Sinne begibst du dich auf die alten Pfade, die du in- und auswendig kennst, du gehst auf ihnen und bekommst mit, wie sie aufgebaut sind. Dann formst du sie mit einer neuen Gedankenerzählung um, mit einem Narrativ, das den Feind besiegen und die Schlacht gewinnen kann. Danach gehst du wieder raus.

Wie sieht ein Warteraum-Tag aus? Er könnte so einfach aussehen wie dir einen Tag frei zu nehmen: Du schaust dir eine gute Fernsehsendung an. Du duschst erst später. Du setzt kein Programm um, das sich schwierig anfühlt. Du gestaltest nichts. Du kämmst dir nicht die Haare, wenn du nicht möchtest. Du kümmerst dich nicht in einer Form um dich, die Mühe macht. Du tust nur, was sein muss, damit du dich so ausruhen kannst, wie es sich für dich gut anfühlt. Oder vielleicht besteht Ausruhen für dich in Selbstfürsorge, also gehst du stattdessen zur Fußpflege oder ziehst dich gut an. Was immer dir guttut. Wenn helles Licht dir zu viel ist, gehst du nicht raus in die Sonne. Du hältst Winterschlaf. Fern vom Leben. Fern von schwierigen Gesprächen. Erkundungen. Neuen Räumen. Erfahrungen. Das Einzige, was du aufrechterhalten musst, sind deine Gedanken.

Denke daran, dein Ursprüngliches Ich hat die Antwort darauf, und es ist eine Kombination aus Beobachtendem Ich und Aufblühendem Ich. Wenn du das Gefühl hast, dass dein Überlebens-Ich schläft, dann mache einen Stimmenstapel nur mit deinem Beobachtenden Ich und deinem Aufblühenden Ich und lausche auf die integrierte Stimme des Ursprünglichen Ichs. Zum Beispiel so:

**Beobachtendes Ich:** Erinnerst du dich noch an die Zeit, als es noch keinen festen Zeitplan gab? Und du einfach aufgewacht bist und spontan entschieden hast, was du tun willst? Wäre so ein Tag nicht mal wieder schön?

**Aufblühendes Ich:** Oh ja, ich erinnere mich. Und wenn du mich fragst, dann hätte ich gern mehrere solche Tage; einer allein reicht nicht. Warum verschiebe ich nicht ein paar Dinge und mache es möglich? Vielleicht kann ich am Wochenende meinen Warteraum-Tag machen, den beruflichen Termin aus dem Weg räumen und mir beide Tage freischaufeln. Normalerweise brauche ich ein bisschen, bis ich mit dem Nichtstun in die Gänge komme.

**Ursprüngliches Integriertes Ich:** Ich arbeite besser, wenn ich mir die Wochenenden komplett freinehme und sie nicht verplane. Tatsächlich werde ich mir auch das kommende Wochenende freihalten und schauen, ob wir das nicht in Zukunft zur Regel machen können.

An diesem Punkt ist es wichtig, dass am Ende des Stimmenstapelns erste Einblicke in die beginnende Integration erkennbar werden. Denn genau hier ruht die Wahrheit deines Ursprünglichen Ichs.

Auch im Warteraum-Modus musst du den einfachen Gedankenstapel zum Wiedereinstieg ins Leben aufrechterhalten. Du darfst nicht ins Denken des Überlebens-Ichs verfallen, auch wenn sich alles andere im Warteraum-Modus befindet. Klären, Mustererkennen, Neuformulieren. Keine schwierigen Programme, wenn du im Ruhemodus im Warteraum bist. Sei dir bewusst, dass du dich freiwillig dafür entschieden hast hineinzugehen. Du bist darin nicht gefangen; du lässt dich davon nicht täuschen. Du kannst jederzeit gehen. Du entscheidest.

In manchen Fällen wirst du zeitlich nicht den Luxus haben, in den Warteraum gehen und dich neu formieren zu können, aber wenn doch, dann musst du auf das Beobachtende Ich hören, das deine Stärken und Schwächen kennt, und du musst alles tun, was für den langfristigen Kampf notwendig ist. Das ist keine einmalige Sache. Das ist keine schnelle Lösung, es ist eine Lebensweise. Wenn du dich über längere Zeit im Warteraum befindest und zu kämpfen hast, musst du mehr Zeit für die Übungen zum Wiedereinstieg ins

Leben aufwenden. Du musst nach dem Unsichtbaren in deinem Leben suchen, nach dem, was dir das Herz bricht, was du aber nicht genau sehen kannst. Denke daran, es hat seinen Grund, dass wir sie Unsichtbare Verluste nennen; sie verstecken sich tief in unserem Inneren. Dann machst du die Klärung, und du lässt dir dabei Zeit. Lass alles raus; schreib es raus. Nichts soll vergraben bleiben. Oder versteckt. Nicht einmal vor dir selbst.

Wenn du neuen Verlust erlebst, kann sich das Neuformulieren zunächst etwas schwierig anfühlen. Aber bleib dran und versuche, darauf zu hören, was das Beobachtende Ich dir wieder in Erinnerung rufen will. Wenn die Zeit gekommen ist, nimm lediglich ein Programm mit geringem Risiko. Überfordere dich nicht, wenn du ein paar Tage im Warteraum warst.

Weißt du noch, wie langsam wir angefangen haben? Du musst immer langsam machen.

······································

## Hausaufgabe: Ein Tag fürs Aufblühende Ich

Wenn du heute in den Tag startest, dann denke daran, dass du durch dein Aufblühendes Ich darüber schreiben musst. Achte bei der Arbeit oder zu Hause auf Momente, die dir ein Lächeln ins Gesicht zaubern oder in denen du unerwartete Freude verspürst. Notiere sie einfach in deinem Smartphone, wenn du nichts anderes zur Hand hast. Schaue dir am Ende des Tages die Notizen deines Aufblühenden Ichs noch einmal an und schreibe über deinen Tag mit der Stimme deines Aufblühenden Ichs. Dabei geht es nicht um deine geplanten Programme und wie du dich dabei gefühlt hast, sondern um eine natürliche Art des Aufblühens, ohne dass das Gedankenstapeln dabei eine Rolle spielt. Ohne die Neuformulierungen oder andere Instrumente, die wir verwendet haben. Hier geht es um die aktuelle Grundeinstellung deines Aufblühenden Ichs. Hast du es fertiggebracht, dass du ganz von selbst aufblühen konntest?

# KAPITEL 8

# ABSCHLIESSENDE INTEGRATION

An diesem Punkt werden deine Wünsche, deine Träume und auch die Richtung, die dein Leben nimmt, nicht mehr vom Überlebens-Ich überwacht. Jetzt kommen das Wollen und Wünschen vom Beobachtenden Ich und vom Aufblühenden Ich, mit kleinen Einsprengseln vom Überlebens-Ich, da wir dieses, wie du inzwischen weißt, nie ganz loswerden können. Aber es ist nun endlich kleiner und wird eingebunden, denn mittlerweile vertraust du der Stimme deines Ursprünglichen Ichs immer mehr. Da du nun diese drei Ichs integrierst, glaubst du wieder an deine Zukunft und traust dem Timing deines Lebens. Du hast vielleicht nicht alle Antworten, aber je länger du diesen Weg gehst und dir vertraust, desto eher kommen die Antworten zu dir.

Du verstehst jetzt besser, was dich (das Ursprüngliche Ich) glücklich macht und was nicht. Du hast erkannt, dass es nicht gesund war und dir nicht gutgetan hat, die Wahrheit darüber zu ignorieren, und du weißt jetzt, dass die Schwierigkeit, ein neues Leben zu beginnen, nicht so schwer sein muss, wie der Versuch, am alten festzuhalten. Wer immer du warst, wer immer du wirst, sei bereit für das, was du als nächstes sein könntest. Sei nachsichtig mit dir, besonders weil diese abschließende Integrationsphase schwer sein kann. Denn wenn du ein paar Dinge in deinem Leben änderst, gerät auch alles um diese Dinge herum in Bewegung, um dieser Veränderung gerecht zu werden. Du hast mutig diese Arbeit geleistet, und nun bist du so weit, dir diese Veränderung ein für alle Mal zu eigen und sie zu einem nachhaltigen Teil deiner selbst zu machen.

Nun führen wir die Neuformulierungen deines Beobachtenden Ichs, die Klärungen und die Programme deines Aufblühenden Ichs klar und konkret zusammen, damit du ein Bewusstsein und eine Gewissheit nicht nur für die bisher vorgenommenen Veränderungen gewinnst, sondern auch dafür, wer du aufgrund dieser Veränderungen und Offenbarungen wirklich bist. Du scheust dich jetzt vielleicht nicht mehr so sehr, deine Meinung zu sagen; du schätzt dein Umfeld; deine Gedanken sind etwas ruhiger und friedlicher, auch wenn der Lärm um dich herum immer noch da ist. Vor allem aber geht es dir mit dir selbst gut. Vielleicht hast du Lust, neue Fähigkeiten zu erlernen, rein zum Spaß, nicht für Ruhm und Erfolg. Vielleicht verstehst du andere besser, weil du weißt, dass jeder Mensch es mit seinem eigenen Überlebens-Ich zu tun hat. Und selbst wenn du das Gefühl hast, dass du noch nicht ganz so weit bist, möchte ich dir bewusstmachen, dass du auf dem besten Weg dahin bist. Beschäftigen wir uns also näher mit den Veränderungen, die du vorgenommen hast, und mit der neuentdeckten Identität des Ursprünglichen Ichs, das sein Gesicht nun immer deutlicher zeigt. Kehren wir nun noch einmal zurück zur Bestandsaufnahme deines Ursprünglichen Ichs, um die großen und kleinen Veränderungen, die du vorgenommen hast, zu erfassen und Bilanz zu ziehen. Es ist an der Zeit, alle verbleibenden Puzzleteile zusammenzufügen und dein unglaubliches Wachstum zu messen.

........................................................................................

## Hausaufgabe: Bestandsaufnahme deines Ursprünglichen Ichs

Während du dich durch regelmäßiges Klären, Mustererkennen und Neuformulieren sowie mit den Programmen aus dem Warteraum herausmanövriert hast, hast du zugleich dein Ursprüngliches Ich sorgfältig wieder zusammengesetzt. Du hast das, wofür du in dieses Leben gekommen bist, mit der Weisheit, die du durch dein Beobachtendes Ich gewonnen hast, und der Verspieltheit deines Aufblühenden Ichs integriert. Wenn du auf deine Programme sowie auf die Neuformulierungen zurückblickst, die dich zu diesen Programmen geführt haben, erkennst du deine neu entdeckten Grenzen, dein Selbstvertrauen und dein Wissen darüber, wer du wirklich bist und wie du dich in deinem eigenen Leben außerhalb des Warteraums bereits zeigst.

Du weißt schon sehr viel über dein wiederentdecktes Ursprüngliches Ich, das aus dem abweichenden Ich hervorgegangen ist, als dieses das Aufblühende Ich erkundet und dabei durch Anerkennen und Bestätigen der eingetretenen Veränderungen dessen Präsenz gefestigt hat. Diese Veränderungen haben dich weiter aus dem Warteraum herausgeschossen. Wenn wir sie nicht bestätigen und zu einem Teil des Ganzen machen, wird es für das Überlebens-Ich viel leichter, dich vom Gegenteil zu überzeugen.

Deshalb wollen wir alle Beweise zusammentragen, die wir finden können, und alles festhalten, was bisher entdeckt wurde. Wir sind vom Beobachten, Verarbeiten, Verstehen und Experimentieren übergegangen zum Verändern und Entdecken und schließlich zum Wiedereinstieg ins Leben. Beginnen wir nun mit der Integration, indem wir unserem Ursprünglichen Ich dieselben Fragen zur Bestandsaufnahme stellen, die dir am Anfang gestellt wurden, damit wir mehr Klarheit über die Veränderungen gewinnen, die du im Verlauf deiner Praxis des Wiedereinstiegs ins Leben für dich vorgenommen hast. Wenn du nun jeder Frage eine Zahl zuweist, dann achte darauf, dass du großzügig mit dir umgehst.

- **Selbstvertrauen:** Nach zahlreichen Momenten der Erschütterung, Zeit im Warteraum und konsequent auf dem Überlebens-Ich beruhendem Verhalten hast du endlich begonnen, dir wieder selbst zu vertrauen. Was traust du dir jetzt zu, was du dir früher nicht zugetraut hast? Wie ist dein Selbstvertrauen gewachsen? Bevor du dir eine neue Zahl für dein Selbstvertrauen zuweist, überlege, wie hoch sie zu Beginn der Reise war. Dann ordne der Frage deine neue Zahl zwischen 0 (kein Vertrauen) und 10 (volles Vertrauen) zu.

  *Mein Wert für Selbstvertrauen beträgt* _____ .

- **Gesunde Grenzen:** Da du dich weiter mit deinen Beziehungen beschäftigt und aufgehört hast, es allen recht machen zu wollen oder bei der Arbeit dysfunktionale Überlebensmuster zu zeigen, welche neuen Grenzen hast du in Beziehungen oder im Job gesetzt? Wie weit hat sich dein Wert für diese Grenzen im Vergleich zum Anfang auf der Skala nach oben bewegt? Von 0 (extrem gefährliche Grenzen) bis 10 (äußerst gesunde Grenzen)?

  *Mein Wert für Gesunde Grenzen beträgt* _____.

- **Selbstakzeptanz:** Du beginnst nun, deine früheren Entscheidungen und Wahlmöglichkeiten zu verstehen und zu akzeptieren. Welche Aspekte deiner Vergangenheit und deiner Zeit im Warteraum hast du akzeptiert? Wie hat sich das auf einer Skala von 0 (keine Selbstakzeptanz) bis 10 (hohe Selbstakzeptanz) entwickelt?

  *Mein Wert für Selbstakzeptanz beträgt* _____.

- **Radikale Selbstehrlichkeit:** Überlege, wie sich dein Zugang zu deinem eigenen Wissen und zur Wahrheit verbessert hat. Warum ist es so wichtig, den Zugang zum Beobachtenden Ich aufrechtzuerhalten, damit uns Gedanken des Überlebens-Ichs auffallen, die in unserem täglichen inneren Dialog nach wie vor auftauchen? Das heißt, welchen Gedanken des Überlebens-Ichs trägst du immer noch mit dir herum? Und was hält dein Beobachtendes Ich davon? Mache einfach ein schnelles Gedankenstapeln, um wieder zur Wahrheit zu gelangen. Wie sieht dein Fortschritt aus, wenn es um Ehrlichkeit zu dir selbst geht? Von 0 (nicht ehrlich) bis 10 (sehr ehrlich).

  *Mein Wert für Radikale Selbstehrlichkeit beträgt* _____.

- **Der gegenwärtige Moment:** Wie fühlt sich die Gegenwart für dich gerade an? Wie fühlt es sich nach dieser Reise, die wir unternommen haben, an, innezuhalten, tief durchzuatmen und zu erleben, wie es ist, im Hier und Jetzt du zu sein? Ist es jetzt gerade leichter, in deinem Leben zu sein? Zwischen 0 (es ist echt schwer) bis 10 (überhaupt nicht schwer), wo liegt da dein neuer Wert?

*Mein Wert für den gegenwärtigen Moment beträgt _____.*

- **Riesenschritt:** Was war die wichtigste Veränderung, die dich deinem Ursprünglichen Ich nähergebracht hat? Welche durch ein Programm ausgelöste Erfahrung hat dich deutlich weiter vom Warteraum weggeführt? Was hat sich bei deiner Fähigkeit, Risiken einzugehen und voranzukommen, verändert? Von 0 (nicht verbessert) bis 10 (stark verbessert).

*Mein Wert für Riesenschritte beträgt _____.*

- **Mitgefühl für andere:** Hat dein vermehrtes Mitgefühl für dich selbst dazu geführt, dass auch dein Mitgefühl für andere gewachsen ist? Wenn ja, wie hat sich das auf deine Beziehung zu ihnen ausgewirkt? Von 0 (nicht verbessert) bis 10 (stark verbessert).

*Mein Wert für Mitgefühl für andere beträgt _____.*

- **Mitgefühl für dich selbst:** Wenn du dir nicht mehr die Schuld daran gibst, dass andere dich verlassen haben, ist das mindestens einige Punkte wert. Und wenn du jetzt die Begründung für manche Verhaltensweisen deines Überlebens-Ichs verstehen kannst, die andere verletzt haben könnten, befindest du dich ziemlich weit oben auf der Skala, näher an einer 9 oder 10. Selbstvergebung fällt wesentlich leichter, wenn Selbstmitgefühl da ist. Von 0 (nicht verbessert) bis 10 (stark verbessert).

*Mein Wert für Mitgefühl für mich selbst beträgt _____.*

Hier ein paar zusätzliche Gedanken, die dich zum richtigen Punkt auf der Skala führen können:

- Wenn du dir alle Entscheidungen verziehen hast, die dein Überlebens-Ich als „Unrecht" bezeichnet hat, steigst du auf der Skala um mindestens zwei oder drei Punkte.

- Wenn du nicht das Gefühl hast, dass deine Werte auf der Skala sonderlich gestiegen sind, dann mache dazu ein gründliches Klären, Mustererkennen, Neuformulieren und Gedankenstapeln. Manchmal hält unser Überlebens-Ich an jedem einzelnen Teil von uns fest, aber die Übungspraxis, die du geschaffen hast, kann den letzten Versuch des Überlebens-Ichs, das letzte Wort zu haben, absolut übertrumpfen. Du schaffst das.

Addiere alle Zahlen und trage den Gesamtwert hier ein:
*Mein neuer Wert für die Bestandsaufnahme meines Ursprünglichen Ichs beträgt _____.*

Nun kannst du diesen Wert mit der Punktzahl vergleichen, die du dir am Anfang des Buches gegeben hast, um die Veränderungen, die du in deinem Leben vorgenommen hast, genauer zu erkennen.

......................................................................................

## Kaffeepause

Nachdem du die Werte addiert und mehr Verständnis für deine Vergangenheit und das, was du in Zukunft tun musst, entwickelt hast, verspürst du vielleicht eine anhaltende Trauer. Deine Weisheit ist dir mit verheerender Verspätung, aber gerade noch rechtzeitig bewusst geworden, und so kann es sein, dass du dich noch mit all den Fragen beschäftigen musst, die durch diesen letzten Teil der Hausaufgabe aufgeworfen wurden. Schreibe bei deinen Klärungen auf, was du jetzt gerade fühlst. Übergib diese Gefühle dem

Beobachtenden Ich. Schau, was sich zeigt. Du warst so lange im Überlebensmodus, dass du in deinem Leben das beibehalten musstest, was gut genug war, dankbar für ein wenig Erleichterung. Aber du hast jetzt nicht mehr dieselben Bedürfnisse wie früher.

Die bisher unbeachteten Teile deines Lebens fordern nun ihren eigenen Wiedereinstieg ins Leben.

Ich weiß, was du jetzt denkst. *Oh nein, nicht das auch noch.*

Aber doch, *das auch noch.* Das vor allem.

*Habe ich nicht schon genug geschuftet?*

Wenn du diese Worte hörst, dann geh und leere deine Schubladen und Schränke. Sichte den herumliegenden Müll – im wörtlichen wie im übertragenen Sinn. Alles muss weg. Schluss mit allen Teilen deines Lebens, die verhindern, dass du aufrecht gehst.

Du musst die Belastung verringern. Die gute Nachricht ist, dass der Fahrplan für den Wiedereinstieg ins Leben, den du in Händen hältst, dir zeigt, was auf dich zukommt. Natürlich wirst du die Lücken ausfüllen müssen. Schließlich ist das eine individuelle Reise, aber so verlierst du nicht die Orientierung.

Jetzt, da du dein Leben aus einer neuen Perspektive betrachtest, gibt es etwas, das nicht mehr dazugehört? Gibt es zum Beispiel eine Beziehung, die gut genug ist, dich aber nicht mehr so glücklich wie früher macht? Frage dich, warum du diese Beziehung noch nicht loslassen willst.

Dabei könnte es sich beispielsweise um deine Ärztin handeln, zu der du schon seit Jahren gehst. Inzwischen hört sie sich deine Beschwerden gar nicht mehr richtig an und ist immer schnell wieder zur Tür hinaus. Du meinst, dass du bei deiner Ärztin bleiben musst (Meinung des Überlebens-Ichs), *weil sie dich am besten kennt und weil es dir zu peinlich ist, deine nächste Vorsorgeuntersuchung abzusagen.* Dieses Unbehagen packst du jetzt an, darauf hast du dich trainiert. Ein Programm zur Suche nach einer neuen Ärztin beginnst du damit, dass du ein paar Nachbarn und Freundinnen fragst, ob sie jemanden empfehlen können. Vergiss nicht, du fängst immer mit den leichten Dingen an. Und wenn du nicht weißt, wie dieses erste Programm aussehen soll, dann mache morgen noch einmal einen Gedankenstapel. Du schaffst das. Da bin ich mir sicher. Das war übrigens unsere letzte Kaffeepause; jetzt sind wir auf dem Weg zur Ziellinie.

Schau uns an, wir sind ja immer noch bei der Arbeit.

Das Nächste ist mein Lieblingsteil, und ich hoffe, du wirst ihn auch am liebsten mögen.

## Hausaufgabe: Dein Leitbild

Die nächste Aufgabe besteht darin, dass du dein Lebensleitbild schreibst. Eine Liste nicht verhandelbarer Punkte für dein Leben. Eine Erinnerung an all die Arbeit, die du im Verlauf dieses Buches geleistet hast. Dein Lebensleitbild besteht aus deinen Zielen, deinen Überzeugungen und deiner Weisheit. Es ist eine Absichtserklärung deines Aufblühenden Ichs. Es erklärt der Welt, wer du bist. Es formuliert deine neue Identität.

Es hält dir vor Augen, auf wie vielfältige Art und Weise du dir dein Leben wieder zu eigen gemacht hast. Und vor allem inspiriert es dich jeden Tag zum Aufblühen.

Fangen wir an.

Schreibe für deine Erklärung zum Wiedereinstieg ins Leben so viel, wie du für nötig hältst. Deine nicht verhandelbaren Punkte. Du kannst eine Liste mit nummerierten Sätzen erstellen, die mutig sind und mit den Werten deines gegenwärtigen Lebens in Verbindung stehen. Deine Worte sollten eindringlich sein. Äußerungen des Aufblühenden Ichs. Tiefgründig und aufrichtig. Dein Leitbild muss ein sicherer Ausweg aus dem Warteraum sein, wenn du ein wenig Inspiration brauchst. Wenn es dir schwerfällt, die richtigen Worte zu finden, wirf noch einmal einen Blick in deine Neuformulierungen und deine Programme. Dann kannst du dein Leitbild mit sehr vielen nicht verhandelbaren Punkten vervollständigen.

Im Folgenden findest du ein Beispiel für Renes Leitbild.

- Ich habe es verdient, glücklich zu sein.
- Ich stelle mein Bedürfnis nach Verbundenheit nicht mehr in Frage. Wenn ich höre, dass die Stimme des Überlebens-Ichs mir sagt, dass ich nicht für mich sorgen muss, formuliere ich das folgendermaßen neu: „Ich setze mich selbst an die erste Stelle, weil ich es wert bin."
- Ich bereise die ganze Welt, bis meine Beine mich nicht mehr tragen. Ich öffne mich für neue Erfahrungen mit meiner Familie, die über unseren gemeinsamen Alltag hinausgehen.
- Ich denke daran, tief durchzuatmen. Ich denke daran, mich mit meinem Mann über seinen Tag auszutauschen – jeden Tag.
- Ich genieße die bedingungslose Liebe, die mein Mann für mich empfindet, und betrachte sie nie als selbstverständlich.
- Ich verschwende keine Zeit mehr auf Geldsorgen.
- Das Leben ist nicht nur Arbeit. Das Leben ist auch Spiel.
- Ich nehme mir Zeit, ohne besonderen Grund neue Fähigkeiten zu erlernen.
- Ich bin frei.

Wenn dein Leitbild geschrieben ist, speichere es so ab, dass du leicht darauf zugreifen kannst. Drucke es aus und hänge es an den Kühlschrank, wenn du es in deiner physischen Realität und nicht nur digital sehen möchtest. Gib ihm einen auffälligen Rahmen. Tue, was immer sich für dich richtig anfühlt, um deine Erklärung zu feiern und diese inspirierende Erinnerung an die Absichten deines Aufblühenden Ichs bei dir zu haben, die dich auch deinem Ursprünglichen Ich näherbringen wird.

## Eine deutliche Luftveränderung

Das Leitbild ist der erste Einblick in dein Ursprüngliches Ich, das versucht, sich in dein Dasein zu integrieren. Es ist aus allen Gedankenstapeln entstanden, insbesondere aus den Neuformulierungen. Du bist dabei, ein neues Kapitel in deinem Leben aufzuschlagen, und um diese Übung zum Wiedereinstieg ins Leben zu einem kraftvollen Abschluss zu bringen, möchte ich die spürbare Energieveränderung unterstreichen, die den Raum erfüllt. Eine neue Frequenz, die die alte ersetzt, in der du dich befunden hast. Eine Veränderung dieser Größe kann überwältigend sein, aber sie würde nicht auf dich zukommen, wenn sie nicht zu dir gehören würde. Sie ist Teil einer neuen Welt, die für dich und von dir geschaffen wurde, und du wirst sie erleben. Denke immer daran, dass du hier bist, um mehr als ein Leben zu führen, um mehr Menschen zu lieben als du bereits liebst, und das alles gleichzeitig, nicht später oder danach, nicht eines Tages, sondern jetzt. Du bist bereit, dich auf die Reise zu machen, mitten in deinem harten Alltag oder mitten in deinem ganz normalen Job. Nach einer Trennung, nach einem Streit mit deiner Mutter, nach einem Nervenzusammenbruch deiner Schwester oder mit leerem Bankkonto kannst du ein Programm für dich finden.

Gerade dann. Weiter so.

Wenn du nicht mehr weiterweißt, lies dein Lebensleitbild, erstelle einen Gedankenstapel und entwickle ein Programm in einer Richtung, die dein Ursprüngliches Ich dir zeigt. Denke daran, dass es schon sehr lange auf diese Reise wartet, deshalb zögere nicht zu lange; das Überlebens-Ich ist nie weit weg.

Du schaffst das. Ich sehe dich so, wie du immer gemeint warst.

# DU HAST DAS LETZTE WORT

Nach einer langen Reise, auf der du noch einmal die schwierigsten Abschnitte deines Lebens nacherlebt hast, hast du diese Zeit letztendlich dafür aufgewendet, den Menschen hervorzubringen, als der du schon immer gedacht warst. Ich wage zu behaupten, dass es fast unmöglich war, das unversehrte Ursprüngliche Ich aufzuspüren und dir wieder zu eigen zu machen. Aber du hast es geschafft. Halten wir hier kurz inne und werten wir deine Reise aus.

Du hast jetzt einen Vorgeschmack auf die Freiheit bekommen, die entsteht, wenn du dich außerhalb des Alltagstrotts kennenlernst, der im Warteraum herrscht. Vielleicht bist du sogar schon so weit, dass es dir nichts ausmacht, was andere von dir denken oder über dich sagen. Zu dieser Haltung zu finden, ist die befreiendste Erfahrung überhaupt, nicht wahr? Es ist der Punkt des Wiedereinstiegs ins Leben, an dem du deinen eigenen Entscheidungen genügend vertrauen kannst, um dich weiter auf dein Ursprüngliches Ich zuzubewegen. Fast so wie eine Hommage an deine Seelenreise.

Bei dieser Arbeit ging es immer darum, dass du dir wieder ins Gedächtnis rufst, wer du bist, und darum, dieses Ursprüngliche Ich zu schützen, wenn dein Herz bricht. Dieser Schutz ist von anderer Art als der, für den das Überlebens-Ich sorgt. Hier geht es darum, das Lächeln auf deinem Gesicht zu stärken. Die Zärtlichkeit in deinem Herzen. Die Freude an den einfachen Alltagsdingen.

Die Tasse Kaffee am Morgen. Dein jetziges Daseinsgefühl, in dem dir nichts von früher fehlt und du nicht überlegst, was die Zukunft noch bringen könnte. Der Moment, in dem du still dasitzt, gefesselt von dem, was in deinem Wohnzimmer gerade vor sich geht.

Und wenn du kleine Kinder hast und sie spielen hörst, obwohl dich deine lange To-do-Liste ruft, schaffst du es trotzdem, diesen kostbaren Moment in Erinnerung zu behalten. Eine Erinnerung an einen Zeitpunkt, einen Moment, in dem dein Zuhause von fröhlichem Gekicher erfüllt war. Diese Erinnerung an die Freude deiner Kinder bleibt dir erhalten, auch dann, wenn dein Überlebens-Ich versucht, alles zu löschen, was nicht dazu dient, dich im Warteraum festzuhalten.

Auch nach einem harten Arbeitstag klärst du die Stimme des Überlebens-Ichs. Dein Beobachtendes Ich schreitet ein und sagt dir mehr über diesen harten Tag, inklusive Erinnerungen aus der Vergangenheit deines Aufblühenden Ichs daran, wie du einmal an einem Regentag viel Spaß hattest. Dein Überlebens-Ich versucht natürlich sich einzumischen und meint, so einfach sei das nicht. Aber du bist jetzt nicht mehr so leichtgläubig und konterst mit den Worten: *Und ob das so einfach ist. Ein harter Tag bedeutet ja nicht gleich ein hartes Leben.*

An Tagen, an denen du Angst hast, deine Wahrheit in einem Programm umzusetzen, vertraust du nun darauf, dass das zum Prozess dazugehört, machst noch einmal eine Klärung und findest das Angstmuster, das sich hier immer noch groß aufspielt. Und du nimmst ihm den Wind aus den Segeln, indem du den risikoärmsten Schritt angehst, der dir möglich ist, damit du deinen Weg aus diesem Gefängnis heraus fortsetzen kannst. In dieser Angstreaktion stecken zu bleiben, macht alles viel furchterregender als es ist.

Hinter dem Programm lauern keine gruseligen Monster. Du lachst über diesen letzten Satz und schüttelst den Kopf darüber, dass du den Übertreibungen deines primitiven Gehirns geglaubt hast, das dich behütet und verängstigt in der Illusion von Ganzheit wiegen wollte. Doch jetzt kennst du natürlich den Unterschied zwischen deinem Ursprünglichen Ich und deinem Ich in der Überlebensvariante. Was zuvor unsichtbar war, liegt nun offen vor dir. Du weißt, wer deine Selbstwahrnehmung gestohlen hat. Du kennst die Wahrheit über deine Begabungen. Die Besonderheit deiner einzigartigen Stimme. Die vorgesehene Lebensbahn ist wiederhergestellt. Du bist nun endlich wieder auf der richtigen Spur. Machst auf dem Weg endlich deine Entdeckungen. Findest die Schätze, die all die Jahre auf dich gewartet haben.

Eine solche Trauer tut genau das, was sie soll. Sie heilt die verlorene Zeit. Sie verlängert die Gegenwart. Sie gibt dir die Kontrolle über die Uhren. Sie verlangsamt alles so weit für dich, dass du dir nehmen kannst, was schon immer dir gehört hat, und aufblühen kannst. Erinnerst du dich noch an die erste Geschichte, die du mir über dein Leben erzählt hast? Ich wette, du kannst dich jetzt hinsetzen und sie neu schreiben.

Wie du den Weg zurück zum Leben deines Ursprünglichen Ichs gefunden und mutig die verlorene Zeit wettgemacht hast, weil du jetzt weißt, wie du aus großem Kummer wieder herausfindest, wann immer es nötig ist. Es wird immer eine Reise zwischen dem Unsichtbaren und dem Sichtbaren. Zwischen dem Einsperren des Ichs und seiner Freiheit. Durch die Praxis des Wiedereinstiegs ins Leben bleibst du über längere Zeiträume frei. Du stapelst die Gedanken deines Überlebens-Ichs und hältst ihnen die deines Beobachtenden Ichs und deines Aufblühenden Ichs entgegen. Du formulierst sie neu, damit sie zur wahren Geschichte deines Lebens passen. Darauf wollen wir anstoßen.

# DANKSAGUNGEN

Ohne meine Familie hätte ich diese Reise nicht unternehmen können. Ich danke meinen Töchtern Elina und Isabel, die klüger sind als ihr junges Alter vermuten lässt; mein Leben gehört für immer Euch. Ich danke meinem Ehemann Eric, der mir von Beginn dieser Reise an zur Seite gestanden ist und mir geholfen hat, mir selbst zu vertrauen, wenn ich an meinen Fähigkeiten als Schriftstellerin und als Lehrerin gezweifelt habe.

Danke an meine Eltern Nikos und Despina und meine Schwester Artemis, die immer stolz auf meine Entscheidungen und mein Engagement für diese Arbeit sind. Ich danke meinen lieben Freundinnen und Freunden, die mich während der langen und harten Jahre des Schreibens dieses Buches unterstützt haben: Nathalie und Joel Dolisy, Shannon Quinn, Dr. Melissa Rowe, Gilden Tunador, Dr. Lyn Boyd-Judson, Frank White, Elaine Glass, Michael Fishman, Julie Jarvie, Jayne Dakin, Dr. Raymond Sanchez, Kristine Carlson, Erin Matlock, Michelle Steinke-Baumgard, Zeta Papastrati und Jenny Thompson. Danke an die Solar Sisters: Loretta Whiteshades, Dr. Camille Alleyne, Mary Liz Bender, Dr. Sian Proctor, Hillary Coe, Yasmine El Baggari und Kelly Larson. Danke für all die Abenteuer mitten in diesem Buch.

Meiner Therapeutin Andrea Redman danke ich für ihre wöchentlichen Einsichten und ihre Unterstützung auf dieser Reise. Ich danke den Mitgliedern meines Teams, Courtney und Justin, die mich in den letzten Jahren durch viele Höhen und Tiefen begleitet haben.

Meinen Lektorinnen Angela Wix, Diana Ventimiglia und Jennifer Kasius möchte ich für ihre unermüdliche Hilfe bei der Bearbeitung des Manuskripts meinen tiefsten Dank aussprechen. Jede von euch hat bei diesem Buch eine wichtige Rolle gespielt, und zu sehen, was dabei herausgekommen war, als schließlich alle Teile zusammenkamen, war außergewöhnlich. Ich danke meinem Literaturagenten Jan Baumer, der das Buch in seinen frühen Phasen unterstützt hat, insbesondere in den schwierigen Zeiten. Ein Dankeschön an das Team von Sounds True für sein Engagement für Spitzenleistung.

Danke an alle Teilnehmenden, die von 2011 bis 2022 an den Kursen zum Wiedereinstieg ins Leben teilgenommen haben: Ohne ihre Leidenschaft und ihren Antrieb, wieder in ihr Leben einzusteigen, hätte ich den Weg zur Entdeckung des Unsichtbaren Verlusts nicht finden können. Durch eure Hausaufgaben und eure ehrlichen Antworten auf eure persönlichen Erfahrungen habt ihr alle dazu beigetragen, den Inhalt dieses Buches in seinem Wert zu bestätigen.

Zu guter Letzt bin ich den vielen sichtbaren und unsichtbaren Wegbegleiterinnen und Wegbegleitern dankbar, die mich vom Beginn meiner schriftstellerischen Reise an bis zu diesem Moment stets an die Hand genommen haben.

ANHANG

# LEITFADEN FÜR GRUPPEN

*Nicht das Leiden erzeugt den Unsichtbaren Verlust,*
*sondern das Fehlen eines Zeugen für das Leiden.*

Dieser Anhang bietet Informationen, die als Leitfaden für Gruppen über Unsichtbaren Verlust und den Wiedereinstieg ins Leben genutzt werden können. Sie sind für alle gedacht, die eine Gruppe gründen möchten. Du kannst diesen Leitfaden auch als Einzelperson verwenden, um das Buch auch ohne Gruppenumfeld in wöchentlichen Abschnitten durchzuarbeiten.

## Für wen ist dieser Leitfaden?

Nutze diesen Leitfaden als Fachkraft, die eine Gruppe zur emotionalen Unterstützung leitet, sei es in einer Privatpraxis, in einer medizinischen Einrichtung oder beispielsweise im Rahmen einer Anlaufstelle für Veteranen, für Pflegedienste, in der Begleitung bei Krebserkrankungen, klassischen Trauergruppen nach Scheidung oder Tod, in Einrichtungen für Opfer häuslicher Gewalt oder in Gefängnissen.

Wenn du keine zertifizierte Fachperson bist, dann ist es wichtig, dass du vor der Leitung einer Gruppe selbst an einer *Life Reentry Support Group*, also an einer Unterstützungsgruppe zum Wiedereinstieg ins Leben, teilgenommen hast.

## Zweck und Zielgruppe

Deine Gruppe ist für Menschen gedacht, die einen bestimmten Unsichtbaren Verlust erlitten haben, also etwa den Verlust der Identität, des Lebenssinns oder der Unbeschwertheit, oder die unter zunehmender Angst leiden, beispielsweise nach einer lebensverändernden medizinischen Diagnose wie Herz-Kreislauf-Erkrankung, Krebs, Autoimmunerkrankung oder ähnlichem. Sie kann sich auch an Menschen richten, die gerade Eltern geworden oder in den Ruhestand gegangen sind oder die soeben ihr Studium abgeschlossen haben. An alle, die sich in ihrem Leben, ihrer Beziehung oder ihrem Job gefangen fühlen sowie an alle, die sich nicht sicher sind, woran es liegt, dass sie so zu kämpfen haben. Solange die Gruppe ähnliche Erfahrungen teilt oder vor ähnlichen Hindernissen steht.

## Über eine Gruppe zum Wiedereinstieg ins Leben

Eine Gruppe zum Wiedereinstieg ins Leben unterstützt Personen mit unterschiedlichen Unsichtbaren Verlusten dabei, ihr Leben neu aufzubauen. Die wöchentlichen Treffen gliedern sich nach den fünf Phasen des Wiedereinstiegs ins Leben. Jedes Gruppenmitglied muss zunächst *In kleinen Schritten zurück zu dir* selbstständig lesen oder das Buch in den Gruppensitzungen durcharbeiten.

Beim klassischen Verlust beginnt der Wiedereinstiegsprozess ins Leben da, wo Kübler-Ross[8] (die Begründerin der fünf Phasen der Trauer) aufhört wenn Trauer, Leugnung, die ganze Wut und alle Gefühle schon seit einiger Zeit durchlebt werden. Der Inhalt von *In kleinen Schritten zurück zu dir* holt die Gruppenteilnehmenden manchmal Jahre nach ihrem Moment der Erschütterung und ihrem Primären Unsichtbaren Verlust ab. Sie befinden sich dann immer noch in Wut, Verleugnung und Angst, aber ohne den Grund hinter diesen Gefühlen zu kennen. Von Woche zu Woche werden die Teilnehmenden vom ersten Aufspüren und Entdecken der Primären Unsichtbaren Verluste zur Wiederaneignung des Ursprünglichen Ichs und dem Erleben von Momenten des Wiedereinstiegs ins Leben begleitet.

## Der Fokus der Gruppe zum Wiedereinstieg ins Leben

In klassischen Selbsthilfegruppen bleiben die Teilnehmenden häufig jahrelang im Warteraum und erzählen und durchleben immer wieder Geschichten, die auf dem Überlebens-Ich beruhen. Leider gibt es nicht genügend lebensorientierte Nachsorge, die die Betroffenen befähigt, ihr Leben außerhalb des Warteraums wieder aufzubauen. Unbeabsichtigt lassen manche Gruppen zu, dass frühere Verluste die Gespräche dominieren, die sich doch idealerweise ums Leben drehen sollten und darum, wie man nach jeder Art von Verlust wieder voll und ganz ins Leben zurückfindet und aufblüht. Ich habe festgestellt, dass es keine anderen Selbsthilfegruppen für jene Momente der Erschütterung gibt, die zu einem Unsichtbaren Verlust führen. Unsere Art von Gruppe soll diese durch gesellschaftliche Missverständnisse entstandene Lücke schließen. Im Laufe der Jahre berichteten einige Teilnehmende an den Gruppen zum Wiedereinstieg ins Leben, als sie bereit waren, ihre klassische Trauergruppe zu verlassen, hätten sie Schuldgefühle gehabt und sich geschämt, dass sie eine neue Lebensgeschichte entwickeln wollten. Gruppen zum Wiedereinstieg ins Leben können das Leiden von seinem Stigma befreien und den Teilnehmenden helfen, Verluste bei Übergängen jeglicher Art anzuerkennen.

## Struktur der Treffen einer Gruppe zum Wiedereinstieg ins Leben

Es gibt zwei Arten von Gruppen zum Wiedereinstieg ins Leben. Die erste ist der neunwöchige Einführungskurs. Darin durchlaufen die Teilnehmenden den Wiedereinstiegsprozess ins Leben, wie er in *In kleinen Schritten zurück zu dir* beschrieben wird. Die zweite ist die Gruppe zum Erhalt des Wiedereinstiegs ins Leben. Sie beginnt am Ende einer ersten Wiedereinstiegsrunde ins Leben und startet in Woche 10.

Wenn du *In kleinen Schritten zurück zu dir* gelesen und die Aufgaben selbstständig erarbeitet oder wenn du an einer neunwöchigen Einführungsgruppe zum Wiedereinstieg ins Leben teilgenommen hast, kannst du dich zu einer Aufrechterhaltungsgruppe anmelden. Die Dauer der einzelnen Sitzungen sollte, sowohl beim Einführungskurs als auch beim Aufrechterhaltungskurs 90 Minuten pro Woche oder alle 14 Tage betragen. Wenn du vor Ort oder online niemanden kennst, der oder die eine Gruppe anbietet oder mit den Instrumenten aus diesem Buch arbeitet, kannst du uns auf *lifereentry.com* unter der Rubrik „Classes" wissen lassen, dass du eine Gruppe suchst oder dass du eine Ausbildung machen möchtest, um eine Gruppe zu gründen und zu leiten. (Diese Gruppen finden in englischer Sprache statt, Anm. d. Ü.)

## Struktur der neunwöchigen Selbsthilfegruppe

Dieser Plan für eine neunwöchige Gruppe ist auf das Buch *In kleinen Schritten zurück zu dir* abgestimmt, da jede Woche bestimmten Kapiteln entspricht. Zu Beginn des Wiedereinstiegs ins Leben haben die Teilnehmenden sehr häufig keine Wachstumsperspektive. Vielmehr werden sie in den meisten Fällen völlig von der Erzählung des Überlebens-Ichs vereinnahmt und brauchen die konkreten Übungen und Impulse aus dem Buch, um beginnen zu können. Die Gruppe ist so aufgebaut, dass die teilnehmenden Mitglieder sich umorientieren können, um neue Denk- und Verhaltensmuster zu stärken. Jede Woche hat eine klare Intention und Perspektive, die jeder Teilnehmerin und jedem Teilnehmer einen sicheren Rahmen bieten. Die Woche beginnt jeweils mit Anleitungen für die einzelnen Phasen des Wiedereinstiegs ins Leben und ihr entsprechendes Konzept. Darauf folgt der Austausch unter den Teilnehmenden, entweder persönlich oder online. Ein Online-Austausch zwischen den Sitzungen ist sehr hilfreich, wenn er durch Online-Gruppen wie zum Beispiel Facebookgruppen oder eine andere virtuelle Umgebung aufrechterhalten werden kann. Das heilende und bestätigende Element der Gruppen für den Wiedereinstieg ins Leben ergibt sich zum Teil auch durch die Anerkennung, die die Teilnehmenden von den anderen erhalten. Dieser Austausch fördert die Rückkehr des Ursprünglichen Ichs. Jede Sitzung endet mit einer klaren Intention für die Woche und konkreten handlungsorientierten Hausaufgaben. Die Teilnehmenden verpflichten sich dazu, diese Hausaufgaben zu machen und sich dann online oder persönlich darüber auszutauschen.

### Woche 1: Einführung

In dieser Woche geht es darum, sich vorzustellen sowie den Teilnehmenden die Möglichkeit zu geben, ihre aktuelle Situation zu schildern und sich gegenseitig kennenzulernen.

**Lektüre:** Einführung

**Ziele:**

- Klare Erwartungen an wöchentliche persönliche Gespräche oder virtuelle Treffen formulieren.
- Dazu anregen, die Ausgangsgeschichte der einzelnen Teilnehmenden anzuerkennen. Eine urteilsfreie Umgebung schaffen, in der alle Teilnehmenden ohne Scheu sensible Momente der Erschütterung teilen können.

- Eine Vorstellung der zentralen Ideen hinter den Begriffen Ursprüngliches Ich, Warteraum und Unsichtbarer Verlust.

**Beiträge in der Gruppe:** Übung zur Ausgangsgeschichte. Bitte die Teilnehmenden, sich vorzustellen und ihre Ausgangsgeschichte mit der Gruppe zu teilen. Was war für sie der ausschlaggebende Grund, in die Gruppe zu kommen?

**Unterstützung durch die Gruppe:** Bitte die Gruppenmitglieder, sich gegenseitig zu unterstützen, indem sie während der Sitzung online oder persönlich auf die Geschichten eingehen, die die anderen geteilt haben.

**Hausaufgabe:**
- Die eigene Ausgangsgeschichte schriftlich online in der Gruppe teilen sowie mitfühlend und bestätigend auf die Geschichten der anderen eingehen.
- Bestandsaufnahme des Ursprünglichen Ichs machen.

### Woche 2: Bewusstwerdungsphase – Die Entstehung des Überlebens-Ichs aus einem Unsichtbaren Verlust

In dieser Woche blicken die Teilnehmenden auf ihr Leben zurück und betrachten mögliche Momente der Erschütterung. Woche 2 ist um die Übungen zur Entdeckung Unsichtbarer Verluste herum aufgebaut und gibt eine grundlegende Einführung zu Überlebens-Ich, Beobachtendem Ich und Aufblühendem Ich.

**Lektüre:** Kapitel 1: Der Warteraum

**Ziele:**
- Wie kommt es, dass wir im Warteraum feststecken und was ist die Warteraum-Mentalität?
- Wie entsteht das Überlebens-Ich?
- Das Überlebens-Ich kennenlernen und erfahren, wie es sich bemerkbar macht.

**Beiträge in der Gruppe:** Die Gruppenteilnehmenden teilen mögliche Unsichtbare Verluste miteinander und folgen dabei dem Leitfaden in Kapitel 1.

**Unterstützung durch die Gruppe:** Die Teilnehmenden sprechen darüber, was Unsichtbarer Verlust ihrem ersten Eindruck nach ist und wie er sich auf ihr Leben auswirkt. Durch verbales Bestätigen und Anerkennen schafft die Gruppe den Raum, einander beim allerersten Teilen eines Unsichtbaren Verlusts anzunehmen, zu begleiten und zu bestätigen.

**Hausaufgabe:** Spüre zwischen Woche 2 und 3 den Unsichtbaren Verlust im Erwachsenenalter auf und teile ihn im Online-Forum mit der Gruppe.

### Woche 3: Bewusstwerdungsphase – Das fragmentierte Ich

In Woche 3 erfahren die Gruppenteilnehmenden, wie ihr Ursprüngliches Ich von ihnen abgespalten worden sein könnte. Sie erhalten erste Einblicke durch die Filter ihrer drei unterschiedlichen Ichs, sodass die Erinnerung an einen frühen Unsichtbaren Verlust geweckt werden kann. In dieser Woche widmen wir uns dem Konzept des Beobachtenden Ichs. Eine innere Stimme, die sich ihrer selbst bewusst ist und den Mentalitätswandel begleitet. Die Teilnehmenden erhalten eine geführte Visualisierungsübung, die die Entwicklung des Beobachtenden Ichs fördert.

**Lektüre:** Kapitel 2: Das fragmentierte Ich – Überlebens-Ich, Beobachtendes Ich, Aufblühendes Ich

**Ziele:**
- Das Beobachtende Ich kennenlernen und erfahren, wie es sich bemerkbar macht.
- Das Aufblühende Ich kennenlernen und erfahren, wie es sich bemerkbar macht.
- Anleitung zur Visualisierung des Beobachtenden Ichs.

**Beiträge in der Gruppe:** Die Gruppenteilnehmenden erzählen einander, wem sie bei der Visualisierung des Beobachtenden Ichs in der Gruppensitzung begegnet sind.

**Unterstützung durch die Gruppe:** Die Gruppenteilnehmenden hören zu und unterstützen verbal und nonverbal die Personen, die gerade über ihre Erlebnisse bei der Visualisierung des Beobachtenden Ichs sprechen.

**Hausaufgabe:** Bringe einfach mit ein paar Worten zum Ausdruck, wie es dir mit dem geht, was du bisher gelesen und in der Gruppe gelernt hast. Nutze dazu die Anregungen in der Übung im Abschnitt „Hausaufgabe" in Kapitel 2.

**Hausaufgabe:** Spüre zwischen Woche 3 und 4 eine frühe Erinnerung an einen Unsichtbaren Verlust auf. Nutze dazu die Anregungen in der Übung im Abschnitt „Hausaufgabe" in Kapitel 2. Teile deinen Unsichtbaren Verlust im Online-Forum und unterstützt euch gegenseitig bei euren Beiträgen.

### Woche 4: Bewusstwerdungsphase – Den Schlüssel zu deiner Geschichte finden

In Woche 4 geht es darum, dass die Teilnehmenden zum ersten Mal ihren Warteraum aufschließen und herausfinden, wie sie dort überhaupt hineingeraten sind.

**Lektüre:** Kapitel 3: Den Schlüssel zu deiner Geschichte finden

**Ziele:**
• Die Gruppenteilnehmenden machen sich mit der „Vorlage für den Schlüssel zu deinem Unsichtbaren Verlust" vertraut.
• Den Unterschied verstehen zwischen dem Leben im Warteraum und einem Leben, in dem das Ursprüngliche Ich voll und ganz zum Ausdruck kommt.

**Beiträge in der Gruppe:** Die Teilnehmenden tauschen sich über Erinnerungen an ihr Ursprüngliches Ich aus.

**Unterstützung durch die Gruppe:** Wenn in der Sitzung Momente der Erschütterung geteilt werden, unterstützen die Gruppenteilnehmenden einander durch Anerkennen dieser Beiträge.

**Hausaufgabe:** Verwende die Vorlage für den Schlüssel zu deinem Unsichtbaren Verlust und arbeite diese Übung zwischen Woche 4 und 5 durch. Nutze dazu die Anregungen aus der Übung im Abschnitt „Hausaufgabe" in Kapitel 3. Teile deine Entdeckung und das Aufschließen deines Wartezimmers mit der Gruppe.

### Woche 5: Abwehrphase – Gedankenstapeln

In dieser Woche geht es darum, die Gedanken des Überlebens-Ichs abzulegen und erstmals zu versuchen, selbst wieder die Kontrolle zu übernehmen. Die Gruppenteilnehmenden erlernen ihren allerersten Gedankenstapel und stellen sich darauf ein, wie die Gedankenmuster des Überlebens-Ichs aussehen. Diese Aufgabe gehen wir hier mit der neuen Praxis des Gedankenstapelns an.

**Lektüre:** Kapitel 4: Der Gedankenstapel – Klären, Mustererkennen, Neuformulieren

**Ziele:**

- Den Zweck des täglichen Gedankenstapelns erklären
- Die Gruppenleitung errichtet in der Sitzung als Beispiel einen dreistufigen Gedankenstapel und hilft den Teilnehmenden, erstmals eine tägliche Routine fürs Gedankenstapeln zu entwickeln.
- Die Gruppenteilnehmenden haben ein paar Minuten Zeit, um ihren ersten Gedankenstapel aufzuschreiben. Die Leitung bespricht die ersten Gedankenstapel und hilft den Teilnehmenden, Muster oder Wiederholungen zu erkennen – Gefühle, die sie häufig zum Ausdruck gebracht haben.
- Die übrigen in der Gruppe werden gebeten zuzuhören und jede Teilnehmerin, jeden Teilnehmer beim Prozess des Teilens zu unterstützen.

**Beiträge in der Gruppe:** Es ist entscheidend wichtig, dass die Gruppe über ihre Bedenken, Herausforderungen und Schwierigkeiten spricht, während sie sich mit dem Gedankenstapeln vertraut macht. Die Teilnehmenden würden sehr davon profitieren, wenn sie bis Woche 6 jeden Tag einen, also insgesamt sieben dreistufige Gedankenstapel abgeschlossen hätten.

**Unterstützung durch die Gruppe:** Teilt eure täglichen Gedankenstapel im Online-Forum und unterstützt euch gegenseitig durch Kommentieren und Bestätigen eurer Gedankenstapel.

**Hausaufgabe:** Mache sieben Runden des dreistufigen Gedankenstapelns.

### Woche 6: Handlungsphase – Raus aus dem Warteraum durch den Einsatz von Programmen

Nach fünf Wochen, in denen wir Unsichtbare Verluste entdeckt und das Klären, Mustererkennen und Neuformulieren gelernt haben, geht es in dieser Woche nun darum, ins Handeln zu kommen. Die Gruppenteilnehmenden gehen von der Arbeit an ihrem Denken durch Gedankenstapeln dazu über, ihre Neuformulierungen in die Tat umzusetzen und die ersten Schritte aus dem Warteraum zu machen.

**Lektüre:** Kapitel 5: Der Ausweg aus dem Warteraum

**Ziele:**
- Es ist von grundlegender Bedeutung, dass die Teilnehmenden verstehen, worin sich ein dreistufiger von einem vierstufigen Gedankenstapel unterscheidet und dass sie wissen, wie man ein Programm in die Tat umsetzt.
- Die Gruppenteilnehmenden lernen, ein Programm zeitnah, umsetzbar und erreichbar zu machen.
- Die Gruppenteilnehmenden konzentrieren sich darauf, eine Routine fürs tägliche Gedankenstapeln aufzubauen.

**Beiträge in der Gruppe:** Die Gruppenteilnehmenden tauschen sich über Beispiele für Programme aus und nutzen dazu alle vier Stufen des Stapels. Zwischen Woche 6 und 7 sollten sie sieben tägliche Gedankenstapel mit Programm online teilen.

**Unterstützung durch die Gruppe:** Die Teilnehmenden werden ermutigt, täglich ein aus dem Gedankenstapeln abgeleitetes Programm zu entwickeln. Jedes Programm hilft, die Teilnehmenden aus dem Warteraum zu holen. Ausschlaggebend ist, dass die täglichen Programme im Online-Forum geteilt werden.

**Hausaufgabe:** Mache sieben vollständige Runden des vierstufigen Gedankenstapels.

## Woche 7: Abweichungsphase – Die Weggabelung

In dieser Woche beginnen die Gruppenteilnehmenden, ihr Ursprüngliches Ich zu bejahen. Diese nächste Phase fühlt sich rebellisch an, da das Überlebens-Ich noch stärker gehemmt und das Beobachtende Ich weniger hinterfragt wird.

**Lektüre:** Kapitel 6: Die Weggabelung

**Ziele:**
- Die Teilnehmenden werden angeregt, das Aufblühende Ich zu entdecken, das gerade neugeboren wird.
- Die Gruppenleitung unterstützt die Teilnehmenden dabei, das Aufblühende Ich in Gesprächen über frisch neuformulierte Gedanken, Ideen, Hobbys und Aktivitäten zu erkunden und zum Ausdruck zu bringen.
- Die Teilnehmenden erstellen eine Erzählung über ihren Tag aus der Perspektive des Beobachtenden Ichs.

**Unterstützung durch die Gruppe:** Unterstützt einander in dieser Woche, da der einfache vierstufige Gedankenstapel sich zu einem Zwischen-Gedankenstapel wandelt.

**Beiträge in der Gruppe:** Übung zum Tag aus der Sicht des Beobachtenden Ichs.

**Hausaufgabe:** Sieben tägliche Zwischen-Gedankenstapel: Klären aus der Sicht des Beobachtenden Ichs.

### Woche 8: Integrationsphase – Die Wiederentdeckung des Ursprünglichen Ichs

Die Teilnehmenden werden dazu ermutigt, das Aufblühende Ich über Entscheidungen bestimmen zu lassen und die Weisheit des Beobachtenden Ichs hinzuzuziehen. Aus der Integration der Ichs entsteht das Ursprüngliche Ich. Die Teilnehmenden haben den Warteraum verlassen, können sich aber bewusst dafür entscheiden, wieder hineinzugehen und sich auszuruhen oder die Fähigkeiten zum Wiedereinstieg ins Leben zu nutzen, um den Prozess bei Bedarf zu wiederholen.

**Lektüre:** Kapitel 7: Bei dir ankommen

**Ziele:**

- Anleitung fürs Leben durch die Visualisierung der Brücke des Aufblühenden Ichs in die Vergangenheit. Den Teilnehmenden helfen, persönliche Definitionen für Freude, Liebe und Abenteuer zu finden.
- Bei den Gruppensitzungen in verschiedenen Beiträgen auf die Stimme des Aufblühenden Ichs und auch auf anhaltende Einflüsse des Überlebens-Ichs hinweisen.
- Strategien wie beispielsweise die Entwicklung neuer Erinnerungen des Aufblühenden Ichs erklären, die eine Distanz zum Überlebens-Ich fördern und wieder mit dem Aufblühenden Ich verbinden.
- Erklären, wie wichtig es ist, neu eingeführte Denkmuster und Gewohnheiten durch Gedankenstapeln aufrechtzuerhalten. Mit anderen Worten, die Gruppenmitglieder beim Gedankenstapeln bei der Stange halten, besonders in dieser abschließenden Phase.

**Unterstützung durch die Gruppe:** Hilfe beim Bestätigen der frisch wiedergewonnenen Erinnerungen.

**Beiträge in der Gruppe:** Teilen der Erinnerungen des Aufblühenden Ichs oder von Erinnerungen aufgrund der angeleiteten Visualisierungsübung. Einander weitere Erinnerungen des Aufblühenden Ichs mitteilen.

**Hausaufgabe:** Tag des Aufblühenden Ichs. Schreibe über deinen Tag aus der Sicht des Aufblühenden Ichs, um zu entdecken, wo dein Ursprüngliches Ich im Spiel ist.

## Woche 9: Integrationsphase – endgültiger Abschluss

Die Gruppenteilnehmenden setzen sich neue Ziele und formulieren neue Wünsche, wohin es in ihrem Leben als nächstes gehen soll. Diese Sitzung ist dem Abschluss der ersten Wiedereinstiegsreise der Teilnehmenden ins Leben sowie dem Blick nach vorne gewidmet, damit sie ihr Leitbild erstellen können. Es ist eine spannende und lohnende Woche, denn alle haben viel getan, um zu diesem Neuanfang zu gelangen.

**Lektüre:** Kapitel 8: Abschließende Integration und Schluss: Du hast das letzte Wort

**Ziele:**

- Anerkennung und Lohn für die harte Arbeit der Teilnehmenden
- Mögliche Rückschläge bei der Wiedergewinnung einer nach vorne gerichteten Lebensperspektive erklären und ansprechen und die Gruppenteilnehmenden bitten, zum Beispiel einen Tag des Aufblühenden Ichs einzulegen.
- Einführung ins Stimmenstapeln der verschiedenen Ichs unter Beobachtung des Fortschritts der Teilnehmenden. Bei Bedarf Hilfe beim Planen eines Warteraum-Tags.

**Unterstützung durch die Gruppe:** Hilfe bei der Konzentration auf eine tägliche Routine der Aufrechterhaltung, da die Mitglieder nun vor dem Übergang in eine Aufrechterhaltungsgruppe stehen.

**Beiträge in der Gruppe:** Aktualisierte Werte bei der Bestandsaufnahme des Ursprünglichen Ichs.

**Hausaufgabe:** Schreibe dein Leitbild.

## Aufbau einer Gruppe zum Erhalt des Wiedereinstiegs ins Leben: Bei dir ankommen

Woche 10 markiert das Ende des ersten Zyklus des Wiedereinstiegs ins Leben und den Beginn der Aufrechterhaltungsgruppe. Die Gruppe kann sich nun ganz nach Bedarf alle 14 Tage oder wöchentlich treffen. Jede Sitzung beginnt damit, dass die Gruppenmitglieder sich in den ersten 30 Minuten über ihre wöchentlichen oder 14-tägigen Programme austauschen. In der verbleibenden Zeit konzentriert sie sich auf die Verwendung der Sprache des Beobachtenden Ichs und des Aufblühenden Ichs. Es ist wichtig, dass der Fokus in den Gruppensitzungen auf Interaktionen außerhalb des Warteraums bleibt. Auf dem Überlebens-Ich beruhende Sprache darf geteilt werden, aber es ist wichtig, sich auf die Neuformulierung zu konzentrieren.

**Lektüre:** Schlage gerne immer wieder im Buch nach, wenn du das Gefühl hast, dass du einen Abschnitt noch einmal lesen musst, damit du dein Gedankenstapeln aufrechtbehalten kannst.

**Ziele:** Die Beibehaltung einer Praxis täglichen Gedankenstapelns, damit du ohne lange Aufenthalte im Warteraum immer wieder ins Leben einsteigst.

**Unterstützung durch die Gruppe:** Teilt Rückschläge miteinander und formuliert alle möglicherweise aufkommenden Gedanken des Überlebens-Ichs neu.

**Beiträge in der Gruppe:** Erzählt euch, wie eure letzte Woche verlaufen ist. Welche Programme habt ihr angewandt, die sich auf eure Woche ausgewirkt haben?

**Hausaufgabe:** Tägliche vierstufige Gedankenstapel.

Die heilsame und transformierende Kraft der Gruppen zum Wiedereinstieg ins Leben liegt in der Fähigkeit, etwas zur Sprache zu bringen, was wir schon immer gespürt haben, wofür wir aber nie Worte finden konnten. Sie liegt darin, diese Gefühle vor einem Publikum zu klären, das diese neu entdeckten Gefühle dann bestätigt. Und zu guter Letzt liegt sie darin, dass die Teilnehmenden einander fürs Gedankenstapeln in die Verantwortung nehmen. Auf lange Sicht wird der Wiedereinstieg ins Leben dadurch einfacher.

# ZUSÄTZLICHE QUELLEN

Alle diese Quellen sind in englischer Sprache (Anm. d. Ü.):

**Life Reentry Website:** *lifereentry.com*
(Website über den Wiedereinstieg ins Leben mit vielen Informationen, z.B. Erklärung von Begriffen, Erklärung der App, Kursangebote, Kontaktformular)

**Invisible Loss Library:** *invisiblelosses.com*
(Diese Website bietet: Definition und Hintergrundinformation zu Unsichtbaren Verlusten, viele Beispiele für Unsichtbare Verluste, die stichwortartig genannt werden, die Möglichkeit, eigene Unsichtbare Verluste einzutragen)

**Christina Rasmussens Website:** *christinarasmussen.com*
(Informationen über die Autorin, ihre Bücher, Presse-Resonanz und ihr Blog)

# GLOSSAR

**Aufblühendes Ich:** Eine Einstellung, die Spaß, Abenteuer und den gegenwärtigen Moment in den Vordergrund stellt.

**Aufrechterhaltungsmodus:** Auf den Wiedereinstieg ins Leben folgt eine aufrechterhaltende Praxis des Gedankenstapelns. Wenn wir das Überlebens-Ich wieder unter Kontrolle bekommen wollen, brauchen wir einen täglichen oder wöchentlichen Neustart, um längere Aufenthalte im Warteraum zu vermeiden.

**Ausgangsgeschichte:** Schnappschuss der individuellen Wahrnehmung unserer Vergangenheit vor dem Prozess des Wiedereinstiegs ins Leben.

**Beobachtendes Ich:** Eine Einstellung, die sich aus der im Laufe der Zeit im eigenen Inneren angesammelten Weisheit ergibt, aber oft von auf Angst beruhenden Gedanken überschattet wird. Das Beobachtende Ich tritt als Zeuge der wichtigen Momente im Leben auf.

**Denkmuster des Überlebens-Ichs:** Ein sich wiederholendes, auf Angst oder Zweifeln basierendes Denken über die Zukunft.

**Dreistufiges Gedankenstapeln:** Dieses tägliche Gedankenstapeln besteht aus Klären, Entdecken von Mustern des Überlebens-Ichs und Neuformulieren durch das Beobachtende Ich (siehe Vierstufiges Gedankenstapeln weiter unten).

**Gedankenstapeln:** Eine tägliche Übung, seine Gedanken zu stapeln. Die Fähigkeit, seine Gedanken manuell zu schichten und so unbewusstes, auf dem Überlebens-Ich beruhendes Denken zu ersetzen.

**Klären:** Ein ungefiltertes und unbearbeitetes Niederschreiben der eigenen Gedanken in Form eines Bewusstseinsstroms.

**Moment der Erschütterung:** Eine Form der Ablehnung, ein verbales oder nonverbales Urteil, das unser frühes Selbstbild verändert.

**Primärer Unsichtbarer Verlust:** Eine Form der Ablehnung, ein verbales oder nonverbales Urteil, das unser frühes Selbstbild verändert. Eine frühe und primäre heftige innere emotionale Reaktion auf ein ansonsten „normales" Ereignis. Der Verlust dessen, wer wir vor diesem Moment der Erschütterung waren.

**Programm:** Ein risikoarmer Handlungsschritt, der einen Ausweg aus dem Warteraum aktiviert.

**Überlebens-Ich:** Eine Einstellung, bei der das Überleben Vorrang vor dem Aufblühen hat. Das Überlebens-Ich beschäftigt sich stets mit der Vergangenheit oder der Zukunft. Nie mit der Gegenwart.

**Unsichtbarer Verlust:** Ein Gefühl, das subtiler als Trauer ist, aber dennoch eine anhaltende Emotion darstellt, die aufgrund mangelnder gesellschaftlicher Anerkennung nicht leicht zu definieren ist. Ein Unsichtbarer Verlust kann unsichtbar sein für andere, aber nicht für das Ich, oder er kann sowohl für andere als auch für das Ich unsichtbar sein.

**Ursprüngliches Ich:** Das Ich, das wir ohne äußere Einflüsse sind.

**Vierstufiges Gedankenstapeln:** Klären: Das Aufschreiben automatischer, routinemäßiger, unbewusster Gedanken. Muster des Überlebens-Ichs: Gedanken der Angst und des Zweifels abziehen. Neuformulierung durch das Beobachtende Ich: Angst und Zweifel umformulieren. Programm: Den neu formulierten Gedanken in Handlung umsetzen.

**Warteraum:** Eine Einstellung des Aufschiebens und ein Leben im Wartemodus oder in der Schwebe.

**Wiedereinstiegsprozess ins Leben:** Ein psychologisches Modell, das dabei helfen soll, nach der ersten schweren Zeit nach einem verheerenden Ereignis wieder „ins Leben zurückzukommen".

# LITERATUR UND QUELLEN

**Einführung**
1. „Generalized Anxiety Disorder (GAD)", *Anxiety and Depression Association of America* (ADAA) 25. Oktober 2022;
   adaa.org/understanding-anxiety/generalized-anxiety-disorder-gad

**Kapitel 2: Das fragmentierte Ich – Überlebens-Ich, Beobachtendes Ich und Aufblühendes Ich**
2. C. Nolan, *Inception: The Shooting Script*, Insight Editions 2010. (Die deutsche Übersetzung folgt dem Text im Drehbuch, Anm. d. Ü.)

**Kapitel 4: Gedankenstapeln – Klären, Mustererkennen, Neuformulieren**
3. A. Craig, „Discovery of ‚Thought Worms' Opens Window to the Mind",
   *Queen's University Gazette* 13. Juli 2020; queensu.ca/gazette/stories/
   discovery-thought-worms-opens-window-mind

**Kapitel 5: Der Ausweg aus dem Wartezimmer**
4. R. Aviv, „How Elizabeth Loftus Changed the Meaning of Memory",
   *New Yorker* 29. März 2021; newyorker.com/magazine/2021/04/05/
   how-elizabeth-loftus-changed-the-meaning-of-memory

**Kapitel 7: Bei dir ankommen**
5. M. Oliver, „The Summer Day", The Library of Congress, zuletzt abgerufen
   am 17. November 2024; loc.gov/programs/poetry-and-literature/
   poet-laureate/poet-laureate-projects/poetry-180/all-poems/item/
   poetry-180-133/the-summer-day/
6. R. R. Britt, „Could Not Thinking at All Improve Your Memory?", *Medium*
   1. Juli 2019; elemental.medium.com/the-art-and-science-of-remembering-
   df393a17685b (nur für Mitglieder von Medium.com, Mitgliedschaft gebührenpflichtig, Anm. d. Ü.).
7. T. English, „How Do We ... What Was It ... Remember Things?", *Interesting Engineering* 17. November 2019; interestingengineering.com/science/
   how-do-we-what-was-it-remember-things

## Anhang: Leitfaden für Gruppen

8. E. Kübler-Ross, *On Death and Dying: What the Dying Have to Teach Doctors, Nurses, Clergy and Their Own Families,* Scribner 2019; deutsch: *Interviews mit Sterbenden,* zahlreiche Ausgaben, zuletzt: Kreuz Verlag 2014.

# ÜBER CHRISTINA RASMUSSEN

Christina Rasmussen ist eine renommierte Trauerbegleiterin und Autorin.

Ihre Bücher *Second Firsts* (Hay House 2013; dt.: *Neustart ins Leben*, aus dem Englischen von Judith Elze, Knaur MensSana 2016) und *Where Did You Go?* (Harper One 2018) waren Bestseller.

2010, vier Jahre nach dem Tod ihres Ehemanns, der mit 35 Jahren an Darmkrebs in Stadium IV verstorben war, entwickelte sie den *Life Reentry*-Prozess, den Prozess zum Wiedereinstieg ins Leben, der sie zu ihrer Lebensaufgabe führte: Tausenden Menschen Mitgefühl, Güte und Bestätigung entgegenzubringen und gleichzeitig einen Ausweg aus dem von ihr so genannten *Warteraum* zu schaffen.

Christina hat einen Master in Beratung und Seelsorge der *University of Durham*. Derzeit schließt sie ihren *Master of Fine Arts* in Malerei und Zeichnen an der *Academy of Art University* in San Francisco ab.

Über ihre Arbeit als Trauerbegleiterin berichteten *ABC News, Guardian, Women's World, Washington Post* und der *White House Blog*. Sie schreibt Beiträge für die Zeitschrift *Psychology Today*.

In ihrer Freizeit lernt sie Klavierspielen und plant ihre erste Reise an die Grenze zum Weltraum. Sie lebt und arbeitet in Austin, Texas, mit ihrem Ehemann Eric und ihren beiden Hunden.